云冈石窟病害的无损检测技术

孟田华 著

文物出版社

图书在版编目（CIP）数据

云冈石窟病害的无损检测技术 / 孟田华著 . —北京：文物出版社，2023. 8

ISBN 978 -7 -5010 -8001 -4

Ⅰ. ①云… Ⅱ. ①孟… Ⅲ. ①云冈石窟 - 病害 - 无损检验 Ⅳ. ①K879. 22

中国国家版本馆 CIP 数据核字（2023）第 045687 号

云冈石窟病害的无损检测技术

著　　者：孟田华

责任编辑：陈　峰
封面设计：王文娴
责任印制：张道奇

出版发行：文物出版社
社　　址：北京市东城区东直门内北小街 2 号楼
邮　　编：100007
网　　址：http：//www. wenwu. com
经　　销：新华书店
印　　刷：北京九州迅驰传媒文化有限公司
开　　本：787mm × 1092mm　1/16
印　　张：12. 75
版　　次：2023 年 8 月第 1 版
印　　次：2023 年 8 月第 1 次印刷
书　　号：ISBN 978 -7 -5010 -8001 -4
定　　价：300. 00 元

序

石质文物是人类文明宝贵的财富，是具有历史、艺术、科学价值的珍贵遗产，具有“百闻不如一见”的真实性和客观性。它能使人们更加清楚历史，弘扬文化，是体现民族精神的实证，很有说服力和感染力，如典型的露天石质文物云冈石窟。文物的检测与分析是文物保护工作中一项极为关键性工作，借助现代科技检测手段进行文物的分析、测试与评价，为文物的全面保护提供一定的基础数据，为制定相应的保护措施提供科学依据，对文物的修复与展陈有着十分重要的意义。

孟田华博士的专著《云冈石窟病害的无损检测技术》是作者长期以来对露天石质文物常见病害的基础理论、相关国内外资料、检测实践与关键检测技术进行深入研究和大量实验的结晶。在多年的学术交流中，她对科研的勤奋追求与独立思考，给我留下了深刻的印象，此书的出版，也证明她在这方面的功力。尤其在国内她最早将新型的太赫兹无损检测技术用于露天石质文物病害的检测，是具有创新的研究成果，不仅为石质文物的无损检测领域提供了新的方法手段，同时也拓宽了太赫兹技术的研究领域。

《云冈石窟病害的无损检测技术》作为研究云冈石窟病害的一部论著，填补了云冈石窟病害无损检测专项研究的空白。该书约 16 万字，并配以大量图表，不仅全面展示了云冈石窟常见病害及其无损检测的成果，而且重点阐述了近年来太赫兹技术在云冈石窟的应用研究，对于促进无损检测技术在文物保护领域的应用起到积极的推动作用。本书也可作为文物保护和无损检测领域的工程师和研究生的教材，为他们提供新的参考。

赵国忠

2023 年 5 月

目录

插图目录

前言

典型露天石质文物云冈石窟是著名的世界文化遗产，1500 多年的自然风化及人为因素影响，使其风化病害极具代表性。正是这一重要性和典型性，使云冈石窟的保护问题长期受到国家的高度重视。特别是 2020 年 5 月 11 日，习近平总书记亲临云冈石窟考察历史文化遗产保护工作。他从人类文明的高度强调了保护云冈石窟的重要性，“云冈石窟体现了中华文化的特色和中外文化交流的历史。这是人类文明的瑰宝，要坚持保护第一，在保护的基础上研究利用好”。

文物不可再生的特性，决定了其保护修复前对病害探查分析技术必须是无损的。无损检测是利用声、光、磁和电等手段，在不损害被检对象或对被检测对象的使用性能不造成影响的前提下，检测被检对象内部存在的缺陷及夹杂，对被检对象的性能进行评判及改进。文物领域的无损检测有其特定的含义，泛指一切不给所测文物带来任何宏观物理变化和潜在危害的分析检测技术。相较于目前文物无损检测领域应用较多的 X 射线检测、超声检测、红外探测和高光谱检测等，太赫兹（THz）波的典型波长（300 μm）远大于尘埃等微小结构的尺寸，因此在大多数物体中的散射远小于可见光和近中红外光，同时 THz 波的光子能量低于大多数化学键的键能，所以对大多数非极性材料具有较好的穿透性，在成像方面具有良好的应用前景。另外，THz 波频率比一般广泛用于无损探伤的微波，超声波要高，因此其空间分辨率要高于一般的检测技术；相较其他一般强度成像的最大特点在于其含有更大的信息量，每个像素点都对应一个时域波形，可以从时域信号及傅里叶变换频谱中选择任意一个数据点的振幅或相位进行成像，从而重构被测对象的空间强度分布、折射率和厚度分布。所以，THz 无损检测方法成为文物界的一种新的有效检测手段，其对石质文物病害的检测和研究不仅对传统检测手段的研究具有实际意义，而且可以研究更加丰富的 THz 传感机理和现象，对 THz 检测技术在交叉领域的应用也具有一定的指导作用。

本书首先对云冈石窟常见病害、已开展的常规无损检测手段和成果进行了阐述，接着对 THz 技术在文物领域的研究进展、THz 光谱技术、THz 成像技术进行了分析和总结。以上研究成果为后期的云冈石窟病害的 THz 无损检测研究提供了有力数据，奠定了理论基础。最后展示了 THz 无损检测技术对云冈石窟病害的研究成果，包括云冈石窟风化物的 THz 光谱研究、云冈石窟三种代表性浅层病害的 THz 光谱、THz 成像检测和 SVM 预测模型的建立和应用。

本书研究成果在实验平台、样本采集、加工以及技术指导方面得到了国家自然科学基金（青年）“红外吸光片在云冈石窟防风化中的应用研究”（项目编号：11504212）和山西省重点研发计划项目（高新领域）“便携式石质文物病害高分辨无损检测仪的研制”（项目编号：201803D121083）的大力支持。同时，国家重点研发计划专项（项目编号：2021YFB3200100）、山西大同大学云冈专项“云冈石窟常见病害的光电无损检测研究”（项目编号：2020YGZX004）也为本书的出版提供了支持。上述科研项目的研究为云冈石窟病害的无损检测研究及应用提供了大量的数据支撑。

由于研究样本数量限制，加之本人水平有限，书中难免存在不足之处，恳请读者提出宝贵意见与建议。

孟田华

2022 年 12 月

1 云冈石窟常见病害

我国是四大文明古国之一，大量的文物古迹是它悠久历史的印记与见证，从不同角度反映了中华民族在各历史时期的社会活动、意识形态和社会关系，同时也反映了各历史时期利用自然、改造自然以及生存环境的客观状况，是宝贵的历史文化遗产。始建于公元460年的云冈石窟（图1-1）以规模宏大、题材多样、雕刻精美、内涵丰富而驰名中外；以典型的皇家造像风范而异于其他早期石窟；以融汇东西、贯通南北的鲜明的民族化进程为特色而在中国石窟艺术中独树一帜。石窟位于东经113°20′，北纬40°04′，依山开凿，东西绵延1公里，现存大小窟龛252个，石雕造像51000余尊，是中国早期石窟艺术的杰出代表，对中国石窟艺术的创新与发展有着重大贡献，具有其他早期石窟不可替代的历史、艺术和科学价值。云冈石窟是佛教艺术传入中国后，第一次由国家主持经营的大型石窟群。鲜卑族政权组织，采用直接在山体上开凿的云冈石窟，其建造贯穿了几乎北魏政权的全部进程，因此雕塑风格也呈现多样化的特征。1961年，由国务院公布为第一批全国重点文物保护单位。2001年，由联合国教科文组织列入《世界遗产名录》[1]。

图1-1　云冈石窟第20窟与9、10窟外景图

然而，云冈石窟经历了长期的自然和人为的不良作用及环境有害因素的侵蚀，产生了严重的风化破坏，直接危及这一优秀文化遗产的生存寿命和艺术观赏价值，以及与之相辅相成的社会经济效益。对云冈石窟这样大型的石质文物而言，石雕是表现其整体艺术形象和体现其文化艺术价值的重要内容。而石雕构建的病害与

破损必然会严重影响云冈石窟的原有风貌，因此有必要建立一套针对云冈石窟石雕构件病害的认定与分类的科学方法，在全面完善的分析基础之上才能提出切实可行的修复和保护策略与技术。

1.1 云冈石窟病害的种类和分布

云冈石窟是我国的一个重要世界文化遗产，该石窟主要建造于北魏年间，反映了公元5世纪中叶至6世纪初中国早期石窟艺术风格及北方地区宗教的重大发展，具有不可替代的文化与艺术价值。该石窟群开凿于中生代侏罗系的砂岩地层中，石窟依山开凿，东西绵延1km，由东向西可分为东部、中部、西部3个部分，东部诸窟（1~4窟）位于石窟东院，中部诸窟（5~20窟）、西部诸窟（21~53窟）位于石窟西院。石窟区属于大陆性半干旱气候，一月平均气温为-11.4℃，七月平均气温为23.1℃。云冈石窟与同煤集团毗邻，由于受周边采煤及燃煤的影响，空气中煤的粉尘较多，大气SO_2含量较高，形成酸雨、酸雪，对石窟保护工作造成严重威胁。诱发洞窟砂岩风化的主要地质营力为冻融、溶蚀及次生可溶盐。测试表明，云冈石窟砂岩表面风化厚度达到20cm，对石窟文物本体造成了严重影响[2]。

云冈石窟分布透镜体状砂岩整体为河流冲积而成，砂岩的分选一般磨圆较差，总体属于近距离搬运沉积而成、碳酸盐岩矿物胶结的长石石英砂岩。从沉积环境看，上、下部以湖相沉积为主，中部为河流快速沉积而成，在不同沉积环境下形成的砂岩其风化破坏差异性大。石窟砂岩的风化主要体现在胶结物的流失和长石蚀变两个方面，在风化产物中测出以硫酸盐为主的可溶盐。室内进行的酸、盐及冻融劣化模拟试验表明，酸对这类岩石的破坏非常明显，而可溶盐随溶液运移，形成由内而外的劣化过程，对岩石的破坏非常严重。云冈石窟抗冻融能力强，当岩石处于非饱和情况下，岩石劣化过程非常缓慢。

由于云冈石窟砂岩抗渗性非常好（接近于灰岩岩块的抗渗性），岩石的风化以溶液为介质，风化过程由表及里逐渐发育。酸性水体在岩石表面富集时，与岩石内的碳酸盐岩及长石反应，析出易溶盐，随着湿度和温度的变化，含盐溶液析出不同相态的晶体，在岩石内部造成挤压破坏导致岩石出现力学破损。由于岩石抗冻融能力较好，完整的岩块破坏可能性较低，但当裂隙饱水后，水体结冰基岩导致岩体顺裂隙整体脱落却非常普遍。云冈石窟砂岩的破坏是一个物理与化学风化的综合作用结果。岩石的特性决定化学风化占主导地位，抑制化学风化的措施除了改善宏观环境条件外，重点应以控制化学风化的中介即水为主。但是过于干燥的环境却可能加剧可溶盐析出、结晶及其破坏，特别要重视干燥环境条件下形成的无水盐晶体对砂岩结构的破坏。

引起石质文物破坏的原因很多[3]，涉及范围广而且复杂，破坏的类型也很多。总的来说，可以分为两个大类：一类是由于自然界各种营力的作用引起的病害，如石雕溶蚀、风化剥蚀、渗水、崩塌等；另一类是由于人类活动引起自然环境的改变，在改变后的自然环境营力作用下引起原有病害的加剧或诱发新的文物环境蚀变等。针对露天石质文物病害成因的研究包括宏观和微观两方面，张金凤等人按照石质文物病害的不同表现类型可将病害分为三大类型：稳定性问题、渗漏侵蚀问题以及风化问题，稳定性问题是指石质文物本体岩体出现岩体结构不稳定和局部危岩体等问题；渗漏侵蚀问题是指地下水、地表水或冷凝水引发的一系列问题；风化问题是指在文物表面毫米到厘米级的范围内，文物外观形象的破坏。而按其按宏观病害的表现石质文物病害又可细分为：表面风化、酸雨侵蚀、生物霉变、环境污染、空鼓脱落、表面污迹、岩石裂缝、侵蚀、渗漏、溶蚀、崖体崩塌、冻融破坏、盐害、烟熏、人为刻画、植被破坏、彩绘层脱落、表面酥碱、颜料层粉化等。

从化学方面来讲，其内部有些矿物能溶于水，能发生溶解作用，而近年来环境中酸性污染促进了溶解作用，如酸雨对云冈石窟窟前立柱的溶蚀破坏甚至在一些花岗岩石质文物上也发生；另外，岩体中一部分矿物与水接触后，发生吸水反应，产生新生矿物，同时，产生极大内部膨胀力而造成岩体崩裂、层状剥离，如天龙山石窟，由于富含吸水矿物，窟前阶地由于崩裂、风化等存在大量的松散堆集体，而一部分发生水解反应，生成弱酸弱碱对佛龛表面等腐蚀，如北石窟佛龛，大部分佛像等均面目全非。

从温度角度分析，由石质文物的热传导率较小，温度变化表层比内部敏感，使内外膨胀不同步，导致裂隙常见病害有差异性风化、层状脱离、裂痕等；当温度降至冰点时，裂隙水分等固液态相转化时体积增大，产生很大的内压力，直接对裂隙孔壁产生挤压作用，常见病害有侵蚀、风化脱落、断裂和裂缝、缺失、变形等，同时，可溶性盐会发生溶解—重结晶—重新溶解的周期性变化，产生挤压力使岩石破裂、剥落和酥粉，常见病害有盐性粉化、酥粉等。

从风的侵蚀作用分析，表现为风的吹蚀直接作用于露天文物而造成侵蚀，掏蚀作用是风沙对石材的周围和坑窝、裂隙不断加深破坏，而磨蚀作用是风沙对材质表面的击打磨蚀。

从生物作用角度分析，钻穴隙植物根系在岩石缝隙中生长，产生巨大的压力导致岩石变形，乔灌木类的根系对石质产生强烈的劈裂破坏作用，使裂隙不断扩大。另外，由于裂隙因素，在其他外营力（如地震）的触发下使得以重力为直接原因而引起地表物质的向下运动，主要表现为：石窟寺岩体的失稳、滑移及崩塌等导致失稳。

总体来讲，石质文物病害是由于外部营力、溶解作用、水解反应、岩石种类、冻融作用、温度效应、风蚀等综合作用，其中地震等外部营力起主要关键作用。

1.1.1　云冈石窟风化特征

云冈石窟开凿于钠质胶结的长石石英砂岩上，抵抗风化能力较弱，并且胶结能力较差，这是窟内普遍遭受风化的内在条件，在岩性不均一，粗细粒砂岩相互成层的情况下，一般是粒度较小的岩石要比粒度粗的岩石风化得更加强烈些，如第二窟西壁锯齿状风化岩石，第三窟后室南壁锯齿状风化岩石均可见此种现象。若中粗粒砂岩中含暗色矿物的条带时，因暗色矿物多为黑云母类，极易风化，若暗色矿物的条带较密集，也易于导致整体岩石风化加剧，暗色矿物条带所在处，因风化较剧烈而向壁面内深凹形成深坑，这一问题在东部和中部窟群中出现较多。在含长石石英砂岩砾石中大部分为粉砂岩，因粉砂岩易于风化，常常迅速被破坏，仅残余空洞，这在各窟均有发现。若岩性较单一，但交错层理较发育时，往往可以在岩石的原生构造处风化较剧烈，而形成沟槽。所以，岩石的矿物粒径大小、成分组成以及原生构造对岩石的风化程度均有较大影响。此外，岩石本身的孔隙率和吸水性等也会对风化产生影响[4,5]。

黄克忠先生将石雕分为粉状风化、页片状（波壳状风化）、带状洞穴状风化、板状风化[6]。另外,《大同云冈石窟岩石风化调查报告》根据控制岩石风化的内在因素,将风化类型分为:①发育在砂岩岩石中的风化类型,包括刷落状风化、页片状风化、锯齿状风化、洞穴状风化、网格状风化;②发育在裂隙中的岩石风化类型,包括板状风化、砖块风化、圆块风化;③发育在粉砂质岩石中的风化类型,包括碎块状风化、劈柴状风化、波状风化等。之所以出现分类的差异,主要是因为分类的标准和角度不同,将形态、发育部位和形成原因等杂糅在一起。邓云等人结合已有的分类标准,对不同分类标准中同一类型但不同称谓的风化进行合并描述。将云冈石窟风化类型归纳为了以下几种。

(1)粉状(刷落状)风化

主要发育于中粗粒砂岩表面间或在细砂岩及粉砂岩上的一层粉末状或絮状风化产物,粉状风化部位的岩性一般比较均匀。主要表现为沿崖壁呈不规则的分布,风化处的表面一般也较为平坦,与层理关系较小,在表层常有白色粉末,矿物颗粒间疏松不密实,部分已脱落,残留的矿物一般凸于岩石表面上,白色粉末手触之即落。多见于石窟下部及东部窟群,且多风化强烈。其中粉状物是由不同类型的盐组成,它的分布和成因均与水有密切关系。而石窟外部的凝结水、窟内的渗水和底部的毛细水与空气中的 CO_2、SO_2、O_2 等,长期对石窟表面的长石、胶结物中的钙质以及黏土类矿物发生水合溶滤反应,同时水又将盐类带到石雕石窟的表面而形成聚集的盐。当胶结物被淋滤之后,此时石窟表面则仅剩没有胶结物的石英颗粒,即为粉状物或絮状物。

(2)页片状(波壳状、鳞片状)风化

页片状风化主要存在于石窟的表面,表现为薄片状剥落,薄片的厚度与矿物颗粒粗细大小密切相关,粗砂岩形成的薄片厚度在 3~4mm,细砂岩形成的薄片厚度在 0.5~1mm。页片的表面常常翘起或卷曲,且一般多层重叠。在片与岩体或片之间常有白色粉末状或雪花糊状物(当到达片内一定深度时减少或消失),关于页片状风化的成因,可能是水深入岩石以后,经过长期的溶蚀及温差作用而导致的岩石表层发生涨缩所致。其产物多为碳酸盐和硫酸盐的水化物,质较坚硬,均匀地附于页片的背面,其成因系多种因素造成。由于地下水沿裂隙通道和层理渗透至表层,经过水的蒸发后可溶性盐析晶,并且由于盐在表层的聚集,孔隙逐渐被堵塞,使水只能沿薄弱面渗出。另外,云冈石窟所处的大同地区温差较大,矿物的膨胀系数不同（石英的体积膨胀系数约是长石的一倍），产生不同的涨缩应力，便造成平行壁面的裂隙。

（3）带状（洞穴状、蜂窝状）风化

指与层理平行，凹凸相间成洞穴状或带状的风化形态。带状风化常分布于含大量粉砂岩或砂质页岩的砾石和透镜体的粗粒砂石中粒砂岩上，由于其抗风化的能力较弱，导致差异风化。一般表现为不规则的洞穴。

带状风化是与盐性有关的差异性风化。因为云冈石窟砂岩的层理交错发育，含有泥、粉砂岩夹层及大小砾石，砾石风化后则形成不同大小的洞穴，其中薄夹层或透镜状的粉砂岩，由于含泥量较高，经水的分解后，带状凹槽深度可达到 10 ~ 30cm。另外由于砂岩中胶结物泥质与钙质的比值不同，在水的侵蚀作用下，其风化形态也不相同。此类风化对石窟的破坏较严重，水渗透出露位置的洞穴往往比较大。

（4）板状（砖块状、圆块状）风化

板状、圆块状、砖块状风化在形态上不同，但由于其均主要是受应力重分布作用而形成的，故将其划为一类。这些风化类型都发生在裂隙发育的砂质岩石中，常形成与壁面平行的减荷裂隙，呈板状剥落。板厚为 2 ~ 4cm，然而在有地下水流长期作用的位置，分布高度大多在 1.5m 以下。

虽然板状、圆块状、砖块的形态不同，但上述风化形态的形成原因都与裂隙有关，并且矿物间的微裂隙十分发育，水则沿裂隙通道活动，导致石窟表面盐类聚积。裂隙是造成水进入窟内侵蚀石雕的通道，危害较大的主要有 3 种：第一种为岸边减荷裂隙，它平行崖壁排列，离崖壁 30m 范围是其发育带，愈近崖壁密度越大，间距为 1.5m、5m、8m 等。裂隙上宽下窄，平均裂隙宽度 0.5 ~ 2cm。第二种是构造裂隙，裂隙面平整闭合延伸远，每组裂隙间距小。第三种是风化裂隙，普遍存在于窟顶部 5 ~ 10m 范围内，大多呈树枝状和毛发状。

1.1.2 云冈石窟岩性的分类

（1）危岩的分类

危岩是指位于陡崖或陡坡上被岩体结构面切割且在重力、地震、裂隙水压力、人工开凿等诱发因素作用下稳定性较差的岩石块体，其形成、失稳与运动属于边坡地貌动力过程演化的主要形式之一。危岩是砂岩石窟的主要地质灾害类型，危岩崩塌是灾害性地貌过程。危岩的破坏失稳具有突发性，致灾具有毁灭性。在我国各大砂岩石窟中普遍存在的危岩体，威胁着石窟文物和广大游客的安全。按照危岩特性分类对危岩的防治具有指导意义。石窟危岩体崩塌的力学机制与一般危岩体相同，从崩塌源危岩体的群发性特征出发，宏观上可把危岩分为单体危岩和群体危岩两大类，群体危岩由单体危岩叠置组合而成。单体危岩分为压剪滑动型危岩、拉剪倾倒型危岩、拉剪坠落型危岩和拉裂－压剪坠落型危岩4类；群体危岩分为底部诱发破坏型危岩和顶部诱发破坏型危岩两类。依据该分类模式，云冈石窟危岩为单体危岩，且该区域单体危岩类型主要为压剪滑动型和拉剪倾倒型[7]。

压剪滑动型危岩的典型物理模型如图1－2所示。此类危岩的主控结构面为陡崖或缓坡内倾角的卸荷拉张结构面或缓倾角地层软弱面。危岩体重心在主控结构面内侧，主控结构面所受荷载主要为危岩体自重及作用于危岩体的地震力以及裂隙中的水压力。危岩体沿着主控结构面滑动变形破坏呈现压剪破坏力学机理。拉剪倾倒型危岩的典型物理模型如图1－3所示。此类危岩的主控结构面多为陡崖或陡坡的卸荷张拉结构面，且主控结构面下端潜存于陡崖或陡坡岩体内。危岩体的重心位于主控结构面外侧是此类危岩的特征，在荷载作用下通常围绕主控结构面的下端部或下端部与临空面的交点旋转倾倒破坏，危岩呈现拉剪破坏力学机理。

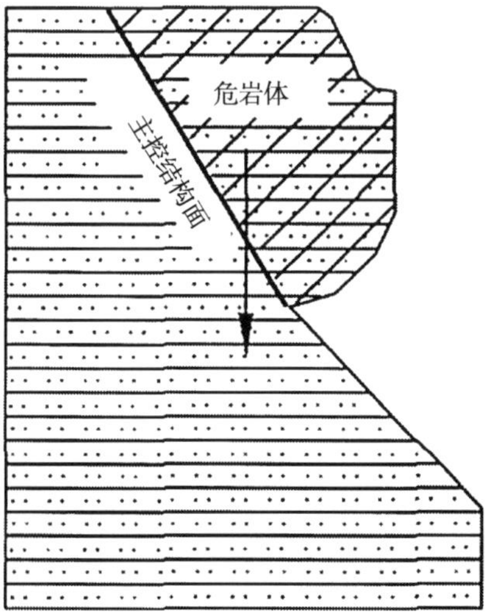

图1－2　云冈石窟压剪滑动型危岩（左）危岩物理模型，（右）危岩照片

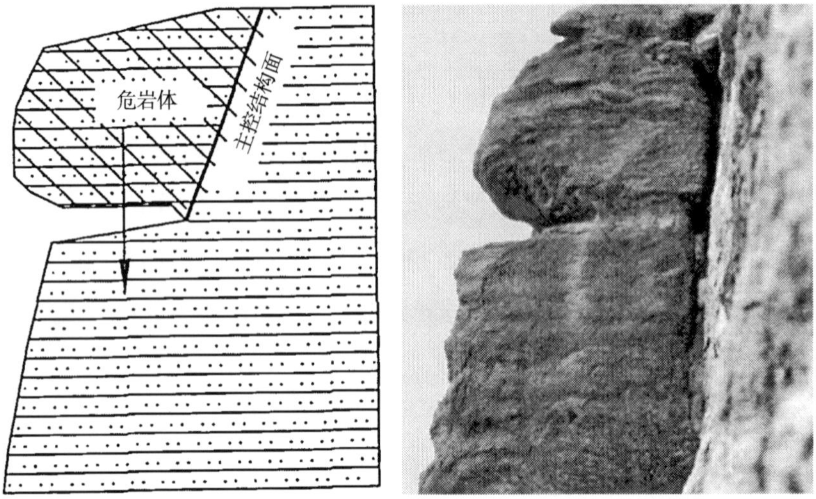

图 1-3　云冈石窟拉剪滑动型危岩（左）危岩物理模型，（右）危岩照片

诱发云冈石窟危岩发育的典型条件包括内在地质成因和外在环境影响因素：

①岩体结构面及其组合关系、软硬相间的岩层组合、岩石的物理化学性质、夹层、地形地貌等是危岩发育的内在条件；

②地下水、重力卸荷作用、风化作用等是危岩发育的外在环境条件，其中最主要的是地下水的活动；

③强降雨、人工开凿等是危岩发育的激发条件，最主要的是强降雨。

（2）与碳酸盐胶结物有关的风化病害

云冈石窟地区云冈组上段的砂岩多属中厚层粗、中粒岩屑砂岩及长石质岩屑砂岩，其中片麻岩岩屑、石英岩岩屑、石英、长石等碎屑颗粒含量约 65%，黏土杂基含量约 10%，高岭石胶结物含量为 5% ~10%；碳酸盐胶结物含量多在 10% 以上，部分样品中可达 20% 左右（层理发育的中粒砂岩中，碳酸盐胶结物含量较高）。砂岩碎屑颗粒分选、磨圆程度差，以孔隙式胶结为主。应用薄片染色法鉴定发现，碳酸盐胶结物主要由含铁方解石和含铁白云石组成，二者可独立或以后者交代并包围前者的方式存在于碎屑颗粒间孔隙内。经历了漫长风化作用的云冈石窟，其残留石雕表面呈现多种风化病害形态。其中，与砂岩中碳酸盐胶结物化学风化有关的包括变色、条纹状切割、沙化等，它们对石窟的文物价值造成了严重的破坏[8]。

①变色

云冈石窟石雕岩体在未风化时主要呈灰绿色、灰色。在其所含碳酸盐胶结物遭受一定程度风化后，由于铁锈色物质大量形成、次生盐类矿物积聚于表面等，将使石雕颜色发生改变。一般而言，无次生盐类矿物显著集聚的石雕表面多呈土黄色和以土黄色为主的杂色；洞窟北壁，特别是其下部的石雕表面，因次生盐类矿物丰富，往往呈白色、灰白色。石雕表面变色，尤其是不均匀变色，使其视觉效果变差，有明显积盐的石雕其表面的完整性也往往受到破坏。

②条纹状切割

表现为石雕表面被疏密不等、形态不一的凹入条纹切割，研究测得的最大切割深度达20cm。其成因在于水溶液顺层理界面进入并将界面两侧的碳酸盐胶结物溶解，从而导致碎屑颗粒等岩石组分脱落、界面间距扩大，使原本均一完好的石雕表面出现各种层理的痕迹。此种病害形态分布广泛，在云冈石窟窟区各洞窟内、外部的石雕表面均可见到。其危害在于使石雕表面的完整性和视觉效果均受到严重影响。

③沙化

表现为石雕表面疏松并呈碎屑状自然脱落。这种现象的形成与水溶液长期作用于石雕岩体而使其浅表部碳酸盐胶结物溶解殆尽，甚至连微斜长石等砂岩骨架组分也严重风化和次生盐类矿物在岩体浅表部结晶膨胀等有关。此种病害形态多见于云冈石窟窟区渗水较显著部位的石雕。受其影响，石雕多损毁严重，甚至面目全非。

1.1.3 云冈石窟表面病害

云冈石窟自修建以来，受人为或自然因素的影响，石窟雕像已有一定程度的损毁，虽然进行了多次大规模的维修，但文物的劣化过程仍在缓慢进行，这与它所用的砂岩材料有关。云冈石窟开凿在侏罗系云冈组中粗粒长石石英杂砂岩中，该类砂岩质地松软，孔隙率大，含有以钙质和泥质为主的胶结物，易产生风化和长石蚀变等问题。李宏松等人对雕像和洞窟病害的调查结果显示，砂岩表面存在污染与变色、表层风化、生物病害、修补残留及水斑等5大类污染物病害，具体包括降尘、盐结晶、黑痂、黄斑、树脂残留等 12 小类（图 1－4），总污染面积达 7059.66m^2，其中大气污染和空气湿度对雕像的影响比较大，严重降低了石窟的美学和艺术观赏价值[9]。借鉴 1988 年意大利规定的国际标准化石材病变类型定义，同时结合我国 2008 年发布的行业标准《石质文物病害分类与图示》，将云冈石窟石雕表面污染物病害进行了分类描述：

①粉尘沉积：因灰尘、煤尘、风沙等长时间沉积作用形成的沉积层。占表面污染的 53%。②盐碱结晶各种来源的盐类或碱类在岩石表层结晶析出的盐碱。占表面污染的 30%。③烟熏黑垢：由烟熏和烟尘等的吸附沉积作用形成的黑色垢层。占表面污染的 8.7%。④微生物：各种在石质文物表面生长的苔藓、地衣、真菌等。⑤氧化物色斑：由岩石内部或外部的金属离子，如铁、铜等氧化后形成的有色斑痕。⑥雨迹水渍：因雨水冲刷或长期潮湿导致的岩石表面出现的水迹或湿痕。⑦鼠雀秽物：鼠类、鸟雀、昆虫等各种生物的排泄物或分泌物形成的污垢。⑧油脂污迹：蜡液、灯油、长期人手触摸等在岩石表面形成的带油渍的痕迹。⑨涂鸦划痕：各种有意或无意刻画、涂抹或滴溅在文物表面的墨水、粉笔、色笔和油漆涂料等印迹。⑩石膏壳层：由含硫气体与岩石钙质成分反应形成的以硫酸钙为主要成分的壳层。⑪保护残迹：以前加固和保护所用的各种聚合物、有机物及其老化后的残留物等。⑫水泥斑：因修缮、粘接、支撑、加固等工程措施遗留或滴溅在文物上的水泥痕迹。

(a)

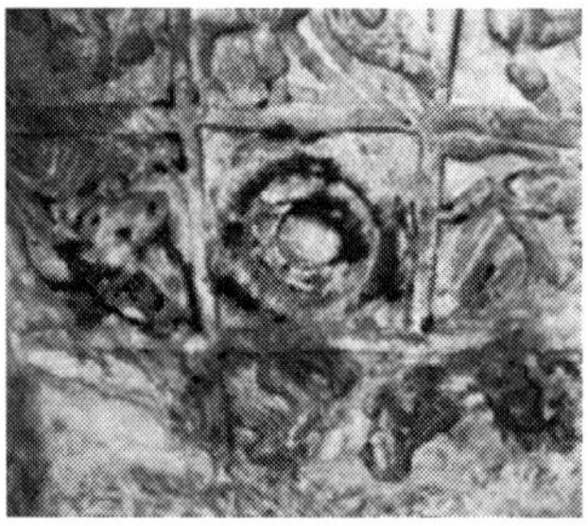
(b)

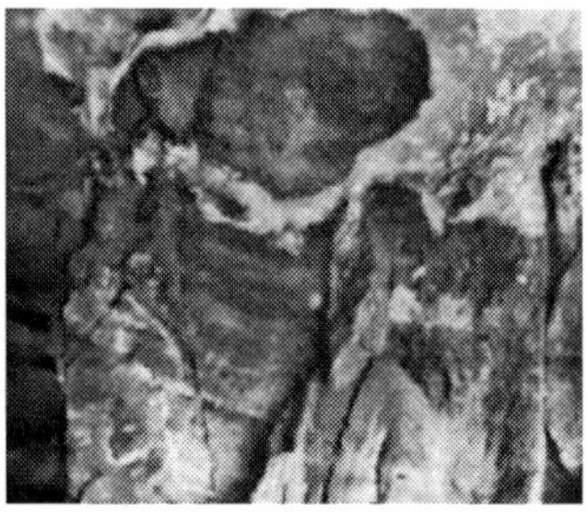
(c)

图 1－4　云冈石窟的风化与病害现场图

(a) 第 13 窟佛像的风化　(b) 第 12 窟雕像上的硫酸钙与炭黑壳层　(c) 第 4 窟的烟熏残迹

在此基础上，国内外学者们对造成云冈石窟石质文物病害的主要环境因素对雕像的破坏作用进行了研究[10]：①温度变化：云冈地区昼夜温差大，岩体承受波动的热应力作用强，岩体内部易形成应力损伤积累而破坏自身结构。②干湿循环和冻融作用：窟内水汽环境受外界影响而经常变动，石质雕像在干湿循环作用下会产生盐碱结晶，在冻融作用下易导致冻胀破裂。石窟区裂隙渗水可使窟内岩石浸润、软化，空气湿度增加可以使颜料变色、酥碱、胶结材料老化等。③盐结晶：盐溶液在岩体裂缝和孔隙间输送时，部分水分蒸发，盐分会结晶析出在岩石裂隙壁，产生结晶压力，使岩石膨胀、孔隙增大、表面形成裂纹甚至鳞片形状。孟田华和任建光等运用多种测试手段对云冈石窟风化岩体做了结构和成分分析，发现使其风化的重要因素为硫酸盐，且砂岩风化级别与孔径大小密切相关。④大气污染：随着社会发展和周围环境变化，云冈地区大气污染也出现了新的特征，以 SO_2 和煤尘为主的污染已转变为以 SO_2、NO_x、OC 和 PM2.5 的混合污染。当大气污染物与窟内砂岩接触时，大气中的水蒸气、酸性气体及细小颗粒吸附在岩石表面，甚至进入岩石孔隙，并与其中的矿物质、胶结物发生反应，反应生成的次生矿物可在孔隙中结晶，对孔隙造成挤压，出现表面泥化、变色、片状剥蚀等病害特征。由含硫气体与钙质成分反应形成的硫酸钙壳层常与炭黑混合在一起而显黑色。⑤微生物：大气 PM2.5 的一些细菌和真菌等微生物，可以附着在文物表面或裂隙大量繁殖，加速文物的生物风化。云冈石窟 38 号窟中假单胞菌属细菌（*Pseudomonas*）占到种群的 16%，该属细菌有较强的解磷作用，并可将空气中的游离氮气以 NH_3 形式固定下来。固定下来的 NH_3 一方面可与 SO_2、NO_2 反应生成 $(NH_4)_2SO_4$、NH_4NO_3，另一方面可在亚硝化、硝化细菌作用下氧化生成硝酸、亚硝酸等，对砂岩胶结物中的 $CaCO_3$ 产生影响。微生物对石质文物有极大的危害，有时甚至超过水、光、气等因素的作用。

1.1.4 云冈石窟裂隙特征

由于早期地质构造活动、十里河下切侵蚀作用，石窟开凿过程中原有应力破坏以及各类病害的影响，云冈石窟区内岩体发育大量裂隙（图 1-5），其中风化裂隙产状极不稳定，在规模和发育程度上较小，分别对崖壁裂隙和典型洞窟裂隙进行阐述[11]。

（1）崖壁裂隙发育特征

窟区崖壁面裂隙主要发育在厚层、巨厚层状长石岩屑砂岩中，泥质岩石次之。

图 1-5　云冈石窟崖壁裂隙与洞窟裂隙

在垂直剖面上，厚层砂岩中发育的高角度裂隙往往不切断薄层泥质粉砂岩和薄层泥岩层，出现裂隙间断现象。由不同分区裂隙统计结果可知，东部主要发育有两组裂隙：一组是走向与崖壁面近于垂直的构造裂隙，多向东倾斜，另一组是走向与崖壁面相平行的卸荷裂隙，向正南方向倾斜。两类裂隙倾角大于 60°的约占裂隙总数的 86%，均属于陡倾角裂隙。在东部调查的 284m 长度范围内发育裂隙 132 条，裂隙密度为 0.47 条/m，近南北走向的构造裂隙平均密度为 0.26 条/m，走向近东西向的卸荷裂隙的发育密度约为 2.1 条/m。中、西部 5~45 窟发育倾向为 120°~160°，220°~250°的两组裂隙，裂隙倾角也以陡倾高角度为主，倾角大于 70°的裂隙约占裂隙总数的 80%左右。在中、西部分区调查的 510m 内发育裂隙 487 条，裂隙发育密度约为 0.96 条/m，其中倾向 120°~160°的裂隙占 245 条，约为总数的 50%，密度约为 0.48 条/m；倾向 220°~250°的裂隙 83 条，约占 17%，密度约为 0.16 条/m。

①构造裂隙发育特征

按力学性质又将构造裂隙分为张性裂隙、压性裂隙和剪切裂隙，总体特点是具有明显稳定的方向性。张性裂隙是窟区东部崖壁最为发育的裂隙，而西部较少。此类裂隙近东西方向延伸，与十里河和石窟断面大致平行，延续性较好，倾角近直立；裂隙面凹凸不平，平面上呈弯曲的锯齿状；裂隙微张，开度较小，平均宽度 1~3mm；无泥质碎屑、松散土等物质填充，没有植物生长。压性裂隙主要分布在窟区东段，切穿东西延伸的微张裂隙，西段则少见。此类裂隙近南北方向延伸，倾角直立；裂隙面紧闭，且较为平直、光滑，局部有开口并被泥沙及岩石碎屑充填，偶见细小方解石脉穿插，局部成挤压破碎状。窟区内发育有两组平面呈“X”形相互交叉的剪性裂隙，主要分布在石窟的中段和西段。裂隙走向分别为NE45°和NW60°，延伸较远，倾角直立；两组裂隙交叉出现，相互切割，在岩石露头上常切割成菱形断块，同时还切割张性和压性裂隙；裂隙面平直光滑，但可见水平擦痕，呈紧闭状；有少许充填物。

②卸荷裂隙发育特征

云冈石窟卸荷裂隙主要是在河流下切、洞窟开挖等外动力地质作用下形成的，具有继承性卸荷裂隙和次生性卸荷裂隙。继承性卸荷裂隙在石窟区较为发育，主要是在构造裂隙发育的基础上进一步形成，总体呈东西向延伸，倾角近直立；裂隙面凹凸不平，平面上呈弯曲的锯齿状，裂隙多呈折尾、尖灭、分叉和串珠状；裂隙张开，宽度变化范围较大，1～50mm不等，最宽可达80mm；多泥质充填。该类裂隙使张性裂隙宽度加大，延续性变好，充填物增多。次生性卸荷裂隙在窟区也较为常见，也是近东西向延伸，延伸长度较大，倾角从上至下由直立逐渐变缓；在地表多呈开口状，向下延伸3～5m变窄乃至消失，在横剖面上表现为不规则的弧形；还有部分裂隙沿崖壁及窟内壁面分布，并且以近45°的倾角向临空面倾斜。

③风化裂隙发育特征

云冈石窟除构造裂隙和卸荷裂隙外，普遍发育风化裂隙。该类裂隙仅出现在地表浅部，发育极不规则，交错贯通，多呈不规则的网状、树枝状或顺层面发育的特征；裂隙形态复杂，裂隙面不太平整，平面上呈弯曲状；延伸较短，大多开口由宽变窄直至闭合，从表面向下延伸较浅；总体分布均匀，密度大；无砂土岩屑等物质填充。

（2）典型洞窟裂隙发育特征

经统计发现，3窟内岩壁面上主要发育有194条裂隙，其中一组为卸荷裂隙，大多发育在自崖壁面向内10m的范围内，且多为张性裂隙，走向近东西，倾向160°～200°，约占裂隙总数的46.6%；还发育有两组走向近南北，倾向分别为70°～120°和260°～290°的裂隙。该窟裂隙以中陡倾角为主，大于50°的裂隙占裂隙总数的89%，大于70°的占81%。裂隙较闭合，宽度1～6mm，有少量裂隙宽度大于6mm，个别裂隙宽度最大达8cm，裂隙面粗糙，起伏较大，裂隙内无充填物。也发育有少量构造裂隙，其裂隙面平直。

9窟和10窟在壁面上共发育有170条明显的裂隙，走向近东西向，按倾向可分为2组，一组倾向为南东160°，另一组倾向为0°~10°；两洞窟裂隙倾角大于70°的裂隙分别占裂隙总数的96%和93%，近直立的陡倾裂隙占优势。9窟内壁面裂隙面多呈起伏状，裂隙宽度1~4mm，裂隙闭合，基本无填充物，裂隙局部进行过灌浆处理。10窟裂隙面粗糙，起伏变化较大，裂隙闭合，宽度1~3mm，内部一般无充填物，局部进行过灌浆处理和修补。

1.2 云冈石窟病害的研究进展

云冈石窟自北魏开凿以来，中外学者对其做了大量深入的研究。自20世纪初开始真正学术意义上的研究，同敦煌莫高窟一样也是开始于国外学者，日本的伊东忠太和法国沙畹即发表文章介绍云冈石窟。相继的喜荣仁、关野贞、水野清一、长广敏雄，国内学者陈垣、周一良、梁思成、宿白、阎文儒等，先后来到云冈石窟进行调查研究，1938~1944年间，是对云冈石窟进行的详细的调查时期。近代，除了1996年美国的CHRISTOS S. CHRISTOFOROU，LYNN G. SALMON和GLEN R. CASS对石窟的第6窟和第9窟内外的温度和风速关系做了研究外，再无其他国外学者对云冈石窟进行研究报道。相对而言，在国家、省、市各级政府的资助下，国内很多研究小组采用不同技术和方法对云冈石窟病害进行了研究，主要代表性的工作有：1989年，黄克忠应用微测深仪对风化石雕测试，结果表明云冈石窟的石雕风化深度大多分布在0.2~2cm之间，而最深的为7cm；1997年，黄继忠等学者对云冈石窟地区大气粉尘中的无机离子进行了分析，结果表明：NO^{3-}、$SO_2{}^{-4}$含量很高，而NH^{4+}、F^-含量一般。此外，降尘中的$SO_2{}^{-4}$含量高于粉尘，而NO^{3-}含量与粉尘相近；2003年，李海组利用x射线荧光分析法（PIXE）和电感耦合等离子体发射光谱法（ICP）对云冈石窟表面降尘中的金属元素进行了定性和定量测定研究，指出云冈石窟地区大气中的污染物主要是SO_2；2005年，马在平等人指出云冈石窟地区云冈组上段砂岩中碳酸盐胶结物的含量普遍在10%以上，其主要矿物成分为含铁方解石和含铁白云石；2007年，阎宏彬研究组通过分析云冈石窟第2

窟内全年的温度和湿度数据，讨论其对云冈石窟的影响机理；2009 年，杨晓杰等人基于分级加载单轴抗压蠕变试验，研究云冈石窟立柱岩体的长期强度。结果显示，9、10、12 窟窟前立柱岩体的长期承载力学性能良好；2010 年，刘月成等人利用火焰原子吸收光谱法测定了云冈石窟石雕风化物中 Ca、Cu、Fe、Mn 的含量。实验结果显示云冈石窟砂岩中发育了多种成因的裂隙，通过裂隙的各种形态的水加速了石窟砂岩中碳酸盐胶结物的化学风化和次生盐类矿物结晶；2011 年，姚远等人从实验和理论角度详细介绍了超声波技术在云冈石窟石质文物研究保护中应用的可行性。黄继忠组将各种地球物理勘探方法用于云冈石窟的勘察和修护中，解决了多年来石窟保护、防水等一系列水文地质、工程地质等问题，为窟顶的防渗排水实施提供了科学依据。翁履谦组通过扫描电子显微镜（SEM）和 X 射线衍射仪（XRD）等分析对比不同风化程度砂岩的特征，探讨了化学风化对石雕微观结构的影响。结果表明，由于胶结物和长石流失引起的风化程度严重的砂岩，相对较新鲜砂岩其微观结构松散，片层间空隙较大。相对应宏观上砂岩的强度下降，这为水的储存提供了空间条件。石玉成等人建立了三维的石窟计算模型，输入不同方向地震荷载，计算了石窟岩体的位移和应力分布情况。结果表明，石窟的立柱部分和入口处易产生较大位移。石窟周围，尤其是洞窟开挖的薄壁部位，容易形成压应力、拉应力和剪应力的集中区，是石窟围岩容易破坏的地方。竖向地震荷载对石窟拉应力的影响较横向地震荷载更为显著，但竖向地震荷载产生的压应力值远较横向地震荷载的为小。而横向地震荷载比竖向地震荷载更容易引起最大剪应力集中，即更容易导致石窟的破坏。吴育华等人利用三维激光扫描技术对第 9、10 窟前立柱进行研究可非接触式检测风化程度和破损情况；2012 年，李天祺等人对石窟的水源进行了研究，结果表明：云冈石窟山体的包气带较厚，入渗水需经过多层介质才能补给地下水，其渗流转化过程较为复杂。此外，大气降水也是洞窟石壁表面水分的主要来源之一。单个石窟顶部的入渗水量为 0.6 ~ 8.5m^3/a。洞窟与入渗水、凝结水和地下水相互作用的特征取决于石窟的结构形式、规模、配套建筑物和石雕的造型工艺。采用修建窟檐和室内空气除湿的办法，可以提高窟内水汽环境的稳定性，减少凝结水和冻结过程产生的风化损害。周霄组基于高光谱成像技术研究云冈石窟砂岩风化状况的整体有效评估方式，采集目标物 400 ~ 1000nm 的高光谱数据，采用对数残差法进行归一化处理，参照归一化处理后的反射率数据，按照这区间的反射率分布范围将风化程度分为强风化和弱风化。同时在 envi 平台下对砂岩的风化状况分布进行分级可视化表述。潘皎等人应用变性梯度凝胶电泳（PCR－DGGE）技术对云冈石窟表面样品中的微生物群落结构进行了分析研究；2013 年，张慧对云冈石窟雕像表面的煤灰利弊做了详细研究分析，结果表明，这些覆盖有煤灰的雕像相对保存得更好，在一定程度上防止了风化，可为石质文物的保护提供借鉴；2014 年，孟田华组基于云冈石窟风化物的太赫兹光谱和超声波检测研究，对云冈石窟风化等级进行了精细划分，并建立了风化等级 SVM 预测模型；方云组利用室内试验研究循环冻融条件下云冈石窟砂岩的物理力学性质，得到了不同含水状态下云冈石窟砂岩岩样的冻融破坏特征以及不同循环冻融次数后岩样体积、质量、超声波纵波波速、砂岩的单轴应力—应变全过程曲线、抗压强度、抗冻系数以及微观结构的变化，分析归纳出了循环冻融条件下云冈石窟砂岩的主要物理力学特性。2015 年，齐扬开展了激光清除云冈石窟砂岩文物表面主要污染物清除试验，并从温度变化、热应力效应及化学作用等几个方面研究分析了激光清除污染物的主要作用过程；建立了激光与云冈砂岩作用的损伤理论模型，得到了激光清洗砂岩文物的安全阈值，同时研发了具有自主知识产权的石质文物激光清洗设备。严绍军等人通过对不同风化程度样品进行现场测试和模拟试验可知：酸的溶蚀对石窟岩体表面造成直接破坏；同时，形成的可溶盐将导致砂岩出现由内而外劣化现象；由于岩石的孔隙率低、渗透性较差且胶结密实，岩石抵抗冻融作用相对较强。赵磊等人利用定量电子探针 X 射线微区分析技术对云冈石窟景区大气细颗粒物化学成分进行研究，结果表明，粒径大于 1μm 的颗粒主要含铝硅酸盐、碳酸钙、石英等初级矿物尘，反应或老化的矿物尘很少，二次颗粒基本未检出；粒径小于 1μm 的颗粒以有机碳和元素碳为主，且元素碳的相对丰度大于有机碳。

2017 年，杨进组利用各种物探方法对云冈石窟 9～13 窟前列柱进行了详尽的勘查研究。结果表明，列柱整体自上而下表层强风化层范围依次增多，南侧风化较北侧严重，东侧风化程度较西侧严重，整体自上而下未风化柱芯截面积逐渐增大，风化层逐渐增厚等。张秉坚组对云冈石窟 45 个有石雕艺术品的洞窟内的污染物病害进行了系统调查，对污染物种类（包括内源性和外源性）和污染程度进行了分类统计。结果表明，窟内至少存在表面污染与变色、表面层风化、表面生物病害、修补残留及水斑等5大类污染物病害，具体包括粉尘污染、烟熏结壳、黄斑、涂鸦刻画、触摸油脂等12小类，总污染面积达7059.66m^2。同时分析研究了主要污染物病害的成因和危害性。杨文妍通过全样分析与单颗粒分析技术测定了云冈石窟景区内大气PM2.5化学成分，分析了大气PM2.5中各种成分的浓度变化和可能来源，获得了云冈石窟景区大气污染特征。结果显示，云冈石窟景区大气PM2.5主要成分为二次离子、含碳组分和矿物尘颗粒。大气PM2.5污染源主要为煤炭燃烧、风沙扬尘和机动车尾气。王颖红针对在水分没有直接参与条件下酸性大气污染物对云冈砂岩劣化的影响进行了研究，结果显示，毛细凝聚现象是污染气体对云冈砂岩的风化过程产生影响的重要环节。砂岩粒径大小及其天然含水率对砂岩风化有一定的影响。云冈砂岩样品的微观变化主要表现为长石矿物表面泥化增强、粒间孔、溶蚀孔、微裂隙孔及杂基内长石泥化形成的微孔发育等。

2018年，张中俭组利用里氏硬度计对云冈石窟片状风化岩面进行了测量，结果显示，现场3个测量区域的平均里氏硬度值分别为224.8、225.8和236.4（相同岩性的新鲜岩芯的平均里氏硬度值为661.4），其单轴抗压强度分别为6.06MPa、6.13MPa、6.87MPa。王来贵等人为了研究云冈石窟砂岩孔状风化现象的形成机理，对现场选取的含结核砂岩进行冻融循环实验，利用激光共聚焦显微镜对砂岩结核、砂岩基质以及结核与基质交界面进行观测，分析冻融条件下含结核砂岩裂隙扩展规律，建立了含结核砂岩冻融破坏力学模型。研究表明，随冻融循环周期增加，结核与基质交界面、结核中心、砂岩基质先后出现裂隙。各区域裂隙宽度随冻融循环周期增多均呈增长趋势，但3个位置裂隙发展过程存在差异，交界面的裂隙沿交界面延伸；结核中心产生新裂隙，同时早期裂隙扩展、延伸、汇交形成裂隙网络；砂岩基质裂隙发展缓慢。结核的存在改变了砂岩物理力学性质，显著增强了砂岩的非均质性，建立的含结核砂岩冻融破坏模型，揭示了裂隙一般易发育于交界面的特点。砂岩的非均质性是云冈石窟砂岩形成孔状风化的内在因素。沈阳建筑大学研究团队利用有限元软件Abaqus对云冈石窟开凿立柱在风化前后的稳定性和温度变化进行模拟。结果表明，洞窟开凿阶段山体整体位移不断加大，最大达到3.228mm，第9、10窟前室和后室的顶部所受压应力减小，局部出现拉应力，列柱Y向剪应力受开凿的影响远远小于Z向垂直应力受开凿的影响，列柱发生受压使稳的可能大于剪切失稳等。也对云冈石窟第 14 号窟的渗水情况进行了勘测，并提出了 4 种防治措施。

2019 年，张世杰对云冈石窟景区的大气污染物特征及其在砂岩风化过程中的作用进行了探究。结果表明，云冈石窟景区大气细颗粒物主要成分为矿物尘颗粒和碳质颗粒，受燃煤和风沙扬尘影响较大，砂岩存在被酸性气体及其形成的酸溶液侵蚀的威胁。任建光组在定性观察的基础上，利用环境磁学便携式磁化率仪对云冈石窟风化砂岩现场进行风化程度的无损探测，提出了片状风化砂岩风化程度定量分级标准，并以云冈第 9、10 窟东列柱为对象进行了风化程度定量评价实践。谭琛等人对云冈石窟第 11 窟中心塔柱进行了病害调查分析，发现第 11 窟中心塔柱存在裂隙和危岩崩塌、水害、风化、环境污染、人为破坏等 5 类主要病害，并对病害成因进行了分析。王金华组根据云冈石窟风化雕刻的形貌特征和成因将不同风化类型进行分类，云冈石窟风化类型可主要概括为粉状（刷落状）风化，页片状（波壳状、鳞片状）风化，带状（洞穴状、蜂窝状）风化，板状（砖块状、圆块状）风化等，同时探讨了风化形成的原因。

2020 年，徐金明组以中国三处（石门山、云冈石窟、乐山大佛）砂岩文物为例，联合使用肉眼鉴定与灰度阈值法得到了砂岩文物 CT 图像中不同矿物成分的实际分布，结果表明，石英含量大小顺序是石门山砂岩 > 云冈石窟砂岩 > 乐山大佛砂岩；乐山大佛砂岩形状变化最小，云冈石窟砂岩次之，石门山砂岩形状最不规则；石门山砂岩纹理最复杂，乐山大佛砂岩最为简单，乐山大佛砂岩表面风化严重，但随深度增加变化不明显，云冈石窟砂岩距表面越深、风化越弱，石门山砂岩风化变化比较复杂。

2021 年，任建光组利用 XRD 法探析了云冈石窟风化砂岩破坏形式与岩面伴生盐类析出物的关系，结果显示，云冈石窟岩面片状风化与砂岩碳酸盐含量高有关，而粉状风化与岩石中石膏含量高有关，不同盐类结晶析出与洞窟环境有关。利用超声波检测技术对云冈石窟窟前列柱进行了检测。结果显示，云冈石窟第 9 窟前室东列柱南侧风化较北侧严重，东侧风化程度较西侧严重，底部风化较顶部严重，清晰地反映出石窟表层裂隙位置及其延伸方向，灌浆加固前后超声波声时对比曲线也验证了裂隙的加固效果。孟田华组提出了一种基于支持向量机（SVM）有预测功能的 THz 无损检测方法，建立了云冈石窟空鼓病害的 SVM 回归预测模型，结果显示预测结果的均方差（MSE）为4.46E-4。王恩德组针对云冈石窟的差异性地质损伤，从地层岩性、地下水及外部环境的差异性角度展开了研究。结果表明，石窟中长期受地下水作用的部位易于风化，地下水的差异性分布加剧云冈石窟呈现地质损伤；石窟周围煤矿的开采与停产时，一系列的化学反应使石膏与硬石膏相互转化，降低了石雕的力学性质，使石雕酥化，加速了石雕的地质损伤。黄继忠组针对2种云冈砂岩利用湿杯法开展了水汽扩散试验，结果表明，水汽透过砂岩扩散的总量随时间线性增加，且风化程度和环境湿度梯度的增大促进了扩散作用，水汽扩散系数主要与孔隙率呈正相关，现实环境中长期持续的水汽扩散作用对石窟浅表层砂岩的物理力学性质和风化过程影响显著。

2022年，蒋小伟组利用红外热成像技术对云冈石窟的凝结水形成规律进行了研究，揭示了降雨前和降雨期间的壁面温度昼夜变化规律，降雨过程中气温在1h内从18.5℃骤降到15.6°C引起大气中的水汽凝结，导致露点温度下降，使得壁面不再具备凝结水形成条件。

参考文献

[1] 孟田华. 云冈石窟风化的综合分析研究［D］. 中国地质大学（北京），2014.

[2] 黄继忠. 云冈石窟地质特征研究［J］. 东南文化，2003（5）：91-93.

[3] 李宏松. 石质文物岩石材料劣化特征及评价方法［M］. 北京：文物出版社，2014：12-63.

[4] 邓云，王金华. 云冈石窟风化特征与风化产物研究［J］. 遗产与保护研究，2019，4（03）：1-5.

[5] Tianhua Meng，Giorgio Savini，Christopher Leung，Guozhong Zhao，Fusheng Deng. A CST Simulation and Performance Analysis for a Passive Façade integratable Metamaterials Structure. UCMMT，Liverpool UK，2017，118.

[6] 黄克忠. 岩土文物建筑的保护［M］. 北京：中国建筑工业出版社，1998：1-50.

[7] 方云，陈星，刘俊红，陈勋，严绍军. 云冈石窟危岩发育的成因分析［J］. 现代地质，2011，25（01）：137-141.

[8] 马在平，黄继忠，张洪．云冈石窟砂岩中碳酸盐胶结物化学风化及相关文物病害研究［J］．中国岩溶，2005（01）：73－78＋84.

[9] 潘别桐，黄克忠．文物保护与环境地质［M］．北京：中国地质大学出版社，1992：19－33.

[10] 张秉坚，刘仁植，沈忠悦，张润平，石美风．云冈石窟污染物与砂岩结合状态的分析检测研究［J］．石窟寺研究，2012（00）：332－355.

[11] 李耀华．地球物理方法在云冈石窟表层裂隙检测中的应用研究［D］．中国地质大学（北京），2012.

2

云冈石窟常规无损检测

2.1 超声波检测

超声波法是地球物理检测方法中的一种高效方法，相较于其他的检测方法，具有对检测对象无损伤、高灵敏度、低检测成本、野外施工简便等优点。对石质文物检测方面，仅通过简单的数学方法便可得到量化的风化程度，而且无须取样，这在野外检测石质文物的风化程度、评价岩石加固效果、探测裂隙分布和裂隙灌浆深度等方面都是极为适用的。

2.1.1 超声波检测技术

（1）超声波特点

声波中可闻声波指频率在 20Hz～20kHz 范围内能使人产生听觉机械波，次声波是频率低于 20Hz，而频率范围在 20kHz～5000kHz 间的称为超声波。超声波以其在不同介质中传播时方向性强、能量集中、传播距离远等特点，广泛应用于生物医学工程、无损检测、地球物理、模式识别等领域，特别适合混凝土构件、岩土体等工程问题的无损检测工作。产生超声波的方法是利用超声波探头中的压电晶片所产生的高速机械振动，然后将振动转播到与探头接触的介质中，就形成了超声波。

在石质文物保护中，利用自然岩石与超声波之间的相关关系，能够非常便捷地利用超声波技术来测量自然岩石的超声波波速，进而分析岩石的晶间结合和整体性能等相关情况。作为弹性波的超声波在石质文物中的传播速度与岩石的弹性性状直接相关，未风化的新鲜岩石其表层力学性质与核心部位相同，而风化了的岩石表层力学性质与核心甚至距离表层深度梯度层间的差异都很大。超声波波速高对应传播介质的弹性强且力学强度高，反之，超声波波速较低则说明传播介质的弹性差且力学强度低，换句话说，超声波波速与传播介质（对石质文物而言就是风化岩体）的力学强度成正相关性，超声波波速的差异受岩体的风化程度、岩石的组成成分、岩体密度、裂隙的发育程度，岩体含水量等情况的影响。这也就意味着，超声波波速与石质文物的风化程度存在相关度较高的对应关系。利用超声波对石质文物进行无损检测的原理是利用超声波在石质文物中传播的超声波波速、振幅、能量及相位与石质文物风化程度之间的关联性来判断石质文物的风化情况，这是应用超声波对石质文物风化程度进行检测的物理理论基础[1]。更为重要的是，超声波频率高、波长短、无损伤，对石质文物变化的空间分辨可以达到cm乃至mm的量级。此外，通过分析超声波在自然岩石传播介质中振幅的变化，还可以进一步分析超声波在传播介质中强度和能量的变化规律，所以应用超声波法来分析和评价石质文物整体质量是非常合适的[2]。

目前采用超声波探测石质文物结构形态时主要用到透射波法和反射波法，在某些特殊条件下也会用到折射波等[3]。①超声透射波法：将发射探头和接收探头分别放置在被检测岩体两侧，由接收探头接收通过岩体的超声波信号来判断岩体内部裂隙、空洞等结构；超声透射波法还可以用来研究两个钻孔之间的岩体岩性、构造、结构等。透射法要求探头之间的距离能够准确测量，测试时可以相同速度同时移动发射探头和接收探头形成平行扫描；也可保持发射探头不动，以一定间距移动接收探头而形成扇形扫描。②超声反射波法：使用收发一体探头，或在岩体单侧以一定间距布置发射探头和接收探头，然后对接收到的岩体反射回来的超声波回波信号来分析岩体的内部结构、裂隙位置及形态等；反射波法也常用来了解钻孔内侧壁岩体内随深度变化的结构和构造等。③超声折射波法：通过分析超声波在不同岩体介质界面所产生的滑行波特性，来研究岩体下伏界面超声波速度并确定界面位置的方法称为超声折射波法。三种方法各有利弊，其中使用平面透射方式时，超声波可深入岩石层内的深度较浅而且能量较低，因此一般只能体现出岩体的表面特征。当采用对测透射方式时，超声波在石质岩体中传播时其穿透能力较强，传播距离也相应远一些，对应的探测范围也会大一些。在云冈石窟石雕风化程度研究中，我们选用超声反射波法。

（2）超声波发展现状

利用超声波进行无损检测始于20世纪30年代，1929年苏联Sokolov的等人利用石英传感器产生的超声波来探测金属物体。1940年美国的Firestone以及1945年Simons利用脉冲回波技术开发了脉冲回波式超声检测仪。1946年英国的

D. O. Sproule 制造出 A 型脉冲发射式超声波探伤仪。1958 年 Mamillanm 首次使用超声波探测石质建筑，接着成功应用于金属的测试。从那时起，超声波方法就广泛地用于石质物体、石质文化遗产以及城市工程（石质建筑和水泥）的研究。1964 年德国 Krautkramer 公司成功研制的高性能小型超声探伤仪器，是进入近代超声探伤阶段的标志。M. S. King 和 L. J. Pyrak－Note 等人在比较超声波透过天然岩石和模拟岩石节理试验的基础上，构建了依据岩石节理变形本构关系的超声波弹性位移不连续模型。1987 年 KrisA 通过研究物质对超声波反射后形成的扇形波束截面和回波的后向散射能量关系，指出了利用超声波反射成像的可行性，1991 年 Köhler W 提出了一种分类系统根据超声波脉冲速度值将大理石的损坏度划分成 5 个等级。1994 年 C. Q. Lan 等人对超声反演模型进行了探讨。进入 21 世纪以来，超声波技术飞速发展，国外的数字式超声检测装置，已能将高于 100MHz 频率的高速 A/D 用于信号采集，大容量缓冲技术也发展到了相当高的水平，实现了 A、B、C 扫描信号的分析和成像。

我国从 20 世纪 50 年代初开始逐步引进超声波探伤仪器，在进行仿制的同时推广超声探伤技术在工业生产中的应用。在石质材料的超声波应用及理论研究方面，毕贵权等人利用超声波技术检测裂隙、形态不同的模拟试件，得出纵波波速变化率和振幅衰减度与裂隙、形态的关系。马涛等人通过比较应用超声波技术与透镜方法对彬县大佛寺石窟风化岩石的加固效果的评价结果，验证了超声波用于岩石加固效果评价的可行性。任建光等人利用超声波技术研究了云冈石窟加固剂的渗透效果和加固后效果，表明超声波检测的结论可靠。孙进忠、陈祥等人利用超声波透射波法分别检测了浙江的义乌古月桥桥身长条石、北京故宫汉白玉栏板和西黄寺抱鼓石等石质文物，检测结果可靠，能够作为风化病害治理有效参考，并说明了这一方法的可行性。何发亮等人应用超声波层析技术检测了泸定桥东桥台的内部结构和病害，其所得数据和图像为修复工作提供了重要且有效的参考。张中俭等人应用超声波法对承德避暑山庄永佑寺后续碑和普陀宗乘之庙某石狮子表面的裂隙深度进行了现场测量。

（3）超声波检测仪

测试云冈石窟石雕风化物的超声波速实验采用由长沙组英数码科技开发有限公司研制的 DSG－1A 宽带声波探测仪（图 2－1）。通过 USB 电缆与笔记本电脑连接，并在 DSG－X 软件包的控制下完成参数设定、数据采集、数据传送、波形显示、波形分析、文件保存和历史数据回放等功能。所使用的激发换能器是湘潭天鸿电子科学所研制生产的 50kHz 的激发探头，接收换能器也是湘潭天鸿电子科学所研制生产的 50kHz 的接收探头。将激发换能器与仪器“脉冲输出”相连，接收换能器与仪器的“CH1”“CH2”“CH3”“CH4”等各通道相连。仪器有 8 个独立的 A/D 转换采集通道，可以使用所有通道同步采集信号。此超声波仪是自激自收模式，激发电压可调范围：0～500V，激发脉冲宽度可变范围：25μs～1ms，工作频率带宽范围：10Hz～2MHz。此外，本仪器支持超声波的“单次激发＋单次采集”和“连续激发＋连续采集”两种工作模式[4]。

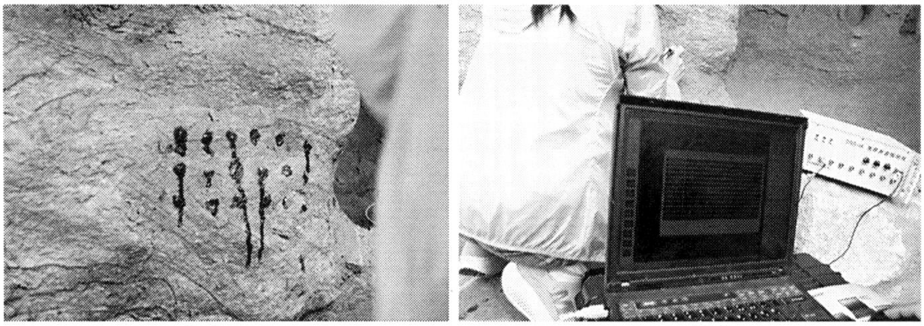

（a）　　　　　　　　　　（b）

图 2－1　现场工作照
（a）实地测试区域　（b）超声波仪和实时采样

2.1.2　超声波测试过程

（1）耦合剂

本研究选择普通胶水作为耦合剂，原因是：①此材料简单，无须复杂的制备工艺很容易获得。②此材料无须任何辅助条件即可直接使用。③此材料呈均匀的半流动体状，不容易渗透到岩体内部也就不会对文物本身造成二次污染。④此材料相较其他种类耦合剂，测试结束后很容易清除且操作方法和过程简单。

（2）测量方式

根据云冈石窟风化病害的分布特点，石窟壁断面大多呈现长方形和正方形，我们采用了目前国内外文保界常用的网格式超声波探测方法。网格式超声波测试方法是首先在被测石质文物的表面沿一个确定方向均匀地布设测线，接着将每条测线断面划分成若干个小格（图 2 -2），然后在每个小格均匀地布设超声波测点，最后放置换能器就可以进行超声波透射波法检测了。利用超声波仪获得的声时值结合网格尺度计算出超声波波速，接着分别计算各小格的波速比值，并根据波速比数值的大小按照相关标准判断各小格处石窟壁表面和浅层及内部的风化等级情况，最后综合所有小格的风化结果，评价整个断面乃至整个测试对象的风化等级状况。若风化程度变化率较大，就可绘制石质文物风化层的纵向结构风化等级分布梯度图，用此图可以表征由外至内的风化程度变化情况。此外，在实地测试时只有当收发间距（两个测点间距离）小于 10cm 时超声波的波形才正常可靠，这时由波形图上才可以读出清晰的首波声时，若收发间距设置太大就会导致波形紊乱，即便多次测量也仍然无法判读出正确的首波声时，对同一测区我们分别采用两种测量方式对云冈石窟石雕风化层进行测量。

①“定发移收”测量方式［图 2 -2（a）］：固定超声波发射换能器的位置不变，逐点移动接收换能器以接收不同间距的超声波信号。

②“同步对测”测量方式［图 2 -2（b）］：固定测线同时移动发射和接收换能器，并保持两个换能器位置相对中心位置对称。

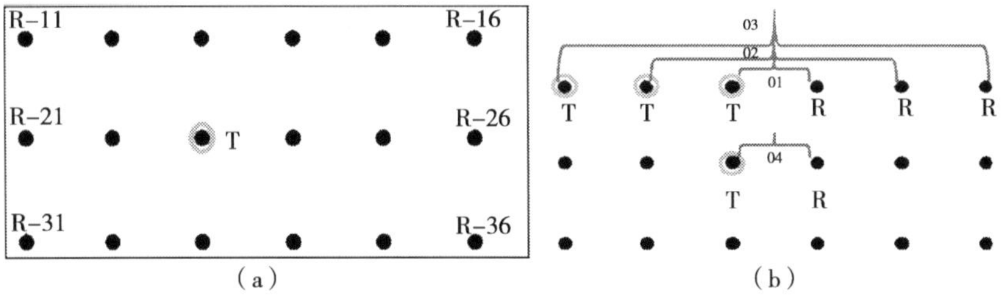

图 2 -2　两种测量方式的测点布置图

（a）定发移收　（b）同步对测

（3）数据采集

增益的大小会影响波形振幅的变化，若将放大器增益调的太大，噪声也随之被放大并产生“削波”现象，直接影响到初至时间的判定，极易引起误判；若将放大器增益调的太小，波形特点和信息都会变得不明显，甚至无法明确读出初至声时值。而发射电压的选择则要考虑到待测对象的尺寸及所要求的探测深度等。发射电压的大小直接决定着换能器能量的变化幅度及探测深度的大小。当发射电压设置高，则对应超声波能量相应也大，随之的穿透距离就相对长一些，但是当测试对象尺寸较小时，会产生“削波”的现象；反之，发射电压设置太低，对应超声波能量就很低、穿透距离变短，当传播过程出现破碎程度严重的介质时能量就会很快被衰减掉，接收换能器极有可能就接收不到有效波形，也就不能全面准确地反映波形信息。所以，我们在正式实验测量前先经过几组预测试，比较分析测试结果，最终确定实验参数为：发射电压250V，增益36dB。

采样点数和采样间隔的选择则应根据实际测试区域的岩性情况和波形分析的实际要求来选择确定。在采样间隔不变的条件下，加密采样点数可延长采样时间、精细化超声波波谱，但点数太多也可能导致仪器无法记录下所有波形；在采样点数不变的前提下，调小采样间隔可提高测试精度，但过小则会导致波形杂乱而出现无意义的异常情形。所以采样间隔的确定要以能够反映测区实际超声波波形变化情况为前提，而且采样间隔必须满足如下式的采样定律：

$$\Delta \leqslant \frac{1}{2f_{max}} \tag{1}$$

其中，f_{max}是弹性波频率上限，Δ 为采样间隔。补充一点，采样间隔与采样点数的乘积等于超声波信号采集的时间。因而，在设定采样间隔与采样点数的数值时，需考虑仪器可以记录下所有有效波形的范围。所以一般在正式实验测量前，我们要进行几组不同采样点数和间隔的试验测试，通过比较分析最终选出波形最清晰时对应的参数。本实验的确定参数为：采样点数2000，采样间隔1μs。

声时是超声波实验测量得到的一个重要参数，其定义是超声脉冲波从发射换能器发射，经待测介质传播后，到接收换能器接收到首波间所用的时间。一般是通过接收信号中的第一个初至波即首波（t_0）来读取该时间，所以关键是区分出声波波谱前面的噪声信号。在对 t_0判读时，认定落在两条首波控制线之间的幅度很小的波形为噪声，超出控制线后的第一个波谷起跳点位置所对应时间即为首波 t_0。此外，t_0中还包括了超声波信号在超声波仪、连接线、换能器之间传播的滞后延时 T_0，这个时间并不是测试对象所产生的值，只有将其扣除了才是超声波在介质中的实际传播时间。对于同一套超声波仪器（包括接收和发射换能器），它的滞后延时 T_0是一个相对固定的数值。在每次测试前应先测出超声波系统的滞后延时 T_0值，方法是将两个换能器的辐射表面涂上耦合剂后直接接触，并轻微挤压旋转，尽量使中间的耦合层呈现均匀稀薄状态，此时读出的声时值便为T_0值。

采用移动设备从超声波仪中拷贝测量数据文件（.us5），应用DSG－X Ver1.81 Build 160708处理软件读取“.sdt”文件，分别提取出t_0声时、幅值、频率、基点等原始数据备用。根据概率分布特征及同一测点测量数据相对稳定原则，并结合格鲁布斯检验法，剔除同一测点数据中偏离度较大的异常数据，以消除不规则的随机噪音，进而采用数字滤波压制干扰，突出有效的超声波信号。并计算出每一个测点数据的平均值作为该测点最终的有效声时值。然后用收发间距除以测量得到的有效声时值得出平均超声波速度，并作测区的平面速度分布图以分析超声波速度的分布特征。

得到各测点的实际声时值（t_0-T_0）后，由收发间距与此值做比可计算出波速V，然后除以新鲜岩石的波速V_0（其中测得云冈石窟打钻采集到的新鲜岩芯样品的超声波速$V_0=2963.42m/s$，波速比的计算公式为$K=V/V_0$），对照表2－1可得出云冈石窟石雕风化物的风化程度。最后根据实际需要绘制出各个测区的声时曲线和超声波波速（风化等级）的平面等值线图。其中，声时曲线反映了石窟窟壁表层同一条测线上相邻近各测点之间的特征；超声波波速（风化等级）的平面等值线图则反映了这一测区范围内不同位置之间的石窟窟壁表层风化的平面特征间的差异。作为弹性波的超声波，其传播特征与石窟窟壁的弹性状态密切相关，即超声波仪获取的超声波传播距离、传播时间、振幅强弱和频率成分都可以从一个角度反映超声波传播路径上云冈石窟石雕风化物的性质。所以，利用超声波传播的声时特征，可以推断石雕风化物的完整程度和缺陷分布情况；利用超声波的振幅和频率成分，可以分析石窟窟壁石雕风化物的成分品质和组成结构的均匀性；利用超声波在石雕风化物中的传播速度分布图，则可以分析石雕风化物的强度大小、风化情况和风化等级。

（4）超声波数据处理

在对数据处理前，先要对一些诸如离群值、极端值、可疑值等异常值进行剔除。这些异常值产生的原因多样，一般为随机因素引起或采集数据时人为失误造成。目前，认可的剔除方法是通过统计检验来判断数据的取舍，其理论依据是小概率原理，即在一次试验中认为小概率事件几乎是不可能发生的。常用异常值取舍的判定方法有：2.5d法、4d法、格鲁布斯检验法、狄克逊检验法、科克兰检验法、t 检验法等。徐中秀对这些判定方法做了系统的比较，各进行了一万次的模拟试验，结果表明格鲁布斯检验法的效果最好。因为格鲁布斯检验法的优点在于判断可疑值取舍时，将正态分布中的两个最重要的参数——平均值和标准偏差引进来，所以此方法的准确性较高。我们选用此方法对原始数据中的异常值进行取舍，在 Excel 中编程的主要步骤如下：

①读入一列数据；

②将这些数据从小到大排序，并标出序号；

③求出总平均值 $\bar{x} = \frac{1}{n}\sum_{i=1}^{n} x_i$ 和标准差 $S = \sqrt{\frac{1}{n-1}\sum_{i=1}^{n}(x_i - \bar{x})^2}$；

④求出 $G = \left|\frac{\bar{x} - x_n}{s}\right|$；

⑤查表 G(n) 并与表中数值比较，若 G > G(n)，就认定此数值为异常值，将其标为红色，之后剔除。其中 n 为显著水平，根据实际情况我们取 0.05 这个值。

由于，在实地超声波测量中，测区非完全平整、耦合剂非完全均匀涂抹，认为放置换能器的差异等都可能引起误差，所以我们将所有原始数据分组输入以上程序后，经筛选剩下的有效数据就可以用于下一步的计算分析了。

（5）石质文物风化等级的划分

工程上划分岩体风化程度的方法，以应用物理力学指标的分级方法居多，化学风化指标很少用到，主要原因是物理类力学指标相较化学指标容易获得。实际应用中，评价岩体风化程度的方法主要有两类：①定性方法，主要以宏观描述为主区分风化程度。②定性与定量相结合的综合方法，一般是在定性描述的基础上，再以某一项特定指标或几项指标共同划定出量化标准。虽然使用定性指标时简单方便，但主观性太强而且对风化等级的划分人为干扰因素太多导致其结果不准确；若以单独一项指标划分风化等级的话，又缺乏代表性会导致判断结果片面；多项指标综合考虑尽管相对比较全面了，但通常各项指标随风化程度变化的规律不一致，往往会出现几项指标互相矛盾而无法做出判定的现象。综合以上，本研究选择现在较通用且流行的方法——以风化岩石与新鲜岩石的纵波速度之比值来表征判定岩石的风化等级。此方法仅利用简单的数学做比值方法，就可以得到研究对象的风化程度等级，大大简化了岩石风化程度的研究过程。根据国家标准《岩土工程勘察规范》计算得出云冈石窟的石雕风化物风化等级，其波速比与风化程度的关系如表1所示。补充一点，因为本研究对石雕分化研究结合了太赫兹光谱方法，而此方法灵敏度高，可区分微小差异，即可对风化等级的研究提高精度，所以我们将风化等级细化，结果列于表格中的第一列。

表2－1　波速与风化等级的划分标准

纵波速度比（细分）	纵波速度比	风化程度	描述
<0.2　（9）	<0.2（6）	残积土	新近沉积，包括残积土
0.2～0.3　（8）	0.2～0.4（5）	全风化	结构几乎完全破坏，风化裂隙及其发育
0.3～0.4　（7）			
0.4～0.5　（6）	0.4～0.6（4）	强风化	结构大部分破坏，风化裂隙很发育
0.5～0.6　（5）			
0.6～0.7　（4）	0.6～0.8（3）	中等风化	结构部分破坏，风化裂隙发育
0.7～0.8　（3）			
0.8～0.9　（2）	0.8～0.9（2）	微风化	结构基本未变，有少量风化裂隙
0.9～1　（1）	0.9～1（1）	未风化	岩芯新鲜，偶有风化痕迹和裂隙

2.1.3　云冈石窟窟壁风化测区的超声波检测

（1）超声波波速平面等值线图

图2－3是从四个石窟的石雕风化物测区的超声波波速平面等值线图。图2－3（a）是第4窟外壁测区的波速等值线图，由图可看出这一测区表面风化物的超声波波速主要集中于1550～1700m/s之间，波速较低，也就定性地显示出风化较严重，而且波速分布不均匀，对应着这一测区的石雕风化物结构及组分不完全相同。图2－3（b）是第11窟外壁测区的波速等值线图，由图可见相对于测区边缘，中心处的石雕超声波速较低，对应石雕风化较严重。而且这一测区的波速分布也不均匀，说明这一石窟外壁的风化表层经过1500余年的风吹日晒，物质已发生了非同步且均匀的风化。图2－3（c）是第25窟外壁测区的波速等值线图，相对前两个石窟壁的风化物超声波波速，这个石窟的波速明显高一些，波速大多分布在2000m/s附近，说明风化相对弱一些，对应实际情况是这个石窟是北魏太和十八年（494年）以后的作品，属于云冈石窟的第三期工程，而前两个石窟则是中期开凿

的石窟，所以相对保存得好一些。图 2 -3（d）是第 39 窟外壁测区的波速等值线图，作为开凿于第三期的作品，这一石窟外壁的超声波速也相对较高，对应风化较弱，波速分布的不均匀同样说明，这一测区不同点处的风化程度不同，而且对应物质组分不同。总之，由图 2 -3 可定性地得出，开凿于晚期的石窟相对早中期的风化程度低一些，保存得较好一些；即便相邻测点的风化物质组分也可能组分不同，受风化影响不同。

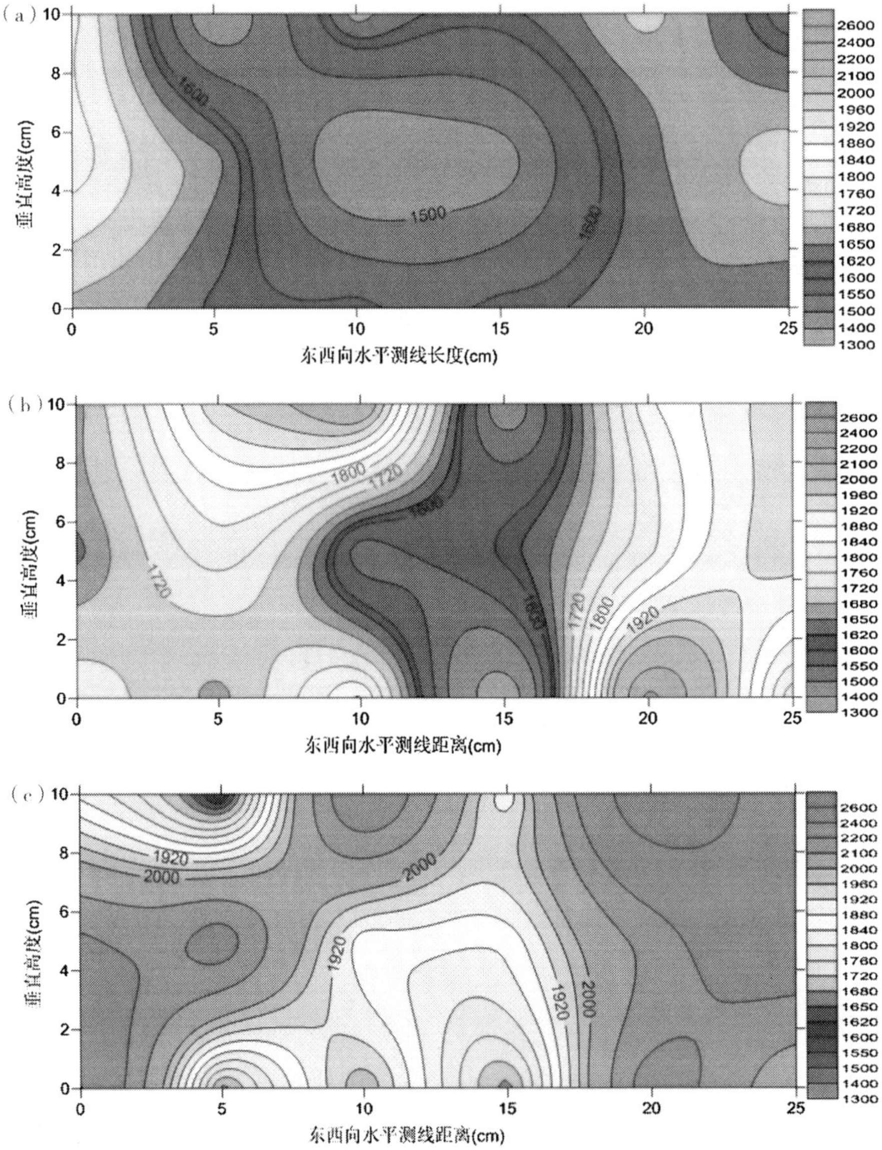

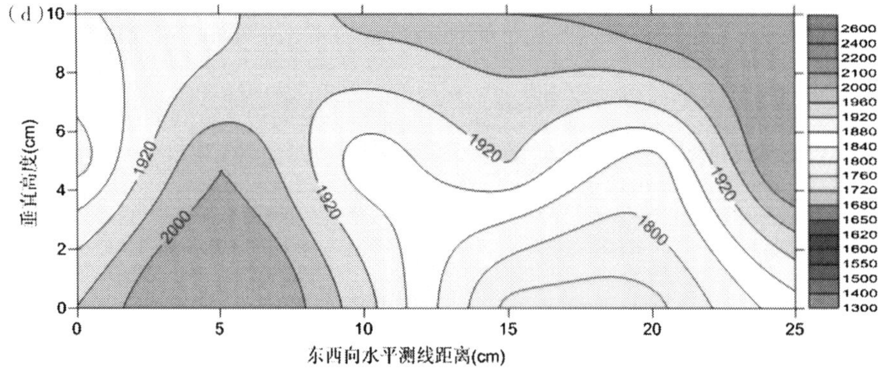

图 2-3 超声波波速（m/s）的平面等值线图
（a）第 4 窟外壁 （b）第 11 窟外壁 （c）第 25 窟外壁 （b）第 39 窟外壁

（2）超声波声时值曲线

图 2-4 是四个石窟外壁测点的超声波声时曲线，总体看四个测区的声时曲线特征基本相同，随着测点的变动接收时间的变化规律也相同。在每个测点处，开凿于晚期的石窟外壁测量的声时值比其他的大，说明壁面风化严重，石质更加酥松，超声波在表面传播所用的时间相对长一些。第 8 和 13 个测点，波形跳跃，可能是由于此处有裂隙或大块的砂岩晶粒对超声波产生的散射所致。

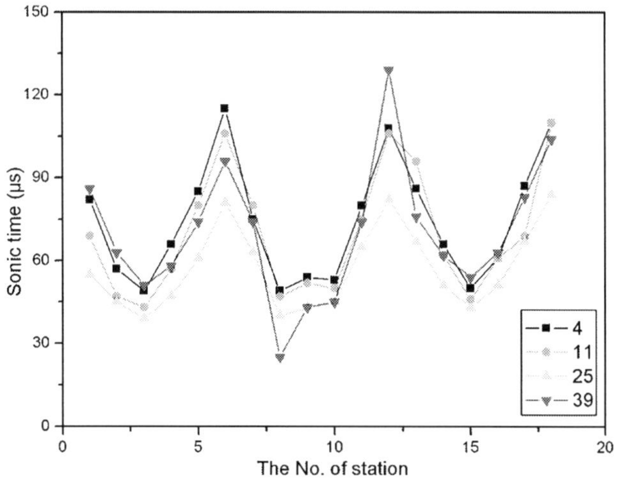

图 2-4 四个石窟壁测点的超声波声时曲线

（3）云冈石窟石雕风化等级

前面的分析，都是定性地由图或谱的对比研究，在风化程度的确定上，我们希望得到定量的描述，所以采用前面介绍的国家标准《岩土工程勘察规范》可以通过求解波速比得出云冈石窟石雕的量化风化等级（如表2－1）。补充一点，为了与前面测试得到的对物质反应灵敏的云冈石窟石雕风化物的THz光谱数据相结合作为训练和检测样本集，用于后面的基于支持向量机的软件建模，我们将风化等级细分为9个级别（表2－1左边第一列）。由表2－2可见，按标准划分的等级看大部分属于3级和4级，即中等风化和强风化，但是不能更加详细地看到不同石窟间的风化等级规律。从细分等级来分析信息就精细了很多，差异就更明显了，也便于寻找规律了。

由于云冈石窟石雕的风化等级大多集中在中等风化和强风化，所以我们具体阐述一下这两个等级的实际表现状态。①中等风化：对于砂岩类硬质岩石，组织结构部分破坏，矿物成分基本未变化，仅节理面出现次生矿物，风化裂隙发育，岩体被切割成20～50cm的岩块，锤击声脆，且不易击碎。根据资料记载，云冈石窟顶部中等风化层的厚度一般4.0～5.0m，最大处9.6m，平均厚度4.2m。②强风化：对于砂岩类硬质岩石，组织结构已大部分破坏，矿物成分已显著变化，风化裂隙发育，岩体被切割成2～20cm的碎块，用手可折断。根据资料记载，云冈石窟窟顶部岩体强风化层的厚度一般1.3～4.5m，最厚处5.0m，平均厚度3.2m。强风化层分布不均匀，较厚区域从西到东有：西院八字墙西墙处（第21～51窟）、西院的明城墙内、西院东南角（第5～7窟）、东院第2窟一带（第3窟东北）以及东院烽火台北侧，强风化层厚度均在4.0m以上。

表2－2　青铜主要锈蚀产物的ICDD卡号

窟号	波速（m/s）	波速比	标准	细分
39	1937.95	0.65	3	4
37	2059.15	0.69	3	4
27	1467.65	0.50	4	5
25	2065.54	0.70	3	3
16	1663.43	0.56	4	5
17	1638.64	0.55	4	5
14	2234.27	0.75	3	3
7	1951.13	0.66	3	4
6	1873.62	0.63	3	4

续表

窟号	波速（m/s）	波速比	标准	细分
5	1614.86	0.54	4	5
8	1512.40	0.51	4	5
w1	1827.02	0.62	3	4
w3	1927.83	0.65	3	4
13	1883.36	0.64	3	4
7	1572.39	0.53	4	5
4	1625.15	0.55	4	5
2	1529.34	0.52	4	5
12	1395.95	0.47	4	6
11	1753.11	0.59	4	5

虽然从不同开凿时期来看，石窟外壁石雕风化测区的风化程度与年代无明显相关性，但是若把这些数据按实际石窟所在的位置顺序排列后发现（表2-3），相邻石窟的风化度也相近，只是开凿时期早的风化度一般要高于开凿时期晚的，也即风化相对严重一些，这个结果与前面由超声波速的等值线图所得的定性结果一致。这也从一个侧面说明了相对于将近1500多年的风化时间，开凿于早中晚时期相差的那几十年时间的影响就相对小一些。此外，开凿于中期的第5窟、第6窟和第7窟的风化等级相对低于同期其他石窟，究其原因是，这三个窟有建于明清时代的窟檐。

表2-3　云冈石窟风化等级的规律

窟号	波速比	标准	细分	开凿时期
2	0.52	4	5	中
4	0.55	4	5	晚
5	0.54	4	5	中
6	0.63	3	4	中
7	0.66	3	4	中
8	0.51	4	5	中
11	0.59	4	5	中
12	0.47	4	6	中

续表

窟号	波速比	标准	细分	开凿时期
13	0.64	3	4	中
14	0.75	3	3	中
w1	0.62	3	4	中
w3	0.65	3	4	中
16	0.56	4	5	早
17	0.55	4	5	早
25	0.70	3	3	晚
27	0.50	4	5	晚
37	0.69	3	4	晚
39	0.65	3	4	晚
42	0.42	4	6	晚

（4）石雕风化的超声波检测结论

利用超声波检测技术研究了云冈石窟各窟外壁测区的超声波波速分布情况，进而获得对应的风化等级值。结果表明，开凿于晚期的石窟相对早期和中期的风化程度低一些，保存得较好一些；即便相邻测点的风化物质组分也可能不同，受风化的影响不同；位置邻近的石窟外壁风化度也相近，只是开凿时期早的风化度一般要略高于开凿时期晚的，也即风化相对严重一些。但是有窟檐的石窟风化等级相对低一些。

2.1.4　云冈石窟裂隙的超声波检测

（1）测区选择及测线布置

结合窟区裂隙分布情况，选择发育典型，特征明显的单一表层裂隙。同时考虑云冈石窟为重点旅游景区，测量区域应选在主景区范围之外较为偏僻的地方，具体描述如下所述：

由西向东共选择10块区域为测试研究区（图2－5）。1区选在龙王庙西侧的岩壁上，地势较高，属风景旅游区中较为隐蔽偏远的地方，来往游客较少，该岩壁原有雕刻的石像基本被全部风化剥蚀，个别小型洞窟中还有隐约可见的石雕；该区选择两条垂直于地面的竖直裂隙为主要研究对象，南侧裂隙紧密闭合，向下延伸，倾向190°，倾角81°，在其北侧约800mm位置近于平行分布着一条规模较大的裂隙，倾向5°，倾角81°，深度较大，有雨水冲刷的岩体上层碎屑及黏土物质填充。2区位于3号洞窟西侧，在景区主道路旁的岩体半腰位置，此测试面与地面夹角约为70°，砂岩颗粒较大，裂隙纵横交错，以竖直裂隙为主要研究对象，该裂隙闭合无填充，倾向220°，倾角71°。3区位于3号洞窟内的外室岩壁上，表层是与母岩分离的风化壳，下部位置已经脱落，该裂隙属风化裂隙，垂直于地面而贯穿整个风化壳，裂隙张开，无任何填充物，倾向286°，倾角90°。4区位于3号洞窟东侧，“车辙痕迹”西侧路旁的岩石表面，表层岩体风化脱落的痕迹清晰可见，该裂隙也属风化裂隙，闭合无填充物，倾向347°，倾角48°。5区位于种植花草的边坡台地位置，离石窟主景区较远，岩体多呈块状分布，可能为修建石窟景区时取材之用，岩体表面多发育不规则的卸荷裂隙，规模尺寸各异，被裂隙切割分离的块状岩块随处可见，选择一条宽度较大，成弧形迹线分布的裂隙为主要研究对象，倾向70°，倾角75°，深度较大，裂隙里有部分充填物质。6区位于景区主路北侧岩壁侧面，此裂隙为早期构造运动所致，其延伸较长，倾斜侵入，倾向155°，倾角51°，根据侧纹可发现明显的岩体错动现象，原岩节理面倾向212°，倾角52°。7区在岩体上表面位置，裂隙迹线成微弧形，倾向231°，倾角64°，在其右侧有曲率半径不大的浅沟槽，其表面形态起伏，不平整，裂隙闭合，部分位置可见填充物质。8区位于7区东侧约5m的竖直岩壁上，有一层约1mm厚的风化层，两组水平裂隙与斜裂隙近似成“平行四边形”相交，以其中一条明显横向裂隙为研究对象，该裂隙闭合无填充，倾向300°，倾角11°。9区位于5区东侧、6区西侧，也在景区主路旁的边坡位置，该裂隙为一条卸荷裂隙，中间宽两头窄，几乎与地面垂直，倾向315°~327°不等，倾角87°。10区位于雕刻“天下第一”文字的岩壁上，位于“下”字左下方，该裂隙可能是在雕刻文字时，表层风化岩体受外力影响致使内部应力重新分布，具有风化和卸荷两种成因，裂隙面之间无填充物，倾向0°，倾角84°。仍以裂隙轴线为中心对称布置测点，测线与裂隙相互垂直，探地雷达测线重合超声波测线布置；根据实际测试面情况有选择地布置微测深点，其部分测线与超声波测线重合[5]。

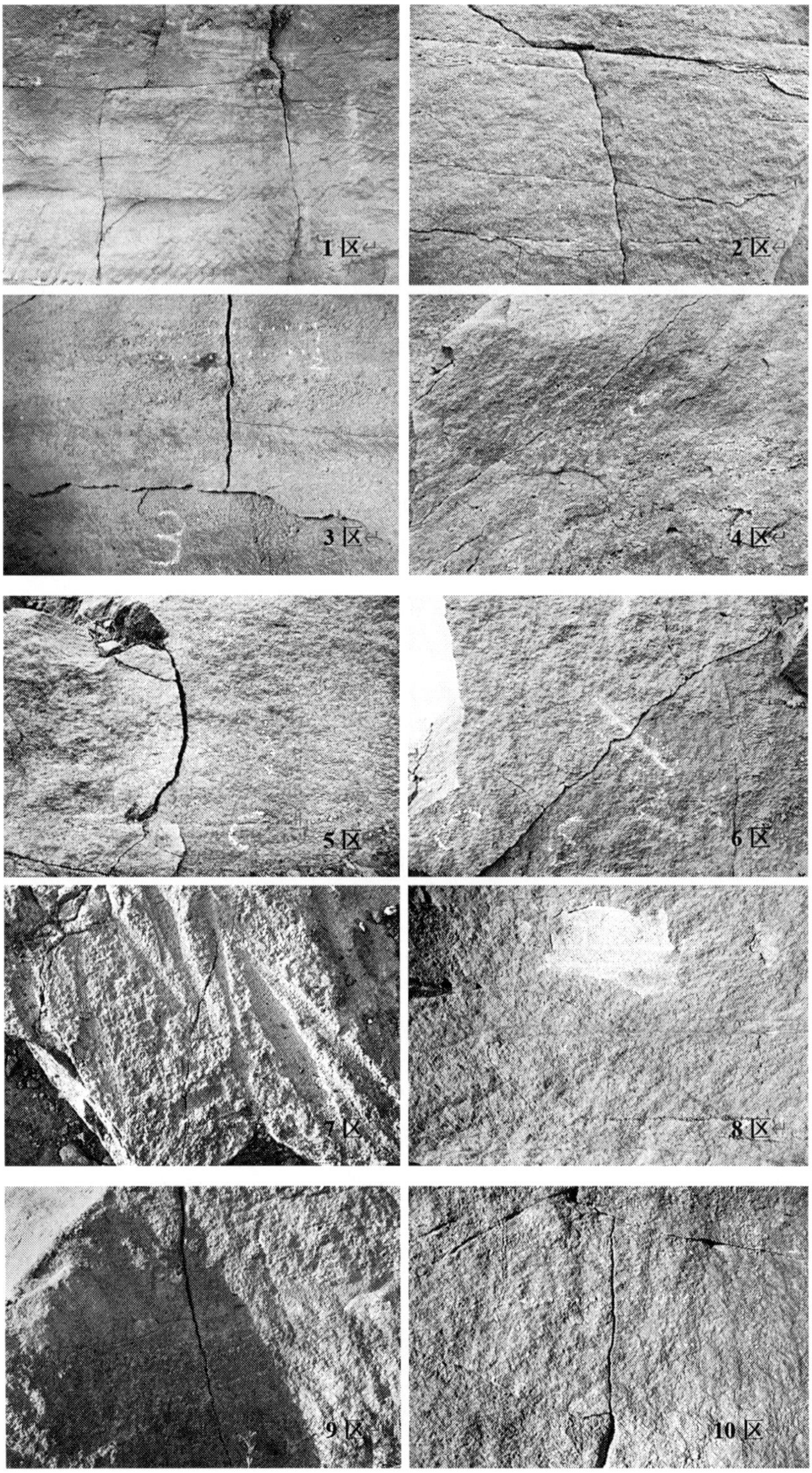

图2-5　云冈石窟裂隙测区现场图

（2）首波声时曲线分析与解释

①“收发同步”声时—测点曲线

1 号测区小裂隙两侧声时值变化幅度小，平均 50μs，短距离内岩体均一，性质相近，裂隙位置变化显著，其声时值高于 250μs，接近非裂隙区的 5～5.5 倍（图 2－6）；而位于大裂隙位置的测线虽然也在裂隙位置处声时值突然增大，但其数值为非裂隙区的 3.5 倍左右（图 2－7），变化幅度不及前者，原因可能是大裂隙底端有尚未处理干净的填充物质，而导致裂隙实际深度偏小所致。

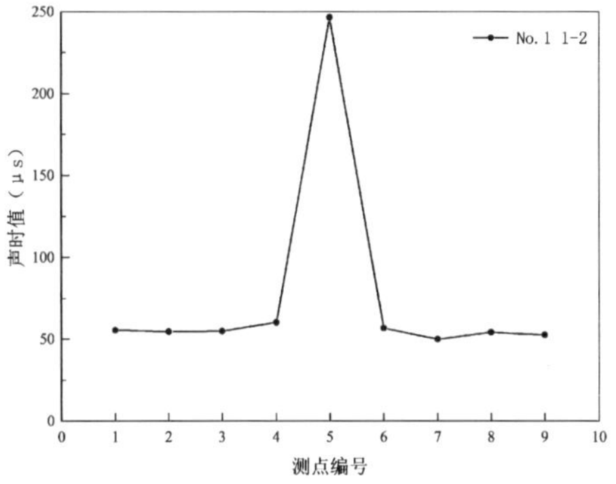

图 2－6　1 号测区 1－2 线声时曲线

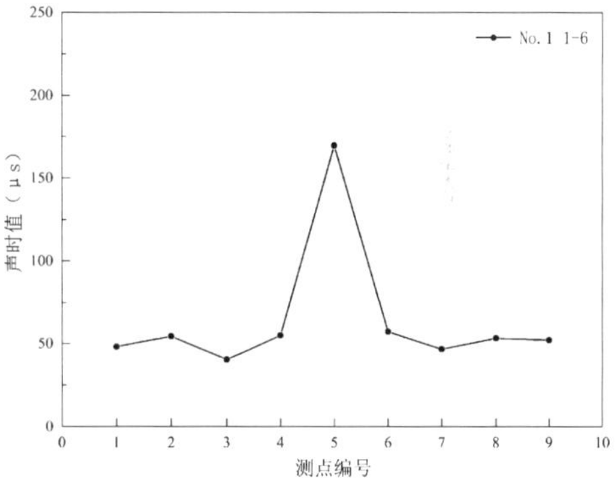

图 2－7　1 号测区 1－6 线声时曲线

2 号测区表层砂岩风化脱落，测试面上砂岩颗粒较大，曲线上非裂隙位置声时出现上下波动，数值不稳定，表明岩体不均匀，在裂隙位置仍有较明显的反应（图 2－8）。3 号测区在风化作用下形成一侧风化壳，具有一定的厚度，声时曲线可以看出该风化层岩性较为均匀，声时值变化范围极小，只有在裂隙位置形成突变，声时值变大（图 2－9）。

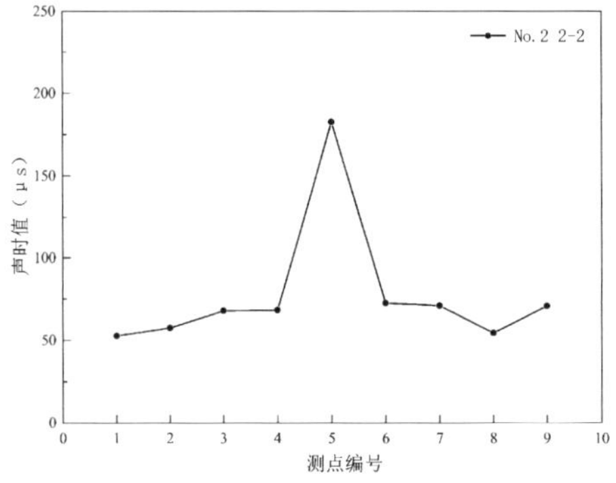

图 2－8　2 号测区 2－2 线声时曲线

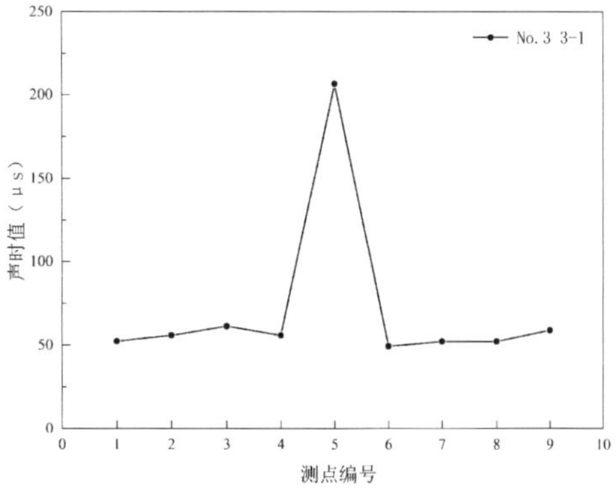

图 2－9　3 号测区 3－1 线声时曲线

4 号测区表面也存在风化脱落现象，砂岩颗粒间夹杂残留的风化碎屑等物质。跨缝测量结果没有表现出与其他测区相似的裂隙特征，无法从图中辨别裂隙位置，4－1 线前段声时值偏大，跨缝后则成衰减趋势变化（图 2－10）；4－3 线各测点声时值在 50～100μs 之间无规律跳动变化，仅在跨缝后声时值略有延迟，但特征不明显（图 2－11）。

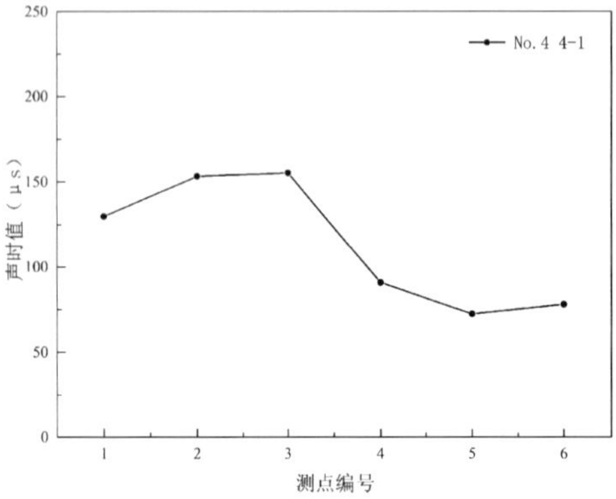

图 2－10　4 号测区 4－1 线声时曲线

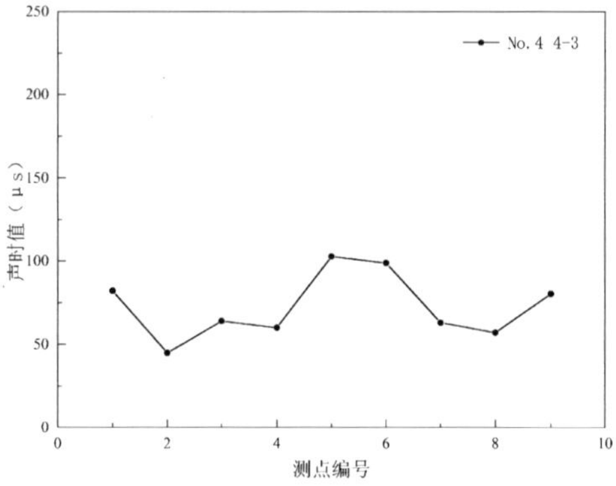

图 2－11　4 号测区 4－3 线声时曲线

5 号测区 5－2 线和 5－4 线反映了相同的裂隙异常特征（图 2－12、图 2－13），非裂隙位置声时值变化基本稳定，跨缝位置声时值明显偏高，但两条测线上表现出该点声时变化幅度不同，分析可能是裂隙末端起伏或是填充物使得裂隙超声波绕行裂隙深度不一所致。

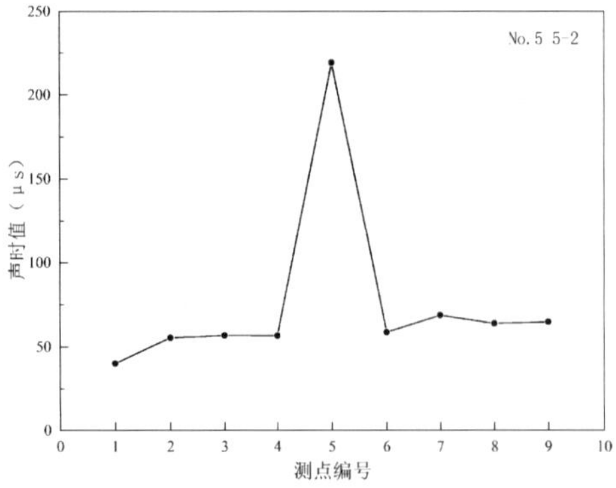

图 2－12　5 号测区 5－2 线声时曲线

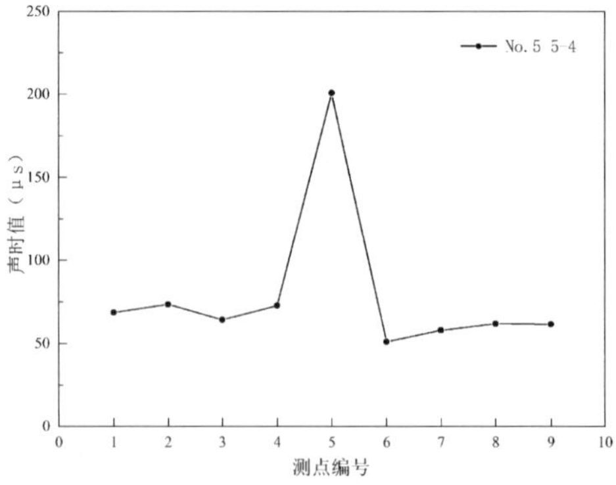

图 2－13　5 号测区 5－4 线声时曲线

6 号测区测试结果基本相同，裂隙位置超声波传播路径长，接收到的首波时间较均匀区有明显的延迟，二者在数值上相差约 3.5 倍（图 2－14）。7 号测区声时曲线变化规律相同，明显反映出裂隙位置的声时特征，由于不同测线位置岩体介质存在差别，以及表面平整程度对其也有影响，在跨缝前后各点声时值略有变化（图 2－15）。

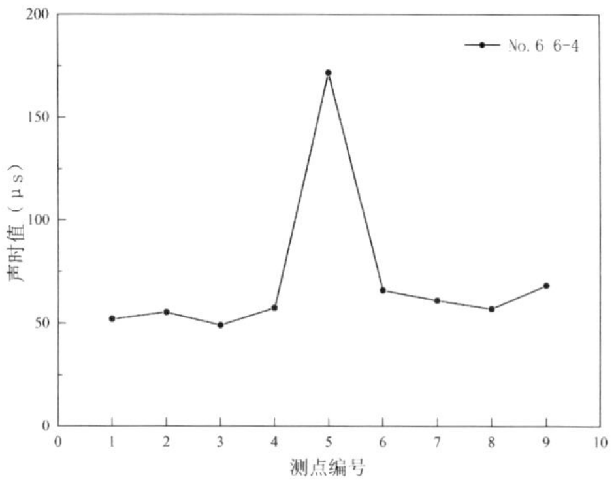

图 2－14　6 号测区 6－4 线声时曲线

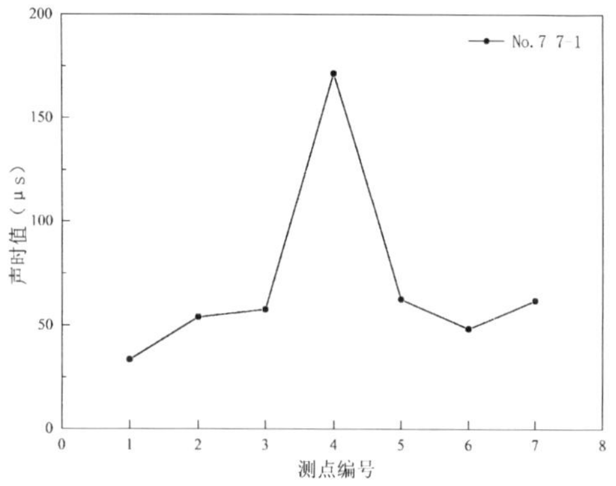

图 2－15　7 号测区 7－1 线声时曲线

8 号测区较为平整，表层有风化脱落现象，跨缝位置声时值与其他位置没有明显区别，整条曲线数值成跳动变化趋势，并非裂隙特征反映，超声波对该区裂隙不敏感（图 2－16）。9 号测区异常反映特征相似，跨缝测量声时值变化有差异，测试面不平整使换能器与测试面之间尚未完全耦合，导致裂隙两侧的声时值变化幅度存在差异（图 2－17）。

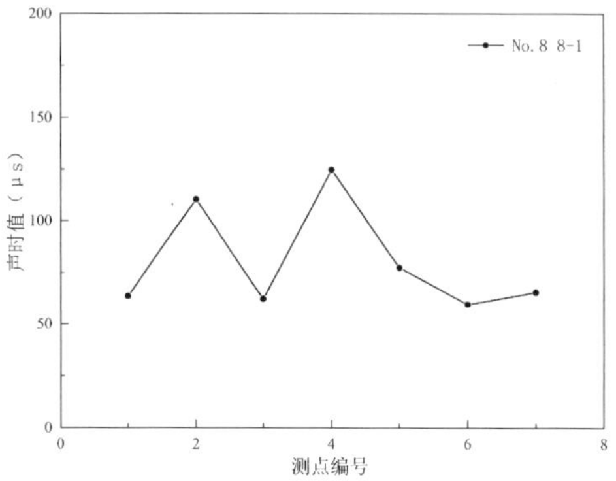

图 2－16　8 号测区 8－1 线声时曲线

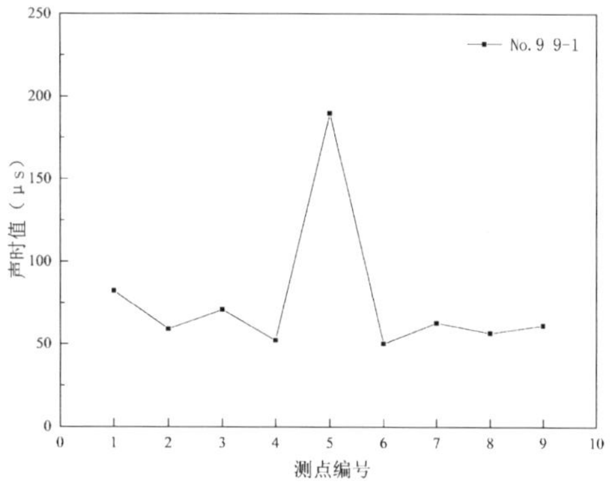

图 2－17　9 号测区 9－1 线声时曲线

10 号测区两条声时曲线特征明显（图 2－18、图 2－19），裂隙位置声时变化几乎相同，10－1 线 1 号测点声时值偏大是因为测量时换能器靠近测区以外的旁生裂隙边缘，其他位置声时值变化相近，约 50μs。

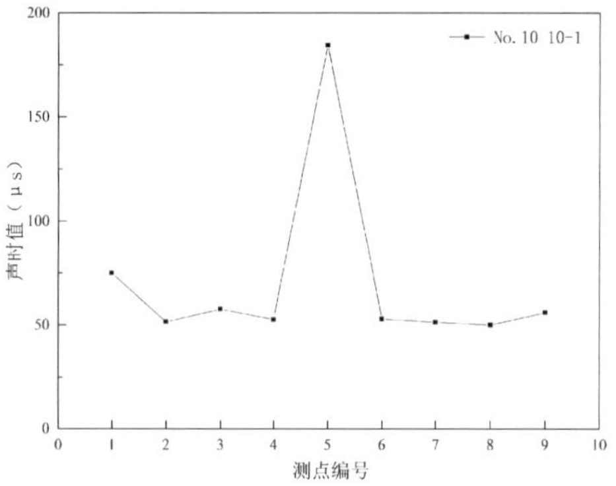

图 2-18　10 号测区 10-1 线声时曲线

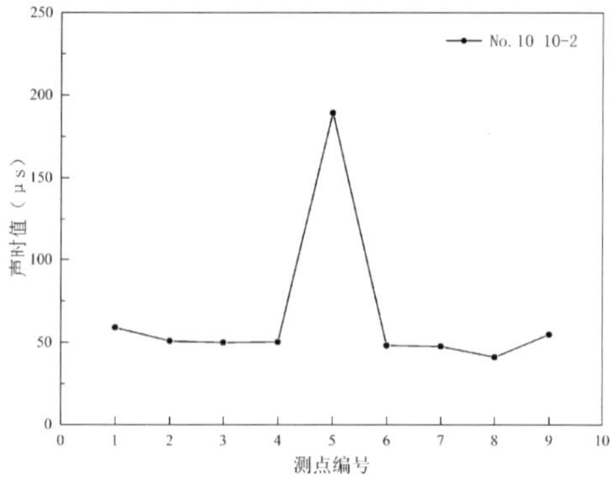

图 2-19　10 号测区 10-2 线声时曲线

综上所述，“收发同步”声时—测点曲线中裂隙位置异常特征基本相同，跨缝测量的声时值急剧增大，约为非裂隙位置声时值的 3 ~5 倍，二者之差可定性反映裂隙相对深度，据此可以初步判断裂隙底端的倾斜方向等信息。

（2）“定发移收”声时曲线

接收换能器跨过裂隙，声时曲线明显地分为了三段（图 2-20、图 2-21），以裂隙位置为界，前段和后段声时随收发间距的增大近似于呈线性分布，其直线斜率较小，与波速值相接近；裂隙位置声时值突变，与前后测点相比，数值变化率大，曲线特征明显不同，也恰是裂隙不同于周围岩体的异常特征反映。

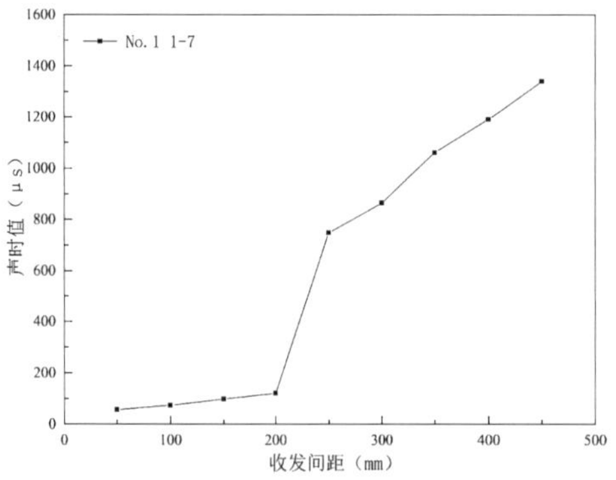

图 2-20　1 号测区 1-7 线声时曲线

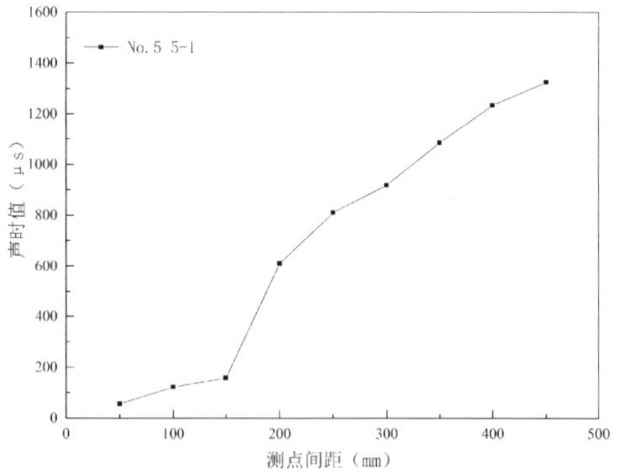

图 2-21　5 号测区 5-1 线声时曲线

2 区和 4 区“定发移收”测量结果显示，声时曲线均无明显的分段特征，随收发间距的增大而增大，跨裂隙位置声时与其前后无缝介质几乎相同，没有类似于其他测区在裂隙位置的突变现象，“定发移收”测量方式在该区无法检测其裂隙的存在和异常特征（图 2－22、图 2－23）。7 区表面起伏不平，8 区表层脱落现象严重，采用“定发移收”测量方式测量，当收发间距小于 100mm 时（即两个测点间距）超声波波形正常，可从波形图上读出首波声时，随着收发间距的增大，波形紊乱，多次测量均无法进行正确的首波及声时判读。

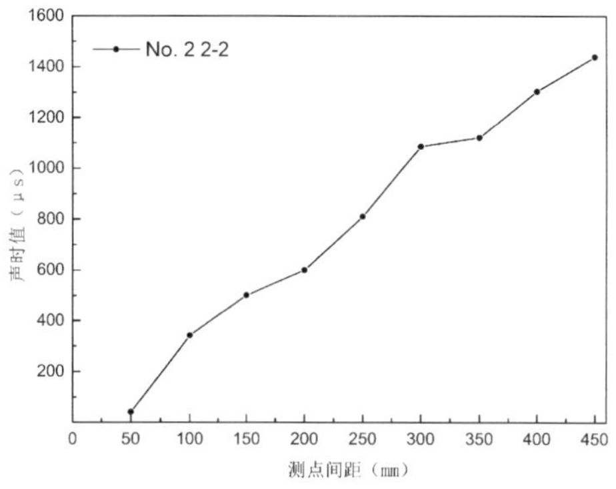

图 2－22　2 号测区 2－2 线声时曲线

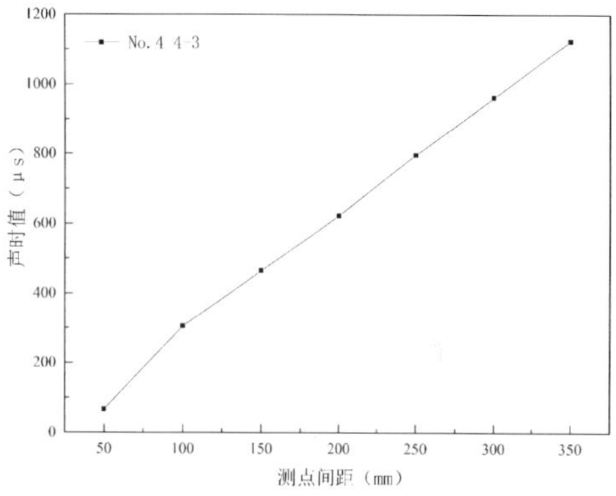

图 2－23　4 号测区 4－3 线声时曲线

（3）波速平面等值线分析与解释

1 号测区两条带状低速分布区正是裂隙的位置及特征反映，左侧小裂隙位置表面岩体遭风化，致使原有表层“波浪”状刻痕磨蚀，故波速较右侧大裂隙还低，等值线较密，变化梯度大；右侧大裂隙较宽，其影响范围较大，以 0.7mm/μs 波速值为界，其周边波速等值线较密，分布范围大（图 2－24）。

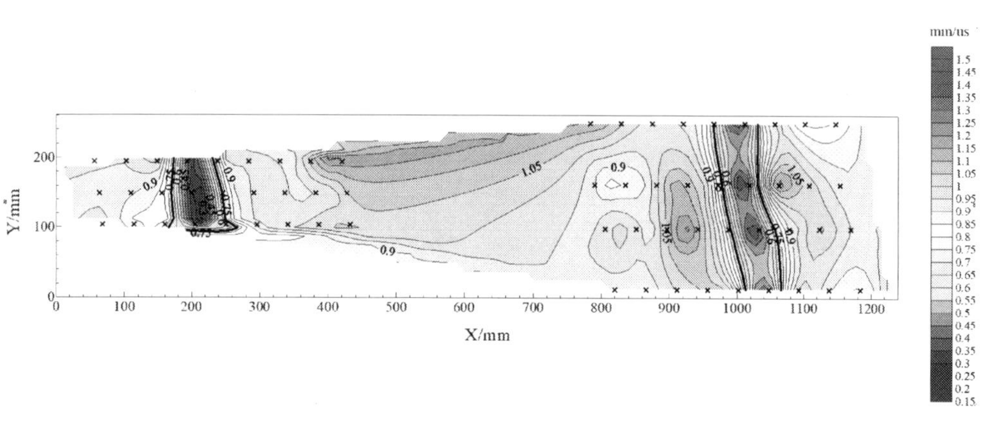

图 2－24　云冈石窟 1 号测区超声波波速平面等值线图

2 号测区表层风化岩体已基本脱落，裸露出下面的岩体，该区砂岩颗粒较大，整体波速相对较低，裂隙位置表现为条带状分布的低速区域，分布面积较大，其周围波速变化缓慢，稀疏分布，两个局部低速区可能是测点位于裂隙旁边的凹痕位置，换能器辐射面与岩体表面耦合不良所致（图2－25）。

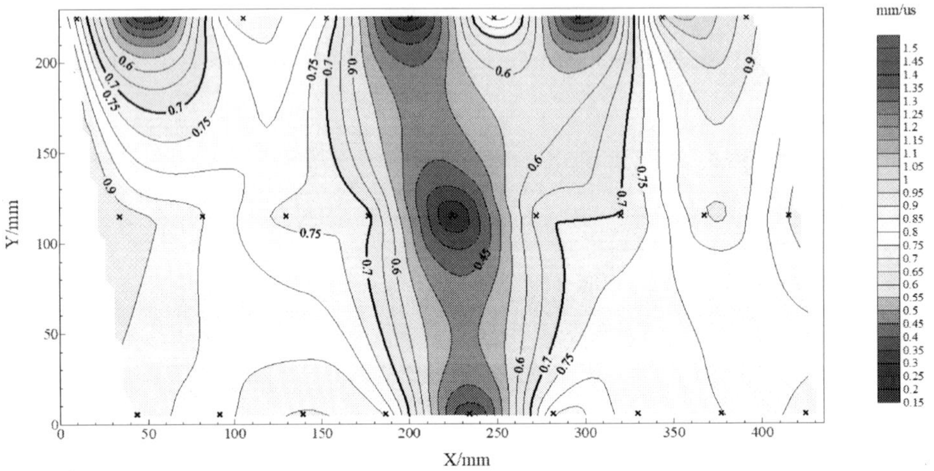

图2－25　云冈石窟2号测区超声波波速平面等值线图

3号测区裂隙异常特征明显，该裂隙为窟内岩体表层风化层上的裂隙，裂隙位置波速值最低，约0.3mm/μs，等值线顺着裂隙延伸方向分布，二者相近平行，过渡区域等值线间距相近，逐渐向高速区域过渡（图2－26）。

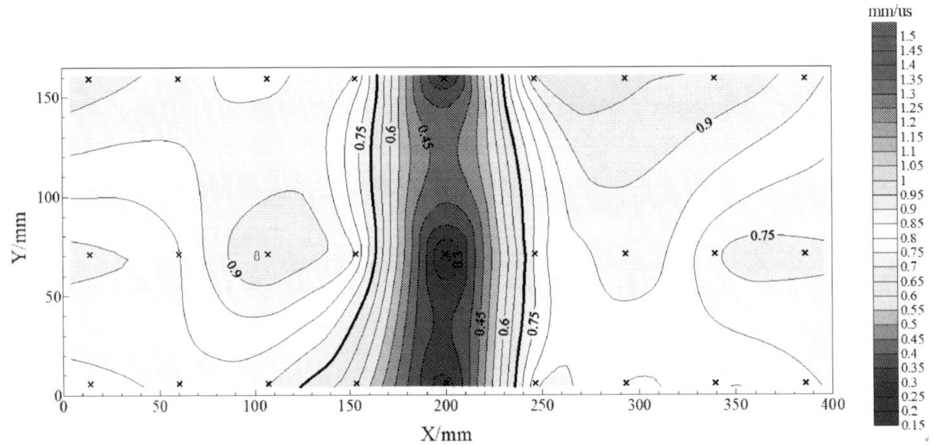

图2－26　云冈石窟3号测区超声波波速平面等值线图

4号测区属中低速区域，约为0.4～0.8mm/μs，横向200～300mm之间波速较低，实际裂隙在此异常范围之内，但是从图中不能清晰辨认裂隙位置，其异常分布形态与所选线性分布裂隙不符。另外，该区表层风化脱落现象，砂岩颗粒间夹杂残留的风化碎屑也会对超声波的传播具有一定的影响，造成波速分布不均（图2－27）。

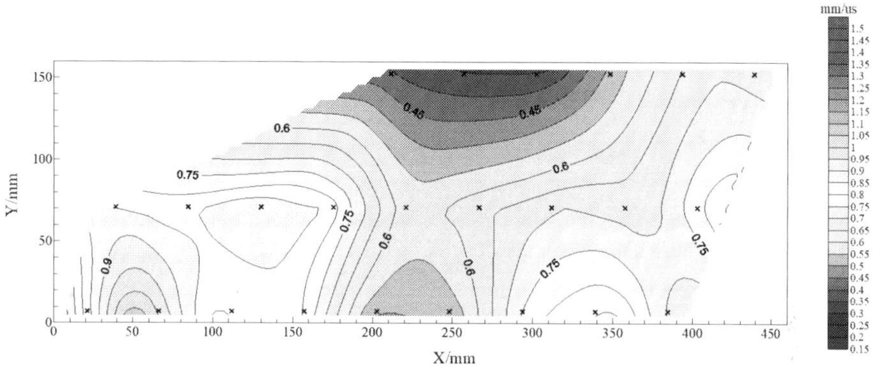

图2－27 云冈石窟4号测区超声波波速平面等值线图

5号测区测试表面呈向内凹陷的微弧形，裂隙位置的波速特征表现为条带状，中间低速带间断分布，说明该裂隙末端起伏不平或是裂隙内部被部分填充导致裂隙深度不相等，裂隙位置等值线密集分布，梯度变化快，但影响范围并不大，周边岩体较为完整，波速变化不大（图2－28）。

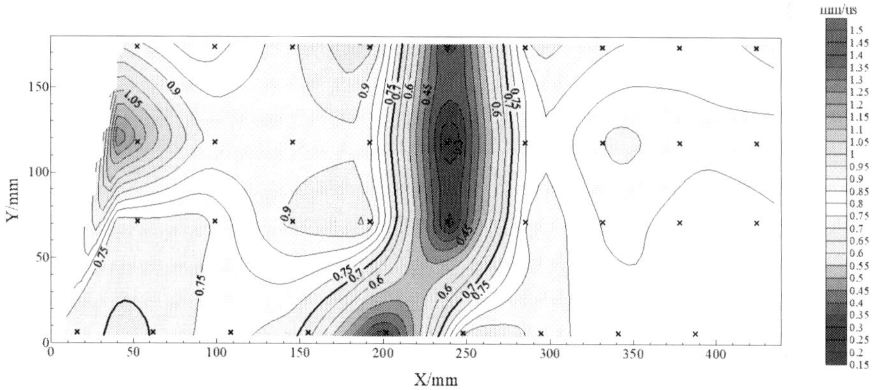

图2－28 云冈石窟5号测区超声波波速平面等值线图

6号测区裂隙明显，规模尺寸较大，低速等值线沿裂隙延伸方向分布，其影响范围大，但变化率较小。从波速分布情况还可看出裂隙上方位置的岩体要比下方位置的岩体介质相对完整，波速值较高，主裂隙上的分支小裂纹附近也为低速反映（图2－29）。

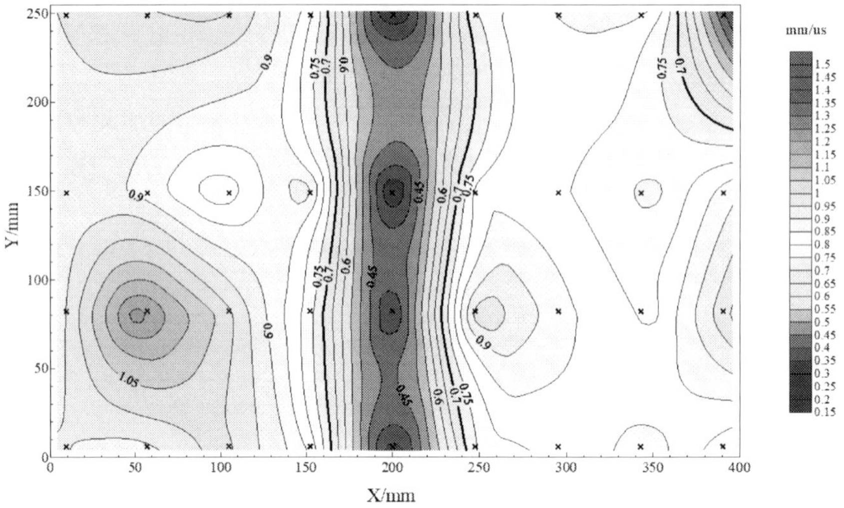

图 2－29　云冈石窟 6 号测区超声波波速平面等值线图

7 号测区波速等值线图总体表现出“高—低—较高”的分布规律，裂隙及邻近位置为低速分布带，其左侧波速高于右侧，这与裂隙左侧岩体完整性好、介质表面相对平整、风化程度低相对应；右侧岩体“波浪”状的凹凸表面对超声波具有一定影响（图 2－30）。

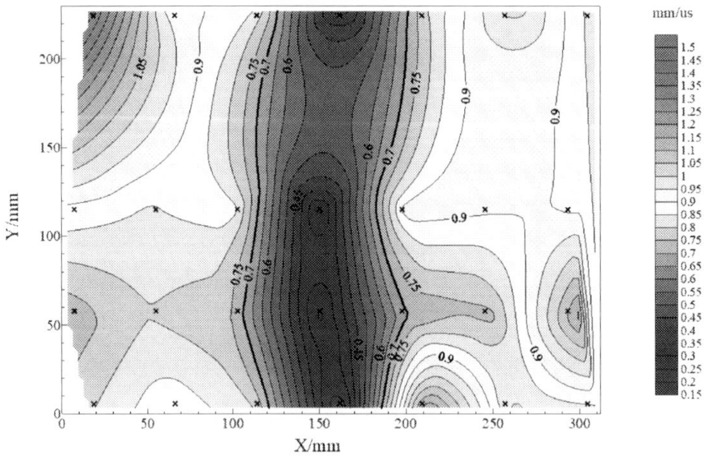

图 2－30　云冈石窟 7 号测区超声波波速平面等值线图

8 号测区波速等值线特征反映裂隙并不明显，波速等值线分布较凌乱，多呈高速等值线圈闭和低速等值线圈闭孤立分布，该区裂隙紧密闭合，裂隙两壁之间无明显空隙存在，不易对超声波造成明显的能量衰减和声时延长，主要和该区岩体表面风化脱落等有密切关系（图 2 - 31）。

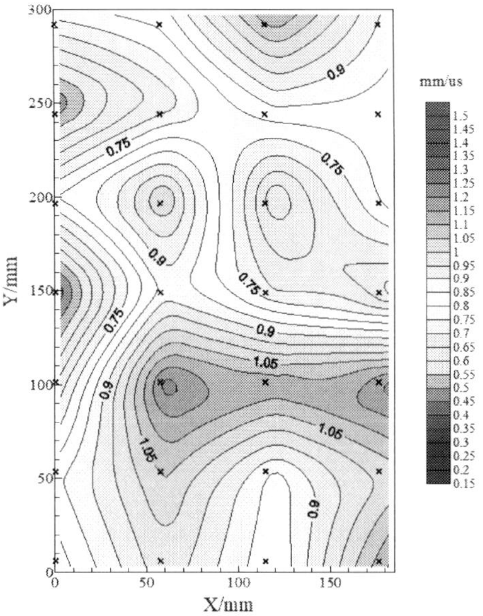

图 2 - 31　云冈石窟 8 号测区超声波波速平面等值线图

9 号测区波速相对较低，该测试面砂岩平整程度低，换能器辐射面与界面尚未完全耦合，但裂隙特征反映较为明显，裂隙异常位置等值线间距接近相等，梯度变化小（图 2 - 32）。

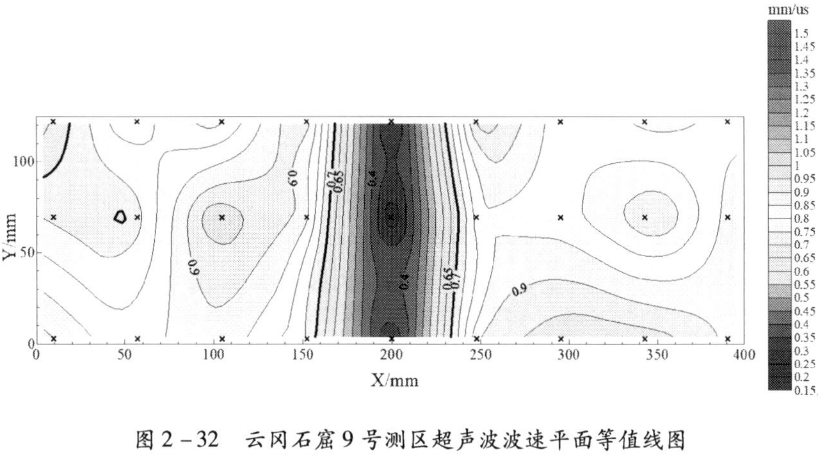

图 2 - 32　云冈石窟 9 号测区超声波波速平面等值线图

10 号测区岩体较为致密，高速区域波速相对均匀，裂隙表征明显，异常分布反映了裂隙的延伸方向，裂隙下端弯曲形成低速异常向外凸出，裂隙右侧等值线平直，岩体完整致密程度区分明显，等值线梯度变化较大，分析该裂隙较深，其内部无杂质填充（图 2－33）。

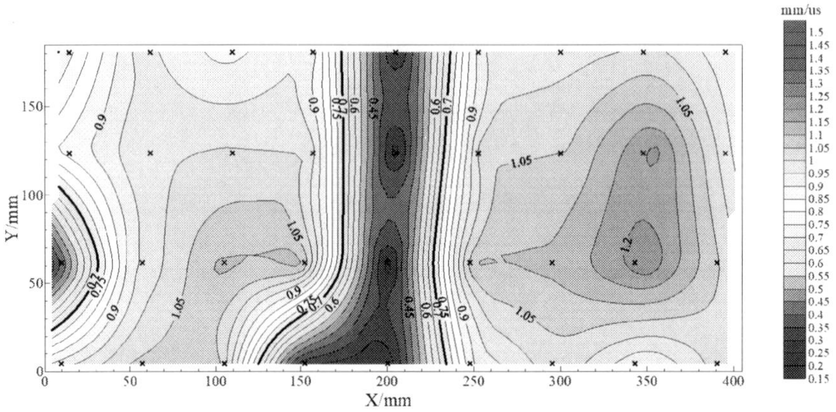

图 2－33　云冈石窟 10 号测区超声波波速平面等值线图

综上所述，各个测区裂隙异常均可由超声波波速平面等值线图呈现出来，且波速值均低于 0.4mm/μs，波速值位于 0.4～0.7mm/μs 间可以认定为裂隙影响范围；等值线与裂隙轴线近于平行；异常范围与裂隙的尺寸规模有一定的联系；邻近裂隙位置等值线密集，同时变化梯度的大小可反映裂隙的相对深浅程度。整个测区岩体较为完整，无裂隙破碎区域，其超声波波速值分布在 0.8～1.2mm/μs 区间。

（4）裂隙深度测量与计算

采用"收发背向"测量方式分别在不同测区完成不跨缝测量和跨缝测量，以不跨缝的 0 号测线数据为准，裂隙深度计算结果与对比见表 2－4。

表 2－4　云冈石窟各测区不同方式裂隙测深统计表　（单位：mm）

测区编号	测量方式	测点编号					$\bar{D}$	RMSE
		1	2	3	4	5		
1 区小裂隙	收发背向	31	48	54	43	52	45.6	8.21
1 区大裂隙	刻度尺	145	70	20	50	135	84	48.51
	测深仪	91	100	104	110	108	102.6	6.741
	收发背向	149.308	155.193	175.357	170.947	164.372	163.04	9.66

续表

测区编号	测量方式	测点编号					$\bar{D}$	RMSE
		1	2	3	4	5		
2 区	测深仪	79	72	63	66	88	73.6	9.05
	收发背向	80.79	85.487	78.497	87.426	——	83.05	3.57
3 区	刻度尺	20	30	28	36	33	29.4	5.43
	测深仪	48	48	48	50	52	49.2	1.6
	收发背向	57.27	53.492	54.525	53.492	——	54.69	1.55
4 区	测深仪	54	45	46	67	61	54.6	8.5
	收发背向	60.941	62.084	63.378	53.497	——	59.98	3.84
5 区	测深仪	74	91	57	74	87	76.6	11.94
	收发背向	321.222	339.578	340.395	365.836	357.125	344.83	15.47
6 区	刻度尺	30	20	25	10	26	22.2	6.88
	收发背向	56.666	57.534	60.573	63.186	59.704	59.53	2.31
7 区	收发背向	8.377	7.101	8.959	9.239	9.178	8.57	0.8
9 区	刻度尺	30	30	15	40	35	30	8.37
	收发背向	48.338	50.912	50.041	50.484	——	50.39	1.67
10 区	刻度尺	30	10	15	10	15	16	7.35
	测深仪	50	66	74	70	76	67.2	9.26
	收发背向	68.271	72.58	69.369	65.383	68.582	69.7	2.46

2.2 探地雷达检测

在上节云冈石窟超声波检测裂隙的测区，同时使用探地雷达进行检测，该探地雷达配备1000MHz和4000MHz的天线（图2-34），分别沿上节各个测试区域超声波检测的每一条测线进行正、反两次扫描。其中1000MHz天线扫描时设置编码器间距为10mm，4000MHz天线扫描时设置编码器间距为9.8mm。接着通过比较各条裂隙的雷达图像，进行裂隙劣化程度的分析。

2.2.1 探地雷达探测原理

探地雷达是高频无线电波来确定介质内部物质分布规律的一种探测方法。探

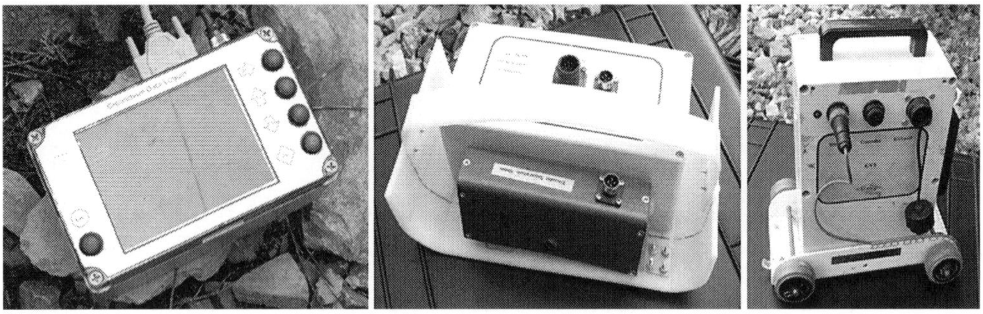

图 2-34　探地雷达主机与天线（中为 1000MHz，右为 4000MHz）

地雷达测试方法主要有剖面法和宽角法，本次探测使用剖面法，剖面法是指利用发射天线（T）和接收天线（R）之间的距离不变，沿测线以一定的速度移动，若接收天线与发射天线之间的距离为零时，称为单天线形式，反之则称为双天线形式。使用剖面法得到的探地雷达时间剖面图像，横轴代表的是天线移动的位置，纵轴为反射波双波走时。当角度 α 非常小，即 $\sin\alpha \approx 0$ 时（α 为 z 与 ν 之间的夹角）

$$z = t\nu/2 \tag{1}$$

式中 z 为表面到存在信号差异界面间的距离，t 为高频短脉冲波双波走时，v 为定值，可通过式 $v \approx c/\sqrt{\varepsilon}$ 求得，其中 c 为光速（$c = 3 \times 10^8 m/s$），ε 为被测体的相对介电常数值。

利用探地雷达可以根据接收到的电磁波波形、振幅强度和时间的变化特征，推断出被测体内部的空间分布位置，结构形态以及异常体的深度位置。（如图 2-35 所示）

2.2.2　数据处理

使用 Groundvue 探地雷达配套的 REFLEXW 数据处理软件，对原始采集数据经过去除直流漂移、静校正移动开始时间、信号增益、抽取平均道、巴特沃斯带通滤波及滑动平均等必要的处理过程之后得到雷达处理图像，图 2-36 ~ 图 2-50 为部分测区的探地雷达扫描图。

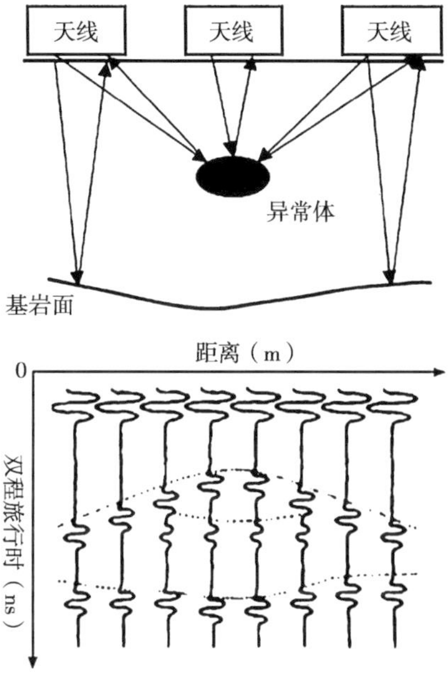

图 2－35　探地雷达原理示意图

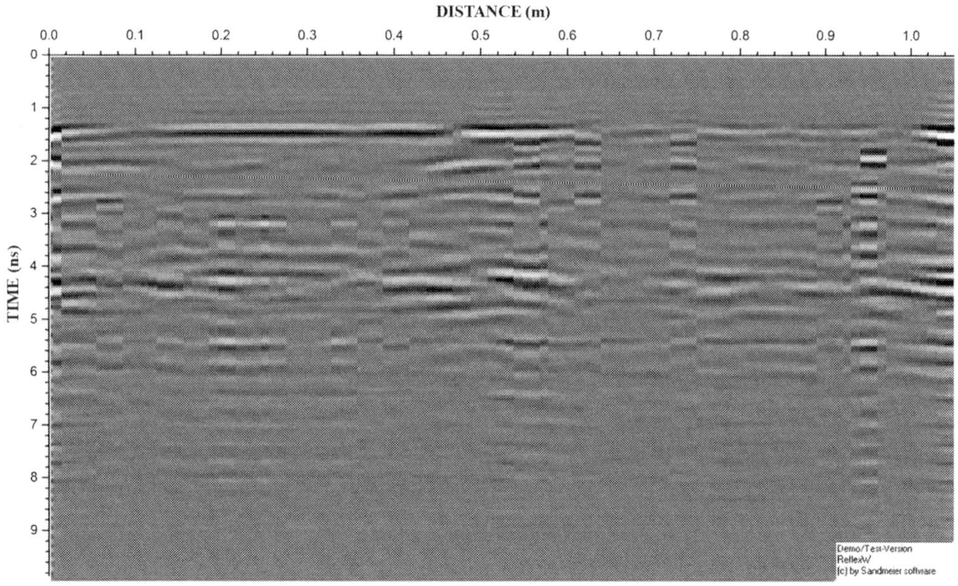

图 2－36　1－4 线 4000MHz 天线大裂隙扫描图（正向）

2.2.3　结果分析

结果表明探地雷达对该区裂隙探测效果并不明显，仅能区分出个别异常，与裂

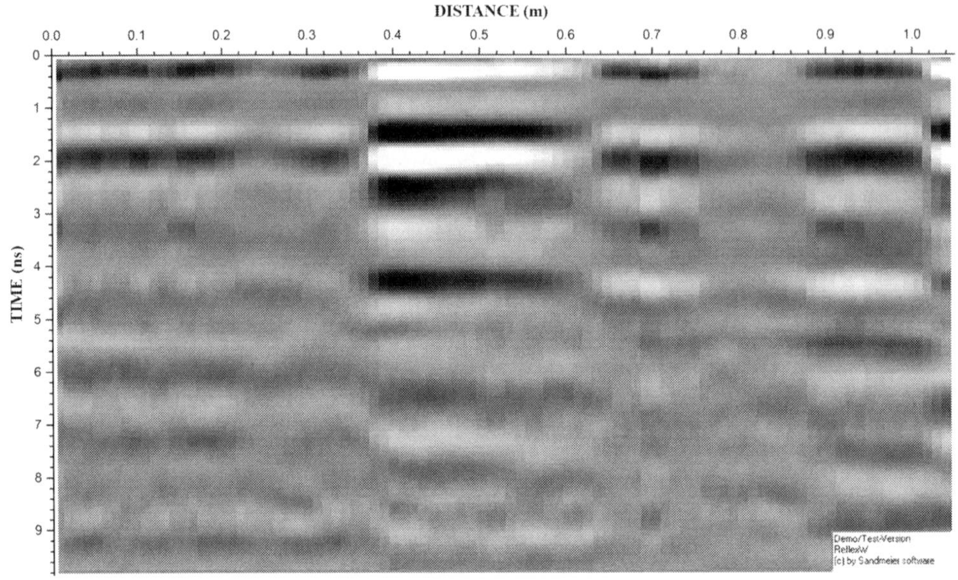

图 2-37　1-5 线 1000MHz 天线大裂隙扫描图（正向）

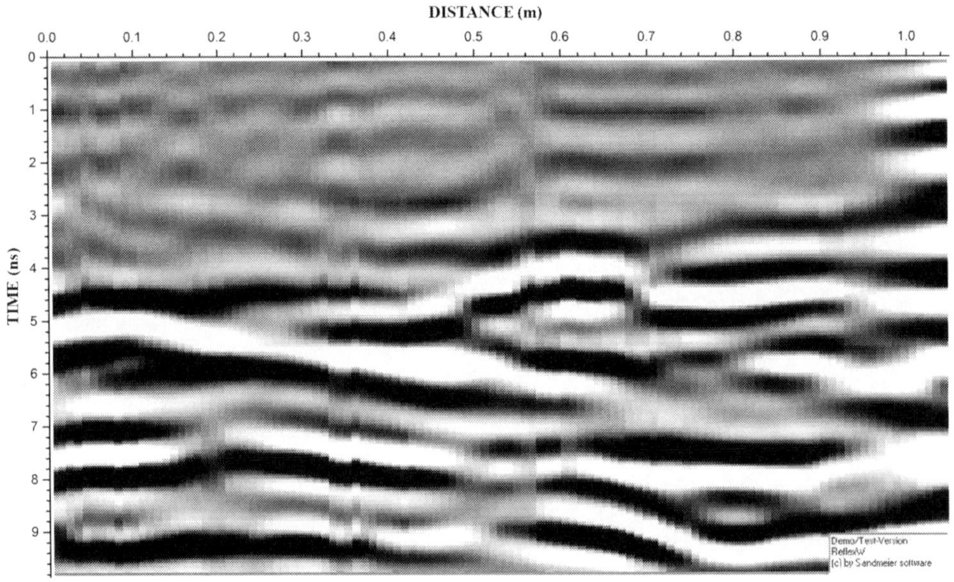

图 2-38　2-1 线 1000MHz 天线扫描图（正向）

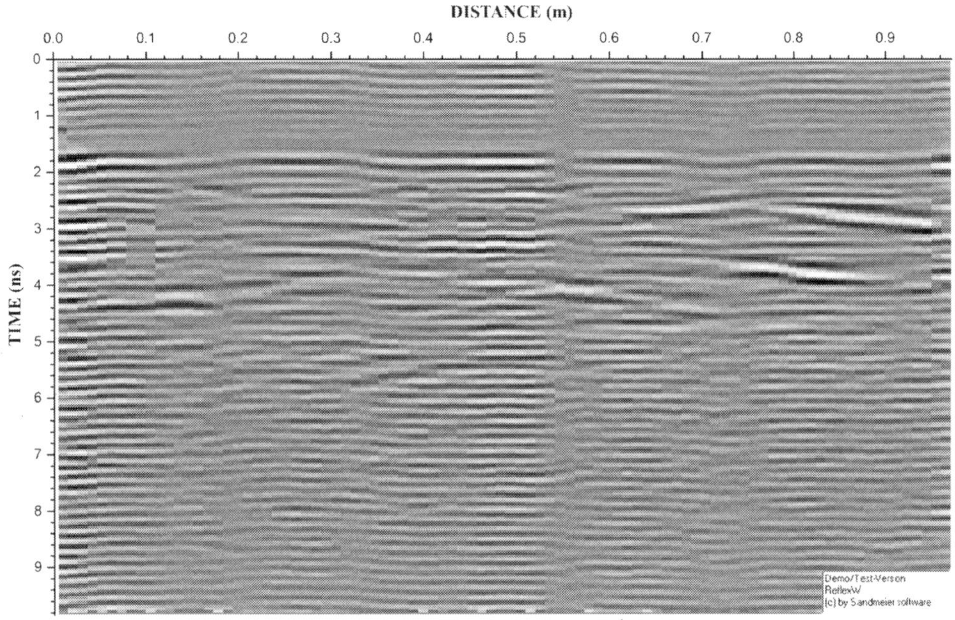

图 2－39　2－2 线 4000MHz 天线扫描图（正向）

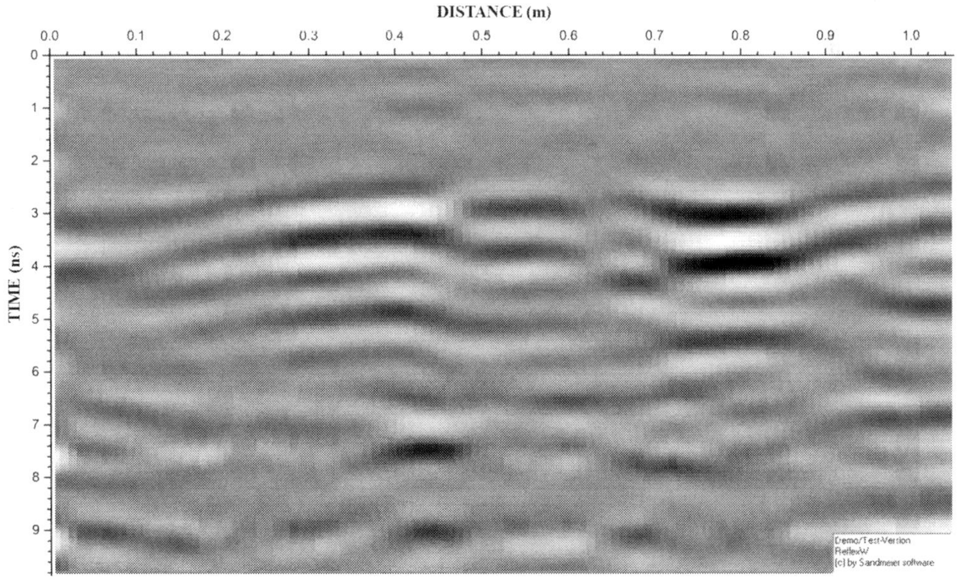

图 2－40　3－1 线 1000MHz 天线扫描图（反向）

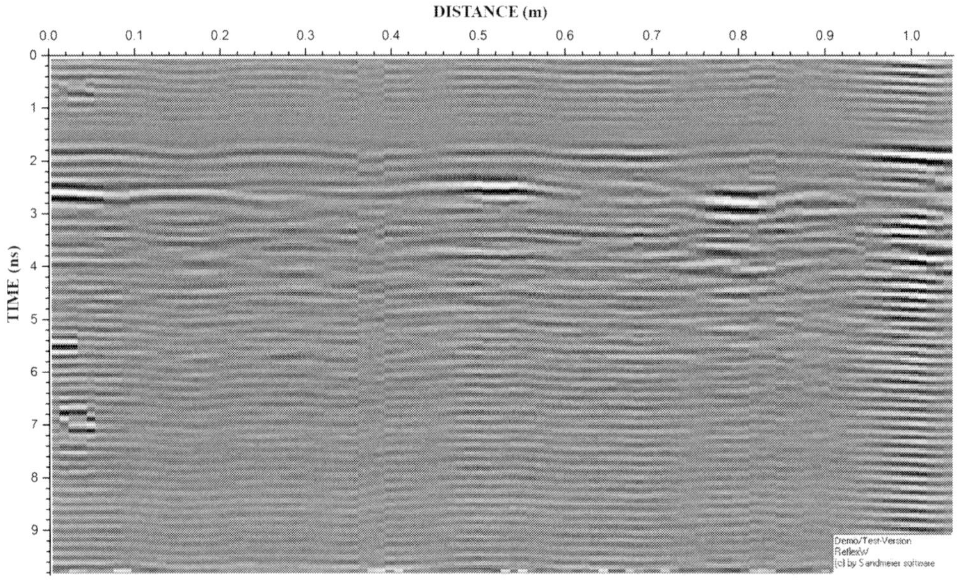

图 2-41　3-2 线 4000MHz 天线扫描图（反向）

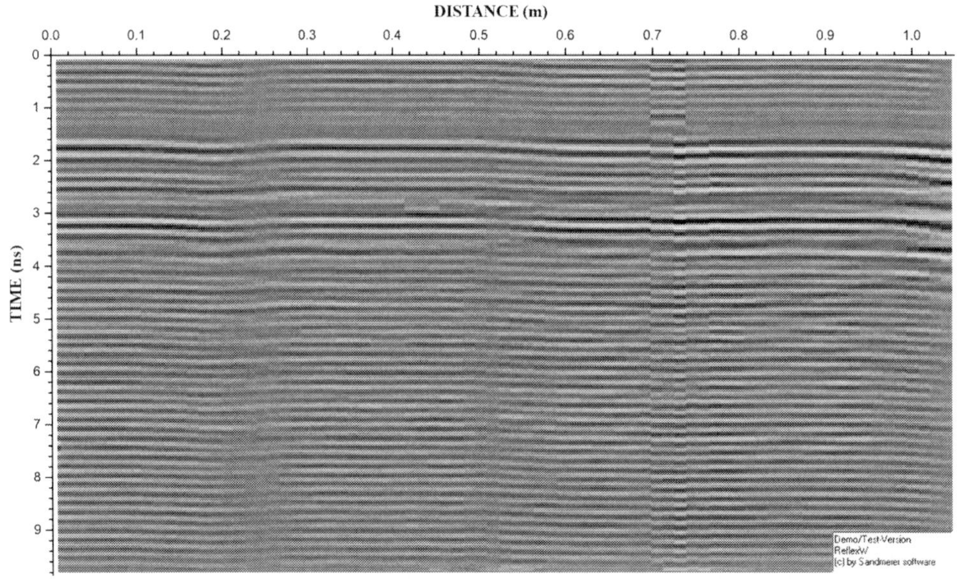

图 2-42　4-4 线 4000MHz 天线扫描图（反向）

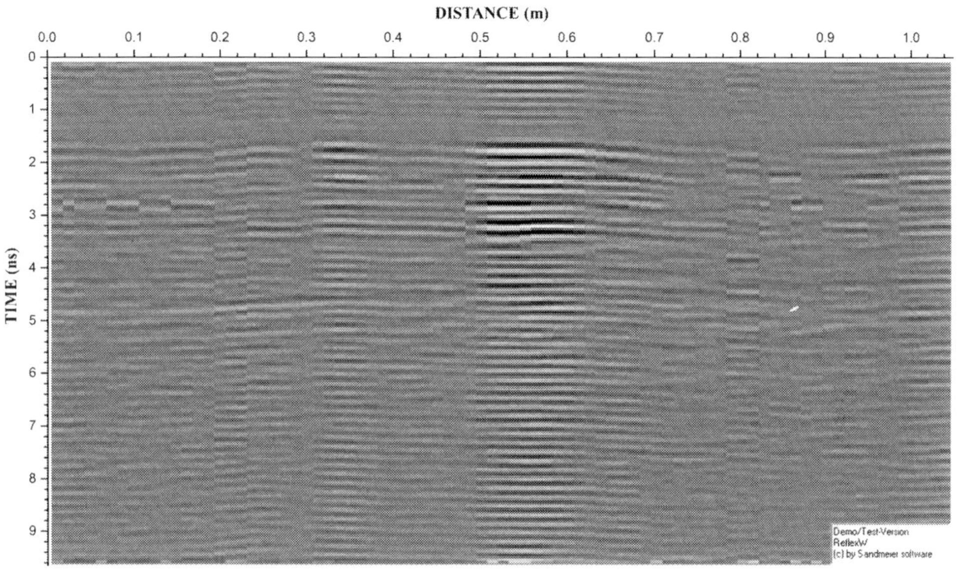

图 2-43　5-1 线 4000MHz 天线扫描图（反向）

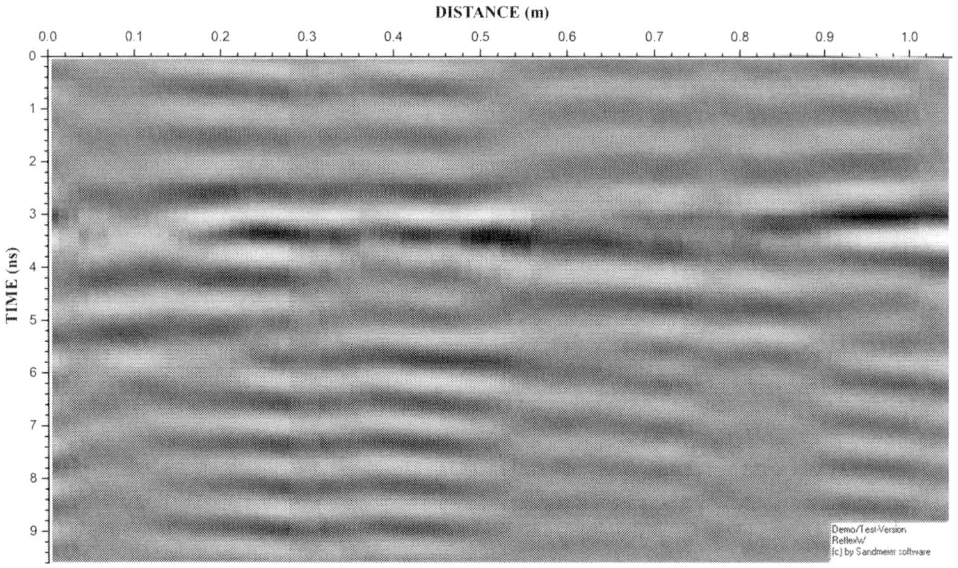

图 2-44　5-3 线 1000MHz 天线扫描图（正向）

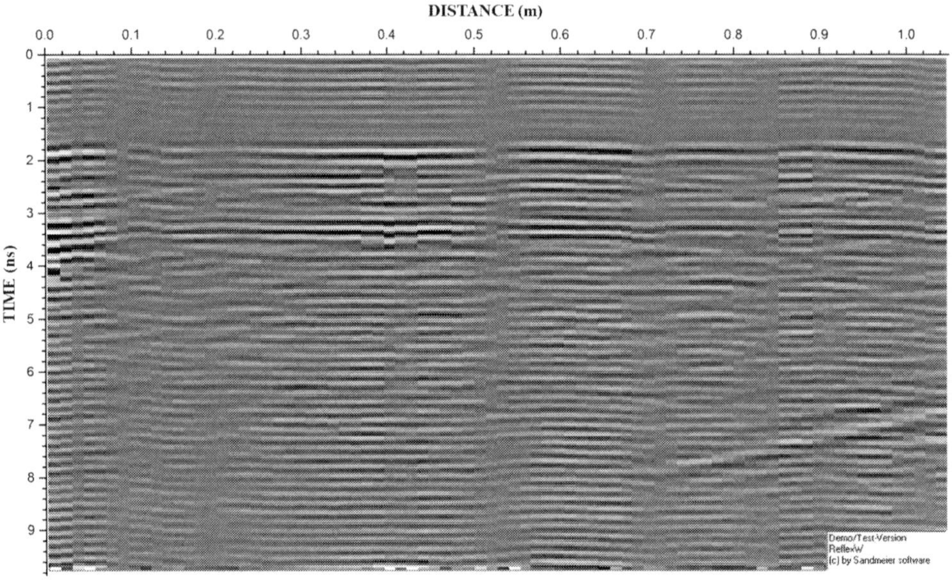

图 2－45　6－1 线 4000MHz 天线扫描图（反向）

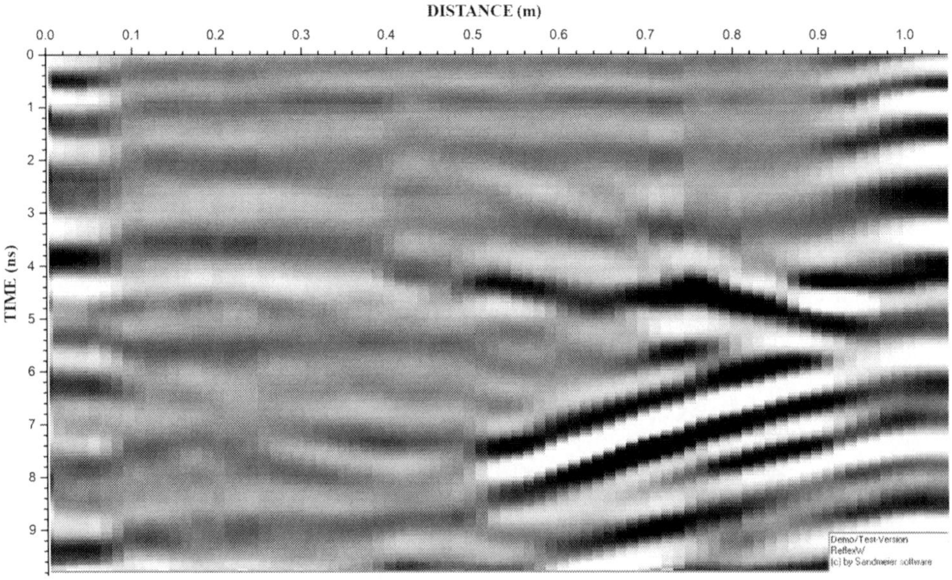

图 2－46　6－3 线 1000MHz 天线扫描图（反向）

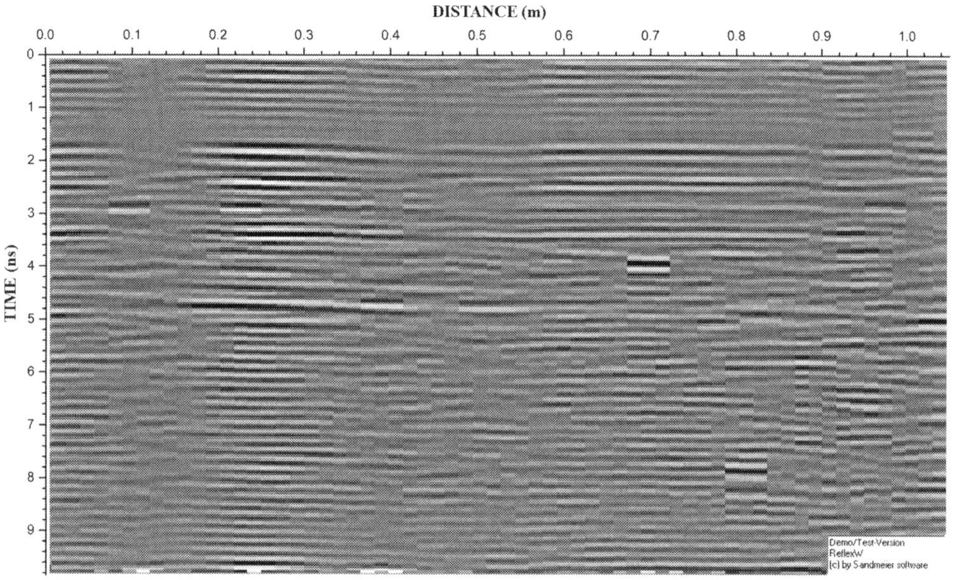

图 2－47　7－4 线 4000MHz 天线扫描图（反向）

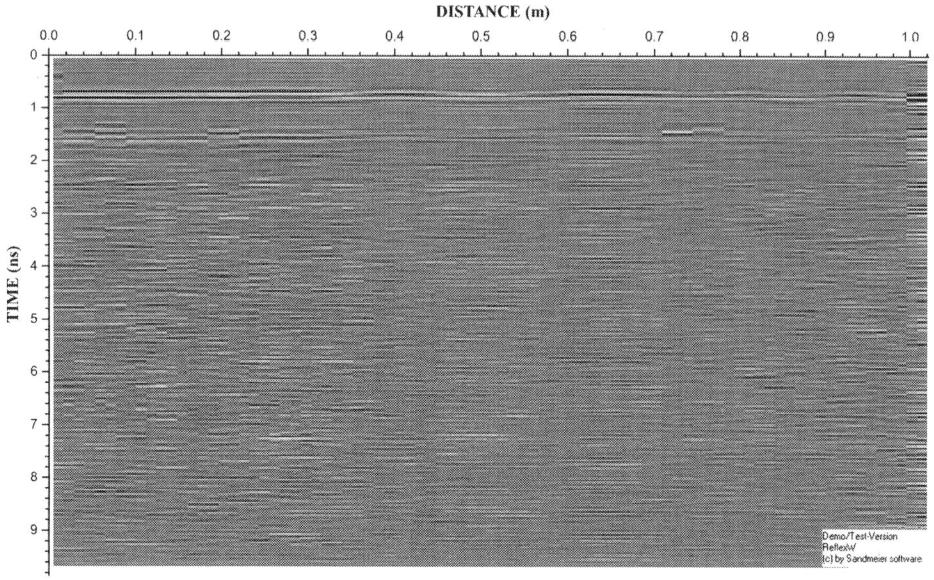

图 2－48　8－3 线 4000MHz 天线扫描图（正向）

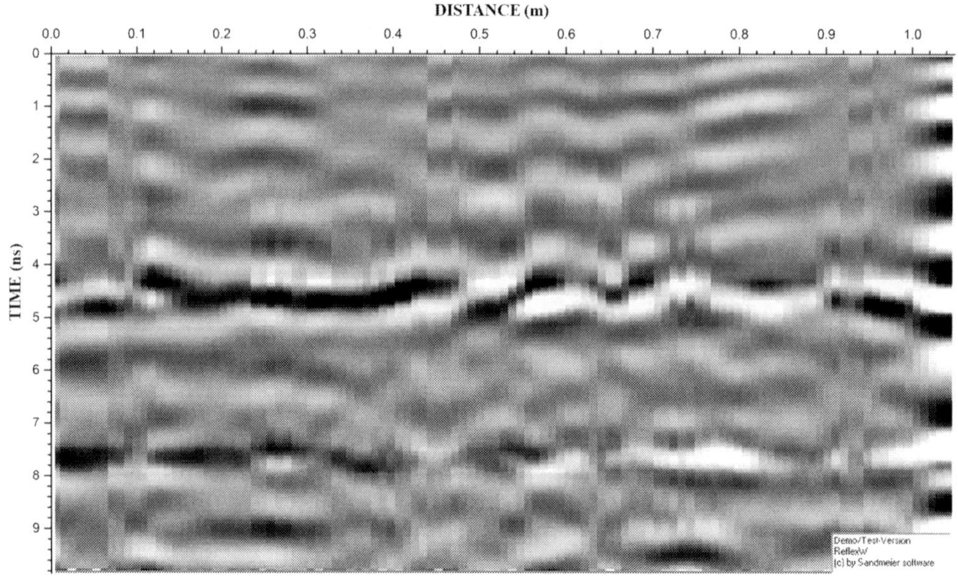

图 2-49　10-2 线 1000MHz 天线扫描图（反向）

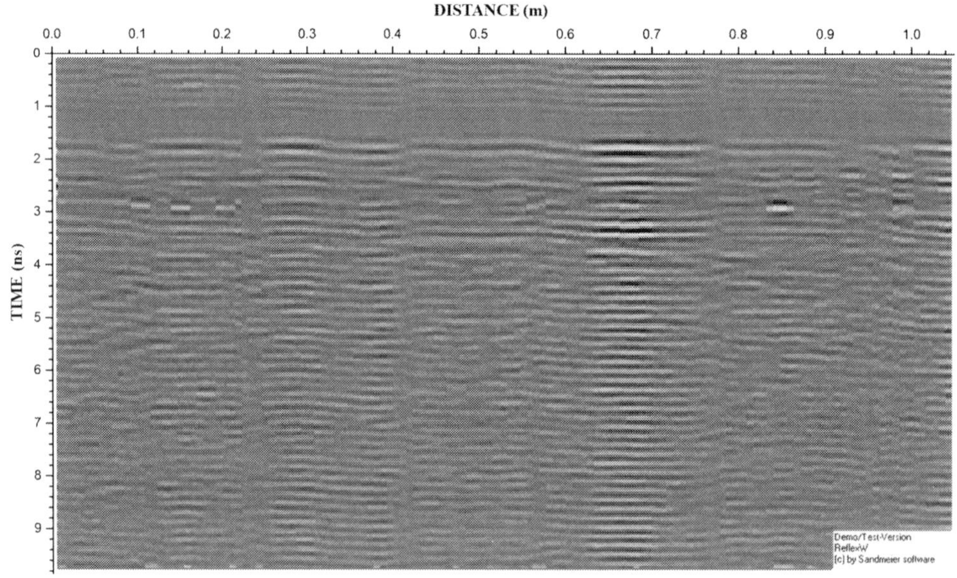

图 2-50　10-3 线 4000MHz 天线扫描图（反向）

隙位置相互对应，而所有扫描剖面均在不同程度上表现出岩石的层状分布特征，分析为岩石从表面至内部风化程度不同所致。1 区小裂隙雷达图像中尚未发现异常，基本无法辨认裂隙位置；1-4 线图像中层信息清晰可见，其中间位置略有变化，此处裂隙宽度相对较窄，里面有填充物所致（图2－36）；1－5线扫描图像中间位置异常反映强烈，并非双曲线形状，深部减弱，但两侧信号连续性差，具有突然衰减现象（图2－37）。2区不同频率天线扫描图像中均在中间位置有不同于周围的异常变化，虽然其位置与裂隙位置相对应，但并非裂隙的特征反映（图2－38、图2－39）。而3区异常反映却有所不同，1000MHz和4000MHz天线扫描结果均在裂隙两侧略有变化，裂隙位置反映并不强烈，分析是裂隙壁的强烈反射，该区层状信息明显（图2－40、图2－41）。4－4线扫描结果代表了4区的特征，图像中无裂隙异常反映（图2－42）。5－1线扫描结果在0.5m位置显示异常，异常范围较小，但该裂隙实际深度较大，故其延伸范围较大（图2－43）；5－3线在横向0.22～0.58m范围内存在异常，但连续反射现象较弱（图2－44），其扫描方向与图5－33相反，其异常位置恰与裂隙位置对应。6区高频天线扫描结果异常不明显，该区裂隙倾斜分布，1000MHz扫描图像较为明显的倾斜异常（图2－45、图2－46）。7－4线扫描结果也无法辨别裂隙位置，无明显变化（图2－47），仅在0.1～0.2m之间略有较强反映，分析认为是表面不平，空气层所致。8区扫描结果均未见异常（图2－48）。10－2线扫描图像0.5～0.8m范围内的同相轴异常强度明显强于前段，该处也正是裂隙位置，但尚未反映出裂隙的宽度及深度（图2－49）；4000MHz扫描10－3线也在0.8m位置表现出区别于周围的异常（图2－50）。

2.3 风化物的X射线检测

2.3.1 X射线特点

1895年W. K Rontgen发现的X射线标志着现代物理学的产生，它是19世纪末物理学的三大发现之一。它作为一种波长极短（0.001～100nm），能量很大（0.1～1000keV）的电磁波，除具有传统激光方向性强、发散度小的性质外，它的单光子能量高于传统光学激光数千倍，故具有很强的穿透力。基于它所具有的无污染、非破坏性、方便快捷、测量精度高等优点，已被广泛应用于对分析物质的物相、晶体结构、材料结构及测定应力等领域。它由连续谱和标识谱组成，两者是重叠在一起的，其中，连续谱是由电子在金属靶上减速而产生的，标识谱是由于能量足够高的加速电子把原子内壳层电子轰出之后，邻近壳层的电子跃迁到此空穴成为内壳层电子时发出的谱线。由于标识谱的波长取决于金属靶的材料，一定波长对应一种元素，所以利用标识谱可以得到元素的种类。X 射线衍射的基本原理是：当 X 射线入射到晶体时，其组成晶体的原子规则排列（晶胞）时，原子间的距离与 X 射线数量级相同时就发生干涉，不同原子间距对应不同的干涉。而不同原子散射的 X 射线相互干涉，在一定方向上产生强 X 射线衍射，衍射线在空间分布的位置和强度，与晶体结构对应。也就是说，X 射线在晶体中的衍射现象，实质上是大量的原子散射波互相干涉的结果。其衍射花样反映出晶体内部原子的分布规律。衍射花样的特征由两个方面组成：衍射线在空间的分布规律，取决于晶胞的大小、形状和位向；衍射线束的强度由原子的品种和它们在晶胞中的位置决定。

2.3.2 X 射线衍射仪

本实验所用 X 射线衍射仪（XRD）为德国布鲁克公司生产的 D8 系列中的 Advance 仪器（图 2－51），主要用于常规衍射分析。它的设计精密，硬件、软件功能齐全，能灵活地适应物质微观结构的各种测试、分析和研究。其基本组件由高稳定度 X 射线发生器、精密测角台、X 射线强度测量系统和配备专用软件的计算机系统这四个部分构成。它可对单晶、多晶和非晶样品进行结构参数分析，如物相定性和定量分析、衍射谱的指标化及点阵参数测定、镶嵌晶粒尺寸及 AAA 点阵畸变测定、粉末衍射图谱拟合修正晶体结构、残余应力测定、结构分析、结晶度测定、薄膜的厚度和密度分析、表面和界面粗糙度及层序分析、高分辨衍射测定单晶外延膜结构特征。使用样本量 $>0.1g$，对于石质文物的检测而言，属于微损分析。对采集到的云冈石窟石雕风化物样品，进行研磨并过 200 目筛子就可以进行 X 射线衍射实验了。

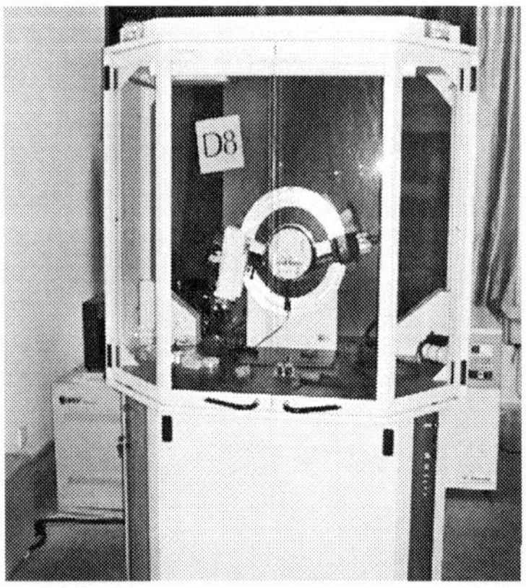

图 2－51　Bruker D8 Advance 型 X 射线衍射仪

X 射线光电子能谱分析（X－ray Photoelectron Spectroscopy，XPS）技术的原理

是：首先让 X 射线去辐照样品，使其在样品表面发生光电效应进而产生光电子。接着对出射光电子能量的分布进行分析，并得到电子结合能的分布信息，最终实现对表面元素组成及价态的分析。XPS 是一种针对物质表面的分析方法，提供的是样品表面的元素含量与形态，而不是样品整体的成分，其信息深度约为 3 ~ 5nm。XPS 的采样深度由光电子能量和材料性质决定，一般当深度为光电子平均自由程的 3 倍时效果最佳，对金属的采样深度范围为 0.5 ~ 2nm，无机物的采样深度范围为 1 ~ 3nm 而有机物的采样深度范围为 1 ~ 10nm。

晶体可抽象地看成是由一些平行的原子面组成，而晶体衍射线则可理解为各个原子面的衍射叠加效应（图 2 – 52），衍射线的空间方位与晶体结构的关系满足布拉格（Bragg）方程：

$$2\,d_{hkl}\sin\theta = n\lambda \qquad (2)$$

其中，θ 为入射角或衍射的 X 射线与晶面间的夹角，一般称为衍射角。n 的值等于相干波之间的位相差，即当 n 为 0，1，2……时，分别对应 0 级、1 级、2 级……衍射线。在分析中当反射级数不清楚时，n 均取数值 1 来求解 d 值。

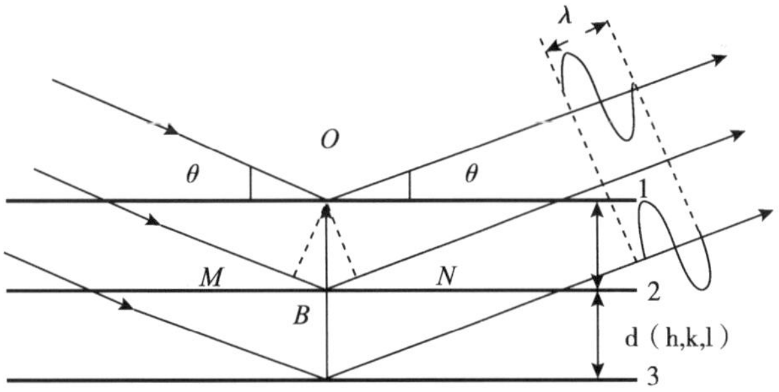

图 2 – 52　Bragg 公式推导示意图

一般晶面间距 d 可以作为表征物质的特有参数，而 d 的值则直接决定了这一种物质对 X 射线产生的衍射图谱所表现出的衍射线位置（角度）、强度及形状（宽度）数值大小。所以根据这些信息就可以对被测物质的晶体结构、物相定性及定量等进行分析。简而言之，X 射线衍射仪（XRD）是通过记录 X 射线束辐照样品后得到衍射花样或衍射线条谱图后，分析其衍射线条的数目、位置及强度特征，接着与卡片库里数据比对从而来确定物质。目前，X 射线衍射法是研究材料结构并对其结构进行表征的权威方法。可以很方便地直接从实验所获得的特征衍射谱中衍射峰的位置、形状、峰的强度来确定物相的组成，其中，峰位的偏移量与材料的微应力相关，衍射峰的相对强度之间的变化与物相衍射面的择优取向相关，而衍射峰形状和半峰宽的差别则反映了晶体晶粒的大小。

2.3.3 X射线衍射光谱分析

利用XRD对不同开凿时期的石窟石雕风化物样品进行分析，并随机选取其中三个不同开凿时期的样品（第19窟、第7窟和第29窟）的X射线衍射图谱结果如图2－53所示。石雕风化物的组成成分较复杂，我们只分析含量较高的成分，由图可知，石雕风化物的主要成分为，石英（SiO_2）、长石（$KAlSi_3O_8$）和高岭石［$Al_2Si_2O_5(OH)_4$］，卡片中对应SiO_2的标准峰的位置是$2\theta=26.351°$和$67.949°$，$KAlSi_3O_8$的标准峰的位置是$2\theta=21.035°$和$27.507°$，$Al_2Si_2O_5(OH)_4$的标准峰的位置是$2\theta=24.571°$和$12.355°$。从相对强度也即含量的角度分析，开凿于晚期的石雕风化物SiO_2的含量最高，开凿于中期的次之，而开凿于早期的第19窟石雕风化样品的含量最低；$KAlSi_3O_8$的含量在2θ为$21.035°$位置处的情况同SiO_2类似，也是开凿于晚期和中期的高于早期石雕风化物的含量。2θ为$27.507°$位置处也是开凿于晚期的高于中期的，但开凿于早期的石雕风化物却无此峰值；$Al_2Si_2O_5(OH)_4$的含量情况比较复杂一点，角度2θ为$24.571°$处开凿于早期的石雕分化物的含量高于中期和晚期，而角度2θ为$12.355°$处则是开凿于中期的略高于晚期的，但开凿于早期的石雕风化物没有检测出这个峰。其对应微观原因是风化岩石与水的化学反应造成的反应方程式如下：

$$4KAlSi_3O_8 + nH_2O \rightarrow 4KOH + 8SiO_2 + Al_4Si_4O_{10}(OH)_8 \quad (3)$$

$$Al_4Si_4O_{10}(OH)_8 + nH_2O \rightarrow 2Al_2O_3 \cdot nH_2O + 4SiO_2 \quad (4)$$

由（3）和（4）可以简明地看出来，$KAlSi_3O_8$水解生成SiO_2和$Al_4Si_4O_{10}(OH)_8$，而$Al_4Si_4O_{10}(OH)_8$长期与水作用进一步水解。所以最终导致，随着岁月的推移，风化石雕中$Al_2Si_2O_5(OH)_4$含量逐渐减少，而SiO_2和$KAlSi_3O_8$的含量则逐渐增大。

此外，我们又随机选择了另外一组三个不同开凿时期的样品（第17窟、第3窟和第34窟）的X射线衍射图谱进行研究（如图2－54所示）。三种主要成分含

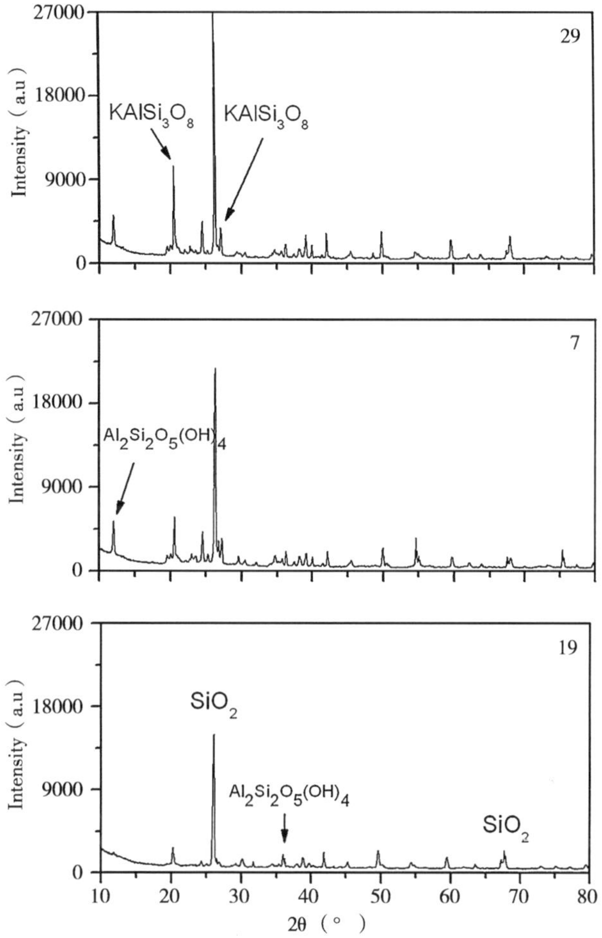

图 2－53　不同开凿时期的石雕风化物 X 射线衍射图谱

量的规律与第一组基本相同：开凿于晚期第 34 窟石雕风化物 SiO_2 的含量最高，开凿于中期第 3 窟次之，而开凿于早期的第 17 窟石雕风化样品的含量最低；$KAlSi_3O_8$ 的含量在 2θ 为 21.035°位置处的情况同 SiO_2 类似，也是开凿于晚期和中期的高于早期石雕风化物的含量。2θ 为 27.507°位置处也是开凿于晚期的高于中期和早期的，只是开凿于早期的石雕风化物在此峰值很小；$Al_2Si_2O_5(OH)_4$ 的含量情况比较复杂一点，角度 2θ 为 24.571°处开凿于早期的石雕分化物的含量高于中期和晚期，而角度 2θ 为 12.355°处则是开凿于中期的略高于晚期和早期的含量，只是开凿于早期的石雕风化物在此峰值处的值很小。

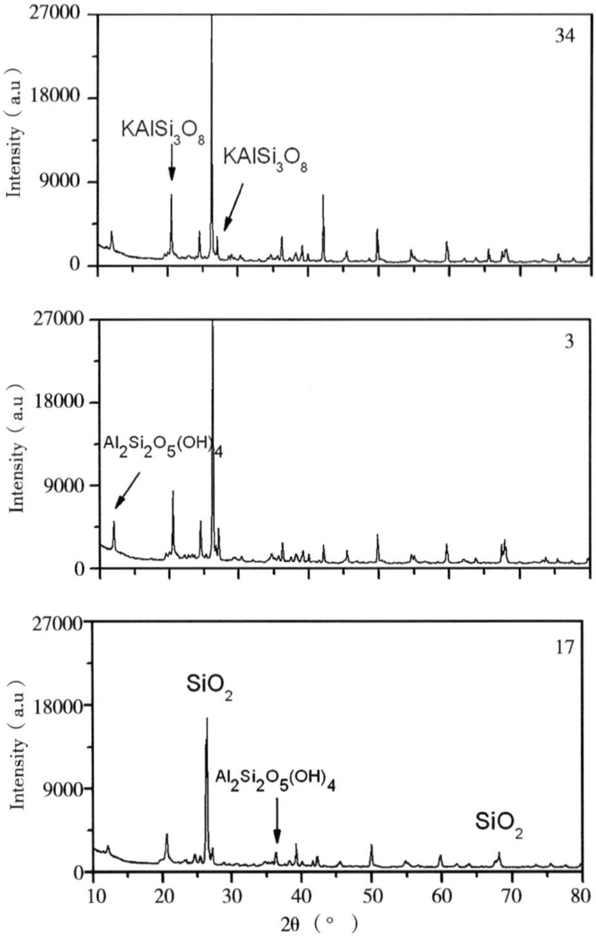

图 2－54　第二组不同开凿时期的石雕风化物 X 射线衍射图谱

2.4　风化物的 SEM 成像

2.4.1　SEM 原理介绍

扫描电子显微镜（Scanning Electronmicroscope，SEM）的工作原理是用一束高能的极细电子束扫描样品表面，通过电子束与样品的相互作用，在样品表面激发出次级电子，而次级电子的多少与电子束的入射角即与样品的表面结构有关。由探测体收集次级电子并转化为光信号，再经光电倍增管和放大器转变为电信号来控制荧光屏上电子束的强度，显示出按时序建立的扫描图像。图像虽然为立体形象，但反映的是样品的表面形貌结构。S4800 型扫描电子显微镜如图 2－55 所示，它的工作原理是采用冷场发射钨丝电子枪，电子枪发出电子束，电子束经加速电压加速后，通过三组电子透镜，缩小束斑并形成聚焦良好的电子束，在扫描线圈的磁场作用下，入射到样品表面并在表面按一定的时间、空间顺序作光栅式二维逐点扫描，入射电子与样品表面相互作用产生的二次电子等信号，由样品旁边的检测器接收，携带样品信息送入视频放大器放大，之后加到显像管的栅极上，以控制显像管的亮度。由于显像管的偏转线圈和电镜镜筒中扫描线圈的扫描电流是严格同步的，所以由检测器对样品表面逐点检测的信号与显像管上相应点的亮点是一一对应的，从而在荧光屏上呈现出放大了的样品表面图像，供观察研究和照相记录用。此外，分析过程中，获得形貌放大像后，同时还可以进行原位化学成分或晶体结构的分析，它可以提供包括形貌、成分、晶体结构及位相等丰富的资料，一次实验就能够全面、客观地进行判断分析。实现此功能的器件一般与扫描电镜配套称为：扫描电子显微镜—电子探针多种分析功能的组合型仪器，而得到的能量分散谱（Energy Dispersive Spectroscopy）一般简称为能谱（EDS）。

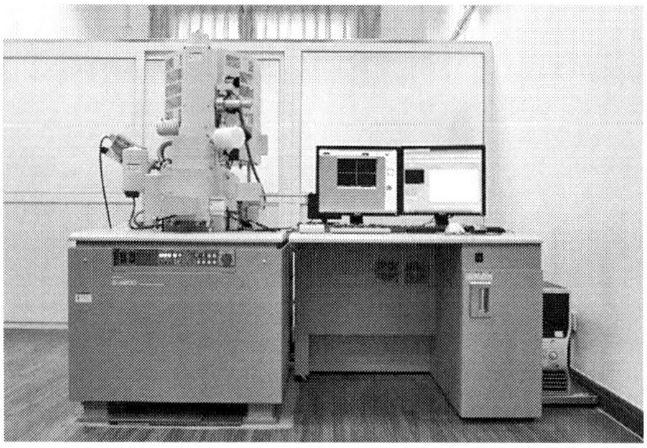

图 2－55　S4800 型扫描电子显微镜

由上述成像过程可知，SEM 的放大倍数是由显像管的幅度和试样表面扫描线度的比值决定。它可以在 20 万倍到 50 万倍之间连续调节（低端可与普通光学显微镜衔接）。SEM 没有成像透镜，也就不存在聚焦平面问题，所以景深长、视野大、图像清晰、富于立体感，可直接观察各种表面凹凸不平的细微结构。另外，对于这种成像方式，是可以通过电子学的方法方便地控制和改善图像质量的。例如通

过 γ 调制（非线性放大器），改善图像的反差宽容度使图像各部分明暗适中；采用图像选择器或双放大倍数装置，可在荧光屏上同时观察不同形式或不同放大倍数的图像。SEM 的另一个重要指标是分辨本领。分辨本领是指在电子图像上能够清楚地分辨出试样上相邻两点间的距离，也称分辨率。SEM 的二次电子分辨率在 2nm ~ 10nm 之间，而一般的光学显微镜分辨率为 0.1μm ~ 0.2μm。分辨率与入射电子束的束斑直径有关，检测系统的信噪比以及来自样品表面的被检测粒子的深度均有影响。束斑愈小分辨率愈高，但束斑太小的话，束流降低同时信号减弱检测就会变得困难。

2.4.2 SEM 的应用

SEM 是一种用途广泛具有很多优越性能的多功能仪器，它可以进行三维形貌的观摩和分析，并在观察形貌的同时对确定微区进行成分分析。因此其应用主要表现在两个方面，材料形貌观察分析和成分分析。而在材料的分析和研究方面的应用十分广泛，如：纳米材料的观察、表面微观结构和化学组分分析、材料的断口分析、发光性材料结构缺陷分析，材料杂质检测、生物抗体研究、电位分析、半导体器件动作状态分析、强磁体磁区的观察，等等。尤其是与其他分析手段联用技术的完善，使得无机材料在微观领域的研究取得了令人鼓舞的成绩。由于 SEM 具有的这些特点和功能，因此越来越受到科研人员的重视，目前 SEM 在如下领域发挥着越来越重要的作用，材料科学（金属材料、非金属材料、纳米材料）、冶金、生物学、医学、半导体材料与器件、地质勘探、病虫害的防治、灾害（火灾、失效分析）鉴定、事故分析、刑事侦查、宝石鉴定、考古研究、工业生产中的产品质量鉴定及生产工艺控制等。

2.4.3 石雕风化物的 SEM 图像分析

针对第 37 窟石雕风化样品，分别做了扫描电子显微镜（SEM）比例为 10μm、5μm、3μm 和 1μm（放大倍数依次为：5K 倍、10K 倍、16K 倍和 50K 倍）的扫描表面形貌图（图 2 -56）。从 1μm 的微观结构可以看出，石雕风化样品的表面形态不规则，结构松散，胶结差；从 3μm 的微观结构可以看出，松散结构中存在较短小的微裂隙，裂隙边缘粗糙且不规则，局部还呈现片状结构或似羽状结构；从 5μm 的微观结构可以看出，形状不规则，局部片状结构开始显现并有空洞出现；从 10μm 微观结构可以看出，微观结构也较为清晰，总体呈现出明显的碎屑状或团粒状，形态不规则，粒径小且结构松散胶结差。对于石雕风化物放大到这个比例就可以满足观察的需要了，所以，其余样品我们主要以 10μm 的微观结构，进行比较分析。

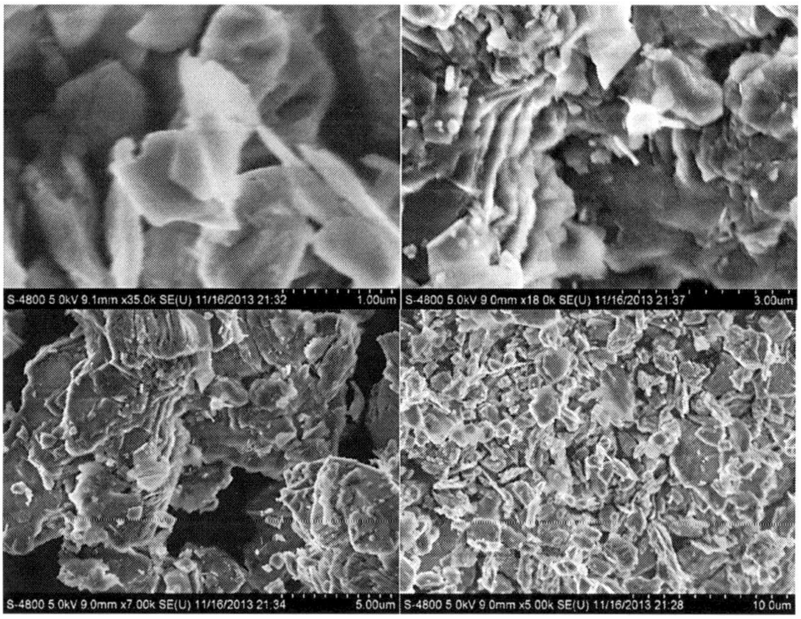

图 2－56 第 37 窟石雕风化物不同放大倍数的 SEM 表面形貌图

利用扫描电子显微镜（SEM）和配套的 X 射线能谱分析（SEM－EDS），获得了云冈石窟三个不同开凿时期（第 19、6、29 窟）石雕风化物的微观结构信息，主要比较了 SEM 在 5K 倍下的扫描观察结果（如图 2－57）。由扫描图片可以看出，开凿于早期的第 19 窟和中期的第 6 窟的微观团块间的间隙较大，缺少胶结物，砂岩结构松散，片层间的分界模糊且有较大的空隙；后期的第 29 窟砂岩片层状结构逐渐展现，结构较致密，由细小的层片组成，层片间排列整体无序，局部整齐，片层间的分界线仍难以清晰地分辨。风化岩石相对新鲜岩石的 K_2O，Al_2O_3的含量高，而 SiO_2含量低，这是因为岩石被水侵蚀后长石中的 K、Al 元素变成可溶性的盐而随水迁移到岩石表层，形成结晶盐，所以外表风化层 K_2O，Al_2O_3含量高于内层新鲜岩石。SiO_2的变化，则是因为岩石的胶结物被破坏后，表层的石英裸露在外面，在外界的营力作用下流失。从图 2－57 右侧能谱的比较中可以看出，开凿于中期第 6 窟的 K、Al、Si、O 的含量都是最高的，这说明了此窟石雕相对于别的窟，受水侵蚀少一些，而且表层受外界营力也相对弱一些，结合上一节介绍的利用超声波仪所测得的此窟外壁风化等级为 4，说明此窟的风化相对弱一些，保持情况相对良好。其直接原因是窟檐，这个窟前有建于清代的窟檐，所以相对就会比其他石窟保存得好些。

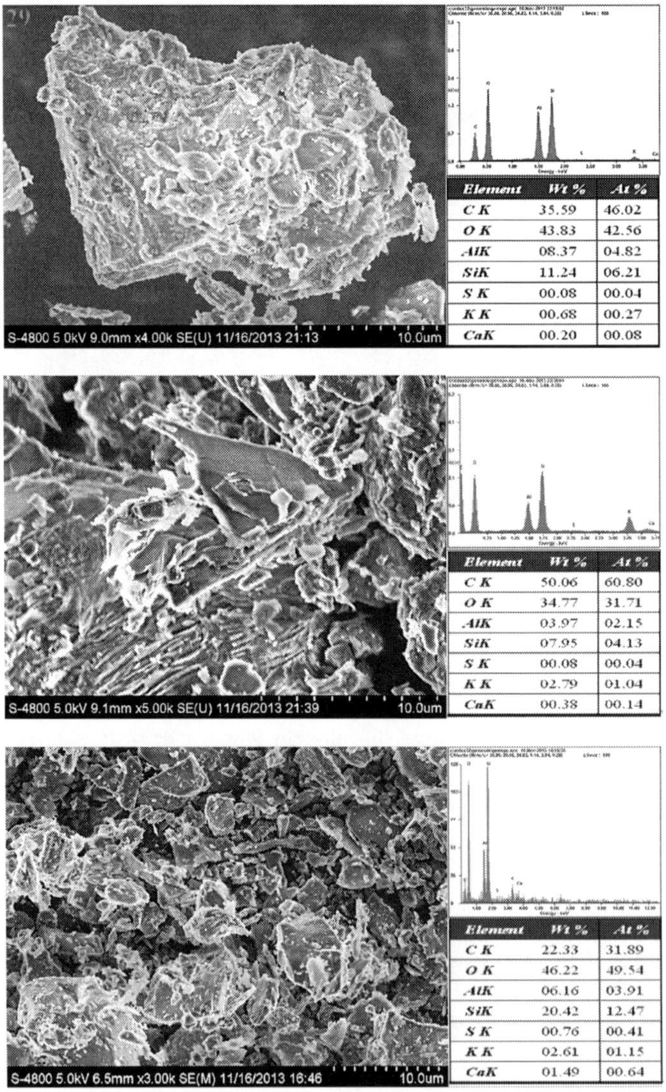

Element	Wt %	At %
C K	35.59	46.02
O K	43.83	42.56
AlK	08.37	04.82
SiK	11.24	06.21
S K	00.08	00.04
K K	00.68	00.27
CaK	00.20	00.08

Element	Wt %	At %
C K	50.06	60.80
O K	34.77	31.71
AlK	03.97	02.15
SiK	07.95	04.13
S K	00.08	00.04
K K	02.79	01.04
CaK	00.38	00.14

Element	Wt %	At %
C K	22.33	31.89
O K	46.22	49.54
AlK	06.16	03.91
SiK	20.42	12.47
S K	00.76	00.41
K K	02.61	01.15
CaK	01.49	00.64

图 2－57　三个不同开凿时期石雕风化物的 SEM 表面形貌图和 EDS 图

利用SEM和配套的SEM－EDS，我们还分析了不同深度（3cm，14cm）的风化石雕样品的微观结构信息和能谱分布（图2－58）。由图见，深度大的新鲜砂岩（14cm）局部层片排列整齐，层片间的分界清晰可见，呈碎屑状或团粒状、局部为片状或似羽状。层片的厚度为0.1～1μm，整体上胶结较好。表面风化严重的砂岩（3cm）与14cm的砂岩相比最明显的是结构松散，片层间的分界模糊，片层间有较大的空隙，结构松散、胶结差、孔洞明显，表面分布着微米级的小颗粒及无定形态物质，分析可能是泥岩风化层在剥落时裂隙吸水导致胶结物的流失有直接关系，云冈石窟砂岩中含有约10%～20%的碳酸盐胶结物，在二三十年前环境重度污染的影响下加速了风化破坏的过程。由能谱分析也可以看到14cm样品的元素K和Al的含量低于3cm样品的，而Si的含量高。这是因为石雕被水侵蚀后岩石中的K、Al元素变成可溶性的盐而随水迁移到岩石表层形成结晶盐，所以表层K、Al元素含量高于内层。SiO_2的变化，则是因为岩石的胶结物被破坏后表层的SiO_2裸露出来，在风、雨、雪等外界营力的作用下流失掉了。

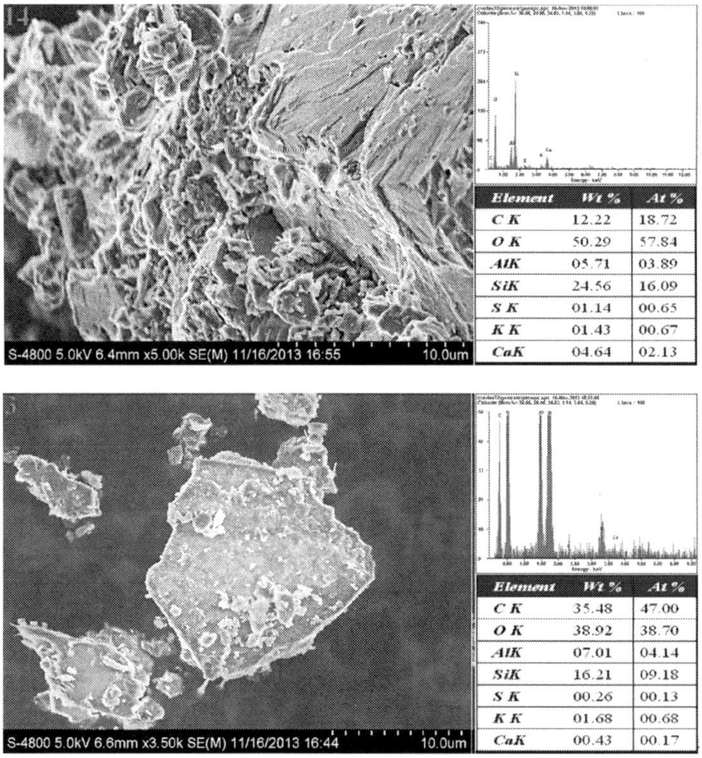

Element	Wt %	At %
C K	12.22	18.72
O K	50.29	57.84
AlK	05.71	03.89
SiK	24.56	16.09
S K	01.14	00.65
K K	01.43	00.67
CaK	04.64	02.13

Element	Wt %	At %
C K	35.48	47.00
O K	38.92	38.70
AlK	07.01	04.14
SiK	16.21	09.18
S K	00.26	00.13
K K	01.68	00.68
CaK	00.43	00.17

图2－58　不同深度风化物的SEM表面形貌图和EDS图

使用 X - Ray 衍射仪和 SEM 对云冈石窟石雕风化物的进一步研究，是对前面 THz 光谱分析和超声检测的有效补充和辅助解析。从微观即物质的组成角度分析了不同开凿年代风化样品差异的原因和不同深度样品在微观角度呈现的差异现象。总体看，随着岁月的流逝，石雕风化物的 $Al_2Si_2O_5(OH)_4$ 含量逐渐减少，而 SiO_2 和 $KAlSi_3O_8$ 的相对增多。SEM - ED 显示，元素 Al 和 Si 的含量开凿于晚期的相对高于开凿于早期的石窟，而开凿于晚期的石窟中元素 K 的含量则低于开凿于早期的石窟。纵向看，石雕风化物表层 K、Al 元素含量高于内层，Si 元素的含量则低于内层的值。

参考文献

[1] Mamillanm. Methodes d'evaluation des degradations desmonuments en pierre, in Deterioration and Conservation of Stone [C]. Proceedings of the VIth International. Congress, Torun (I), 1988, 456 - 465.

[2] Herrmann H G. Characterization of Ancientmarquetry Using Different Non - Destructive Testing Techniques [J]. Applied Sciences, 2021, 11 (17): 7979.

[3] 孙进忠，陈祥，袁加贝等. 石质文物风化程度超声波检测方法探讨 [J]. 科技导报，2006，24 (8): 17 - 24.

[4] 孟田华. 云冈石窟风化的综合分析研究 [D]. 中国地质大学（北京），2014.

[5] 李耀华. 地球物理方法在云冈石窟表层裂隙检测中的应用研究 [D]. 中国地质大学（北京），2012.

3

太赫兹技术在文物领域的研究进展

为了更好地设计基于不同材料、不同制作工艺文物的最佳保护方案，文物保护科技人员需要首先选用最有效的无损检测方法对文物进行全面检测。太赫兹波所具有的光子能量低、对非金属和非极性物质有较强穿透性、可同时获得脉冲电场振幅和相位信息、较好的抗干扰能力等独特性质使其在诸多无损检测方法中脱颖而出。本章系统综述了太赫兹技术在文物无损检测应用中的最新研究进展，阐述了不同类型文物材料的太赫兹光谱特征，太赫兹成像检测技术原理和特点，点明了太赫兹无损检测技术对不同类型文物进行无损检测的技术关键点，罗列了太赫兹技术在文物科学领域最成功和最具代表性的应用实例，最后展望了太赫兹无损检测技术在文物保护领域的发展趋势。

文物领域的无损检测有其特定的含义，泛指一切不给所测文物带来任何宏观物理变化和潜在危害的分析检测技术。文物保护科学家根据电磁波谱各个频段的优势和检测需求几乎应用了所有频段[1]，例如，利用超声波对文物浅层病害的无损检测；利用微波段的探地雷达探寻地下文物或遗迹；可见光波段的摄影技术分析文物材料；傅里叶红外光谱仪对可微量采样文物物质的化学结构识别；非侵入性分析技术的应用如红外和近红外相机高灵敏度地检测炭黑，从而显现图纸下的隐藏颜料和褪色文字；基于光化学反应原理使用紫外光对有机染料和油漆的检测；X 射线荧光光谱仪和 X 射线衍射方法通常用来进行矿物颜料等元素的分析，以及传统的拉曼光谱、X 射线荧光（X-Ray Fluorescence，XRF）光谱、中子技术及可移动原子力显微镜对文物材料如各种颜料的无损检测和分析。尽管电磁波谱中被称为亚毫米波和远红外射线的太赫兹（terahertz，THz）波［频率 0.1 ~ 10THz（$1THz = 10^{12}Hz$），波长 30μm ~ 3mm］在文物检测方面还未得到充分利用，但其对陶瓷、塑料、晶体、岩土等很多介电材料、非极性物质具有良好的穿透性，使得具备高分辨率、强稳定性、强穿透力和强抗干扰的 THz 技术在诸多无损检测方法中脱颖而出，其潜在的高效检测手段和更加细致可靠的评价方法为文物检测领域注入了新的活力[2]。THz 辐射的独特性质决定了它在光谱技术方面可以成为红外光谱技术、拉曼光谱技术的互补技术，在成像方面可以成为 X 射线成像技术的互补技术，从而成为21世纪文物检测技术研究的一个热点。

为了进一步推动THz技术在文物检测领域的研究，特别是推动国内相关研究的发展，本章梳理总结了THz技术在文物检测应用中的主要工作和重要进展，介绍了利用THz技术对不同类型文物材料的光谱和成像检测方法，希望吸引更多同仁投入到新型THz技术检测文物的研究中，从而助力我国THz技术的发展。

3.1 不同文物材料的太赫兹光谱研究

THz频率范围的光谱研究已经进行了几十年，为通信、生物和医学、无损检测、国土安全、食品和农业产品质量监测、全球环境监控、文物保护等领域做出了巨大贡献[3]。与中红外波段一样，很多物质会在THz波段出现指纹吸收光谱，但不同于中红外波段特征峰产生于分子内部信息，THz光谱的特征则取决于分子和分子间的行为。基础物理研究中，半导体和无机材料的远红外分析有着悠久的历史。事实上，早在1969年，为了矿物开采研究，使用频率域THz系统检测了几种矿物和无机材料的光谱，包括朱砂（cinnabar，HgS）和雌黄（orpiment，As_2S_3），而这些材料在历史上是被广泛用作艺术品的颜料。显然，跨学科交流和数据共享是推动THz技术在文物保护领域取得进展的重要组成部分。因而，建立不同材料的THz数据库是很有价值的，可以为相关文物保护研究人员提供其所需求材料的THz特征数据和THz检测系统参数。

大多数光谱技术都有公开或商业可用的数据库，为艺术、建筑和考古材料的研究提供标准和比对光谱数据，例如红外和拉曼数据库（http：//irug. org）[4]。尽管目前还没有商业或实用的THz谱库，但日本的国家信息通信技术研究院（NICT）建立了文物材料THz光谱数据库（http：//thzdb. org），并与理化研究所的纯化学物质数据库进行了合并[5]。从起初的Fukunaga和Picollo使用傅立叶变换红外太赫兹光谱（Fourier Transform Infrared Spectrometer－Terahertz，FTIR－THz）和太赫兹时域光谱（Terahertz－Time Domain Spectrometer，THz－TDS）所测量的500多个光谱数据开始，经过后期相关研究者的陆续补充，到现在数据库中已达1585条光谱数据了[6]。

3.1.1 绘画类文物的太赫兹光谱研究

在已报道的各种文物材料的THz光谱研究中，对壁画、版画、帆布画等绘画类艺术品相关材料的研究成果较多：（1）利用THz光谱可以区别不同粒径的同种颜料。如图3－1（a）左面是世界名画《八桥图》局部，在这幅作品中，利用颜料颗粒从极细渐变到粗糙的手法将花和叶子绘制在黄金上。虽然是由同一种矿物颜料制成，但由于颗粒大小不同而呈现出不同的颜色，其中用于淡蓝色和绿色的颗粒直径平均为5μm，用于较暗颜色的颗粒直径为30μm。分析这类艺术品，必须考虑颜料颗粒大小对光谱的影响。图3－1（b）为不同粒径蓝铜矿样品的THz－TDS测试光谱图，当颜料粒径小于40μm时，光谱更加清晰。使用粗粒颜料时所产生的晦暗特征可能是由于Mie散射造成的[7]。（2）利用THz光谱也可以区分同一种颜色的不同颜料。图3－2所示为人眼看来都是一样的五种白色颜料THz光谱。这些颜料的THz透射特性完全不同，这表明可以辅助主成分分析（PCA）法来区分材料。例如，与油基黏合剂混合时变得透明的石灰白被广泛用作人体颜料，虽然石灰白的存在人眼无法识别，但利用THz光谱可以很容易区分开来[8]。（3）利用THz光谱可以识别不同矿物颜料。图3－3显示了各种常用矿物颜料的THz光谱。除了炭黑和土颜料外，大多数颜料在THz波段都出现了明显的透射峰。其光谱特征不仅仅是由主元素的存在决定，分子结构也起着重要作用[9]。（4）利用THz光谱可以识别不同有机颜料。图3－4为天然和合成有机染料的THz光谱。图3－4（a）中，提取自昆虫的胭脂虫红和乌贼墨色在THz波段几乎是透明的，而来源于植物的染料光谱则变化较大［图3－4（b）］，特别是从植物根茎中提取的染料往往呈尖峰状。人工合成染料是现代绘画中常用的染料，其数量和种类将不断增加。图3－4（c）展示了几种传统合成染料的THz光谱，大多出现清晰的特征透射峰[10]。（5）利用THz光谱可以识别各种艺术品的黏合剂。一些研究小组对各种黏结剂进行了THz光谱无损分析，以确定这些黏结剂在THz区域是否会出现特征峰。然而，如图3－5所示，并无明显的透射峰，但根据谱线的差异可以区分黏合剂的类型。此外，无论是天然的还是人造的黏结剂大多在THz频段内是相对透明的［蜂蜡除外，如图3－5（c）所示］[11]。此外，清漆等黏合剂在THz波段的高透过率/透明度可以使 THz 波穿透到绘画层，保证颜料的光谱不受清漆存在的影响，这是区别于中红外波段光谱检测的一个优势。总之，由上述分析可见利用 THz 光谱可以有效识别和区分绘画类文物中所用相关材料的信息。

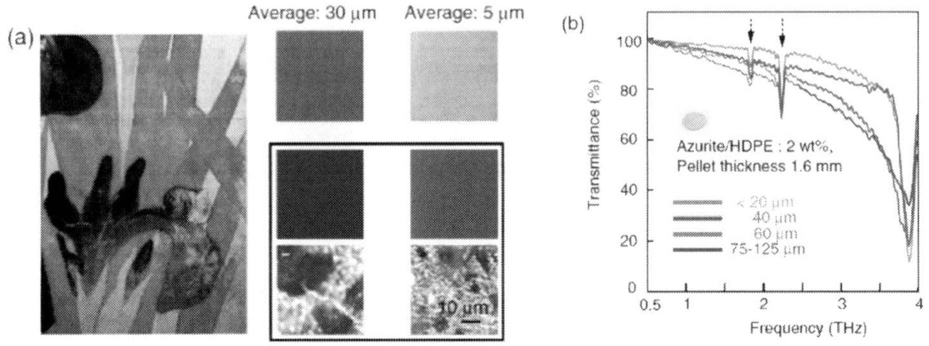

图 3 - 1　颜料颗粒对太赫兹光谱的影响

(a) 通过变换颗粒大小改变颜色的世界名画《八桥图》实例；

(b) 利用 THz - TDS 测量不同粒径的蓝铜矿样品

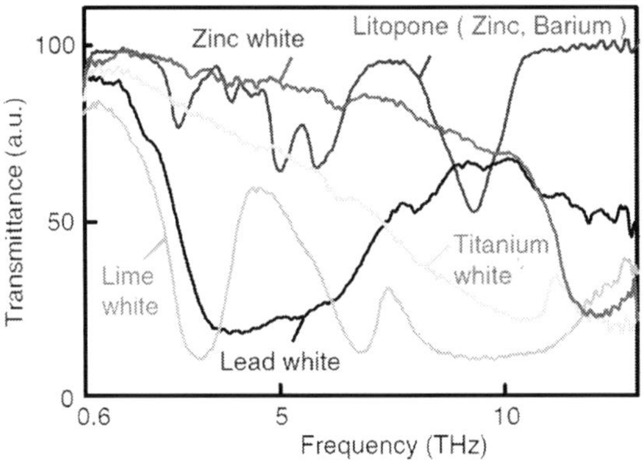

图 3 - 2　白色颜料和混合物的光谱测试的颜料有石灰白、铅白、锌白、立德粉（锌和钡的混合物）和钛白

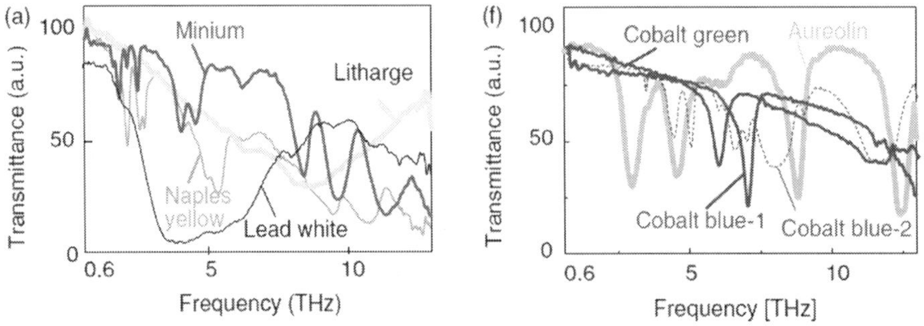

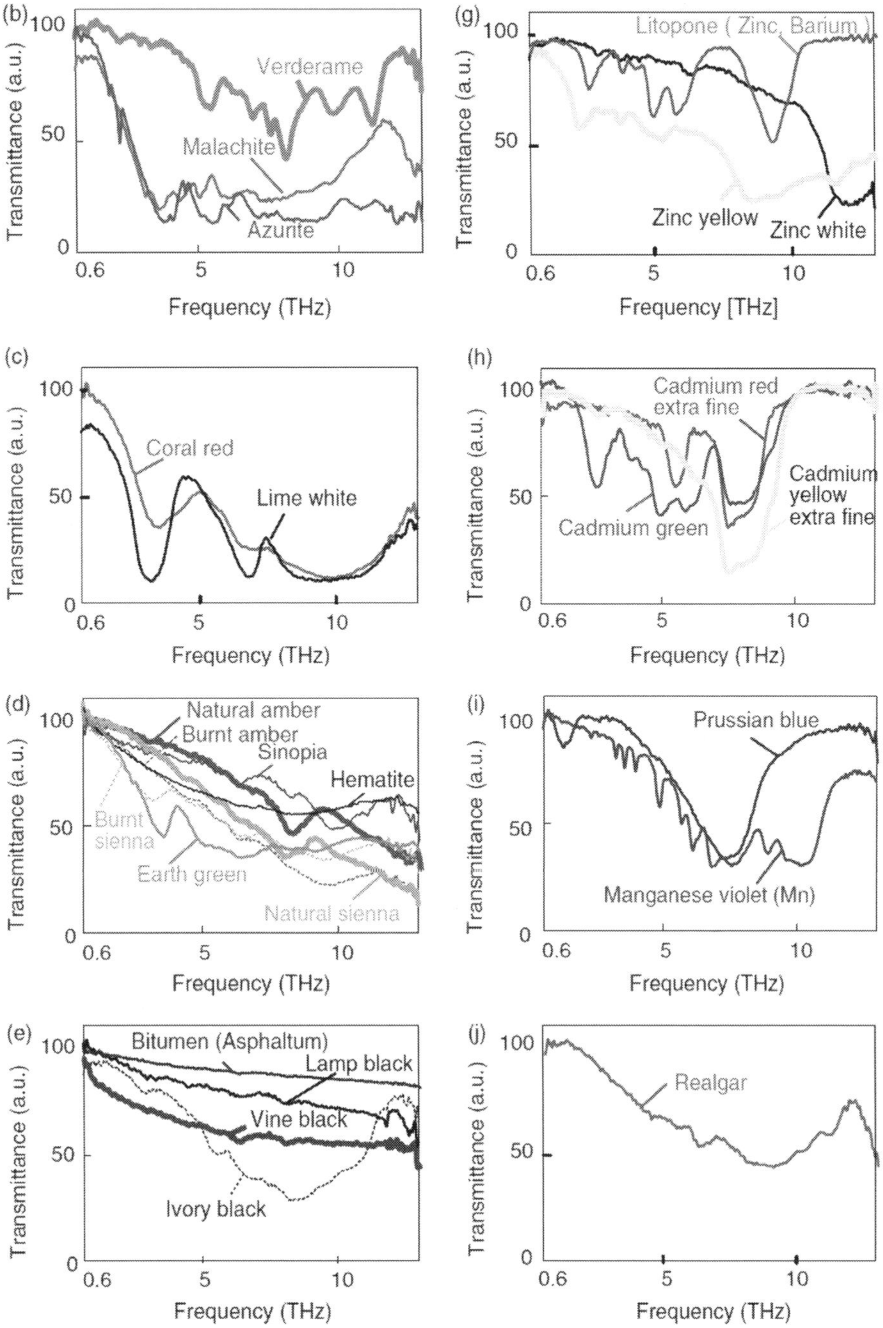

图 3－3　各种矿物颜料的太赫兹光谱

(a) 天然/人造铅（Pb）复合材料；(b) 天然/人造铜（Cu）复合材料；(c) 天然钙（Ca）复合材料；(d) 天然土颜料（Fe，Mn，Al）基复合材料；(e) 天然炭黑和象牙黑颜料；(f) 人造钴（Co）复合材料；(g) 人造锌（Zn）复合材料；(h) 人造镉（Cd）复合材料；(i) 人造铁（Fe）和锰（Mn）复合材料；(j) 天然砷（As）颜料

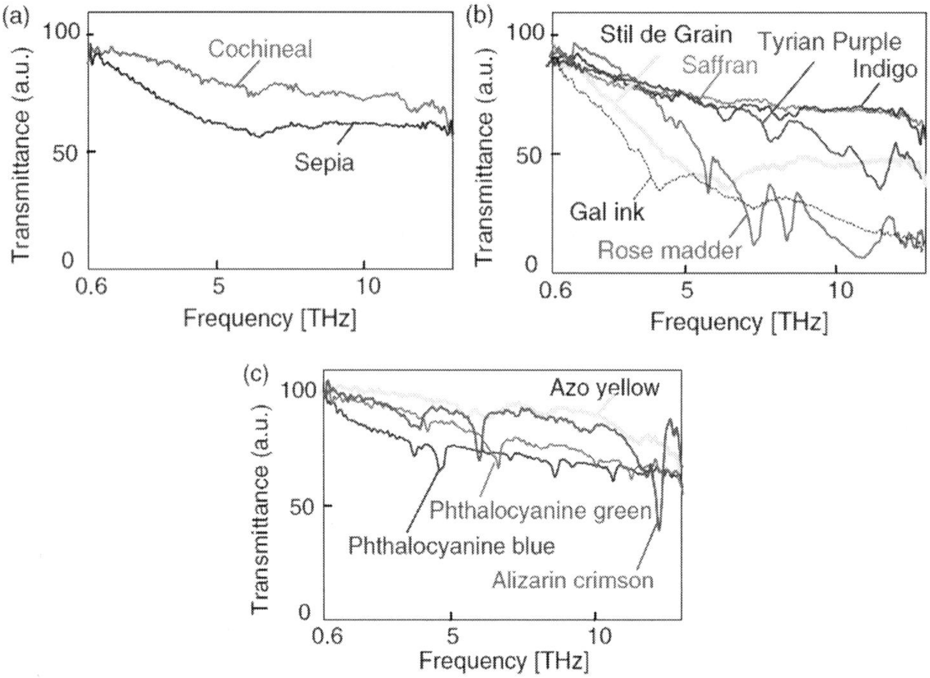

图 3－4　有机染料的太赫兹光谱

（a）从昆虫和乌贼中提取的天然染料；（b）从植物中提取的天然染料；（c）合成染料

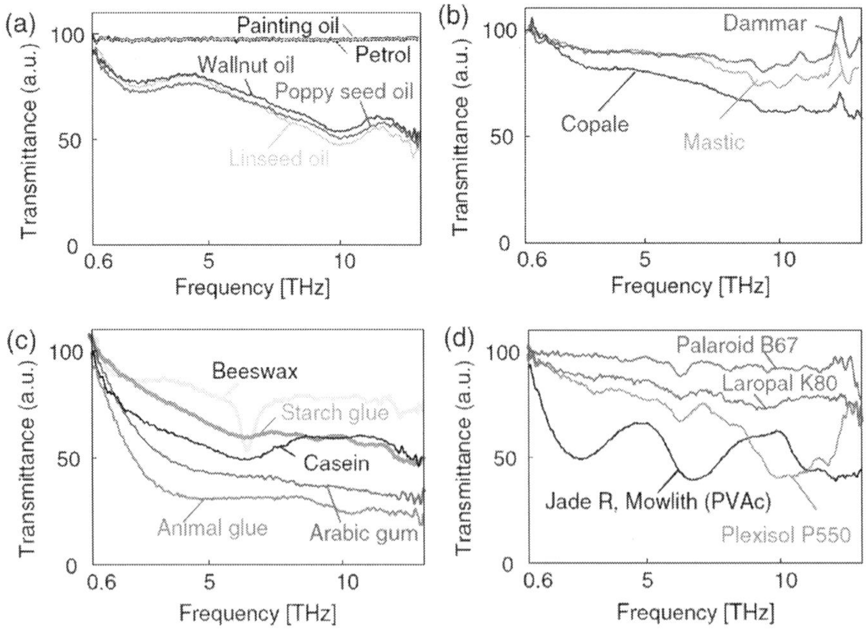

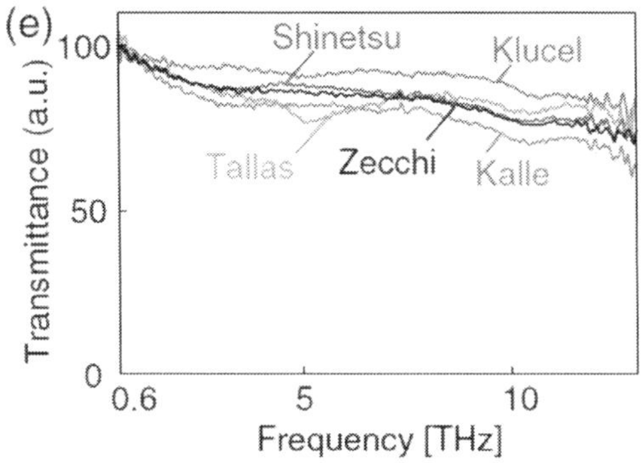

图 3－5　有机染料的太赫兹光谱

(a) 油；(b) 天然树脂；(c) 各种黏合剂，蜂蜡，酪蛋白，阿拉伯胶和胶水；(d) 人造聚合物黏合剂；(e) 人造纤维素型黏合剂

3.1.2　其他类文物的太赫兹光谱研究

与绘画类材料众多的研究报告相比，基于其他材料文物的 THz 光谱研究较少，通过文献整理，主要有以下几种材料：(1) 基于石质文物 THz 光谱可以用来评价石质文物病害的劣化情况。如图 3－6 为德国 Krügener 小组利用 THz 技术对汉诺威的下萨克森州国家博物馆一个石质圆形浮雕内部裂隙进行了探测，不仅通过 THz 时间延迟差精确测量了 5～7mm 的隐藏裂隙[12]，还有效检测了 16 世纪釉面陶土层下的缺陷。山西大同大学研究小组在露天石质文物病害及防护检测和监测方面做了大量研究。例如，利用云冈石窟不同风化深度砂岩样品的 THz 光谱数据结合支持向量机软件建立的风化深度预测模型。图 3－7 显示了三个深度范围 0.1～5cm，8～20cm 和 33～85cm 砂岩样品的 THz 透射谱[13]，图 3－8 为石质文物空鼓病害的 THz 无损检测及预测模型的应用流程图[14]。此外，该研究组还对石质文物材料和文物风化程度进行了 THz 光谱检测和研究。(2) 基于木制画像文物的 THz 吸收光谱可有效检测木制画像的内部结构和隐藏缺陷。Skryl 组对一幅 19 世纪的俄罗斯木质圣像画隐藏缺陷进行了检测[15]，如图 3－9 为白杨木样品的及其木结和平整部分的 THz 吸收光谱，可见其明显的区别。(3) 基于纸质文物的 THz 透射、吸收及折射率光谱可以对纸质文献进行检测和鉴别。Bardon 系统研究了历史文献上的各种墨水，如图 3－10 所示为几种不同墨水的 THz 吸收和折射率谱，通过光谱的差别可区分鉴别

不同的墨水类型。另外，该研究组还研究了 32 种羊皮纸的 THz 吸收光谱[16]。

此外，THz 光谱检测技术也逐渐被用于文物防伪领域，如基于 THz 波对红木良好的穿透性及指纹特性，王远等人分别对巴里黄檀、奥氏黄檀、大叶紫檀、小叶紫檀、交趾黄檀等 5 种红木，实现了准确率高达 94% 和 96% 的分类识别结果；张文涛等人提出的一种基于随机森林预测模型的 THz 时域光谱木材鉴别方法，也成功对 4 种木材（2 种红木，2 种非红木）进行了识别率为 91.25% 的准确识别；刘海玲等人对 2005 版真伪百元人民币的白水印和安全线两处防伪特征区域进行了成功鉴别。

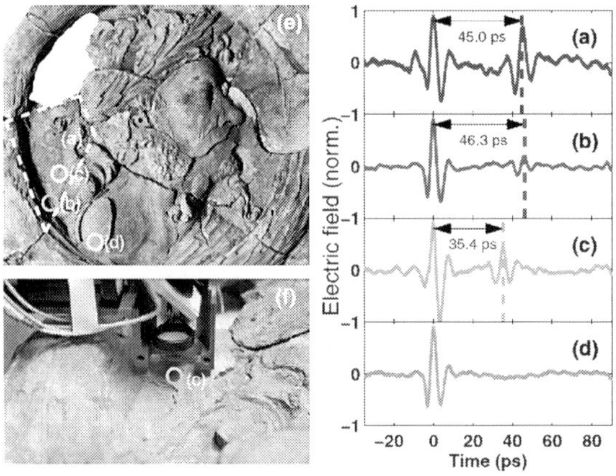

图 3-6　大奖章

(a-d) 不同位置反射的太赫兹脉冲所对应的每个测量位置标示图；(e) 很容易观察到表面 2.3mm 到 3.4mm 间的点 (a-c) 下内部空气狭缝所产生的回波位于 35ps~45ps 间，(d) 点的测量表明石头是坚固的，那个位置没有内部空气结构，虚线大致划定了损坏区域；(f) 在 c 点处测量的过程图

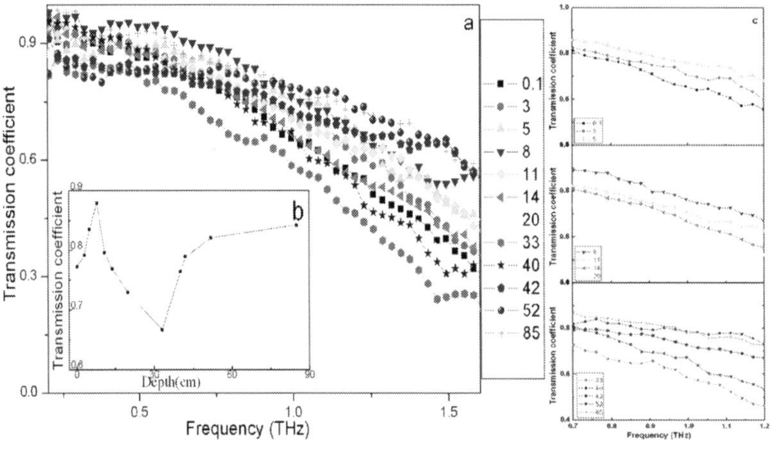

图 3-7　云冈石窟砂岩样品的太赫兹光谱

(a) 所有样品的太赫兹透射谱；(b) 0.7905THz 处的透射系数；(c) 0.7~1.2THz 之间的透射谱

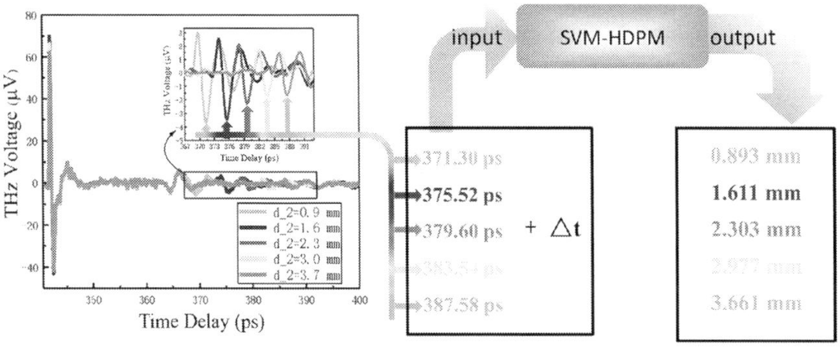

图 3－8　SVM－HDPM 在空鼓检测应用中的流程示意图

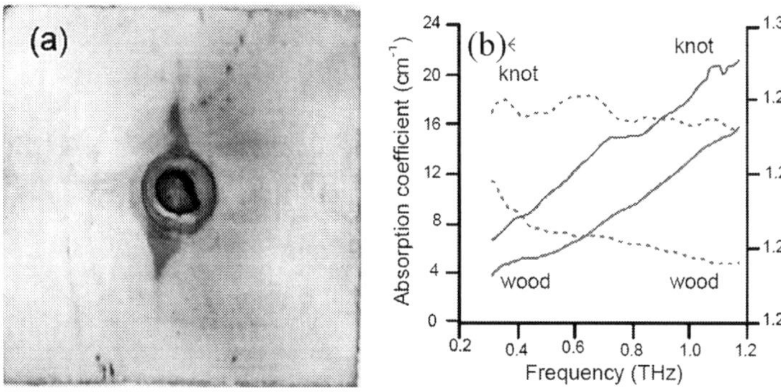

图 3－9　白杨木的太赫兹检测

（a）白杨木样品照片；（b）木节和木材的吸收系数（实线）和折射率（点线）

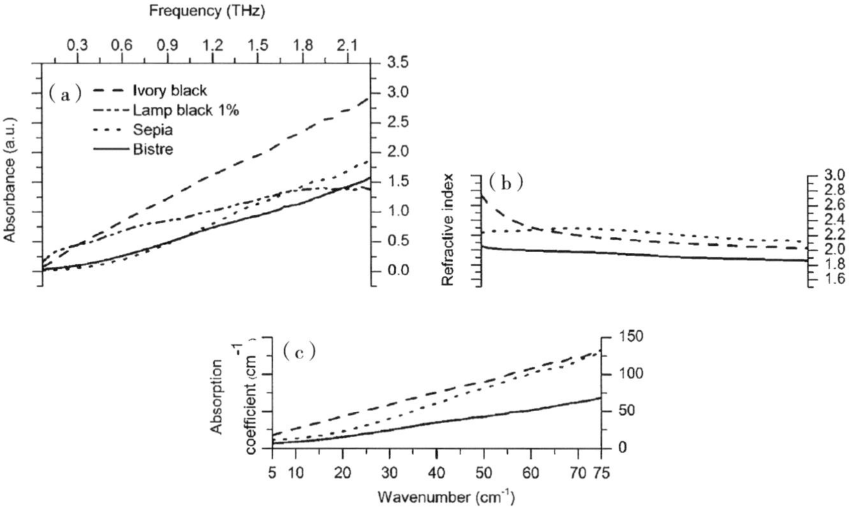

图 3－10　几种墨水的太赫兹光谱

对颜料与聚乙烯质量比为 10%（灯黑：1%）的 400mg 颗粒进行透射模式测量，赭黄、象牙黑、深褐色和灯黑颜料的太赫兹吸收光谱　（a）折射率（b）和吸收系数（c）

3.2 各类文物的太赫兹成像研究

THz 技术在诊断医学、安全、材料表征、无损评价、质量控制等领域的基础和应用研究都取得了巨大的进展，源于它独一无二的特性，如介质的穿透性、化学特异性、相较微波的高空间分辨率及辐射安全方面对生物“低到近乎没有”的影响[17]。近年来，THz 光谱成像技术（terahertz spectral imaging technique，THz-SIT）在生物化学、生物传感、文物保护、工业过程管理、水合分析、食品质量监控和农业光子学等新兴应用领域获得了巨大的创新应用和发展，同样，THz-SIT 也迅速征服了文物保护领域[18]。在已有成熟成像技术的情况下，THz-SIT 在该领域“迅速成名”的原因主要源于其非电离、非接触式成像，THz 波段提供了额外的化学特异性优势（特别是在这个领域常见的化学物质，如墨水、染料、釉、胶水，宝石中的金属氧化物等）和对大量材料的透明性（尤其是在这个领域常见的材料，纸、木头、布料、大理石、象牙、骨头等）。最重要的是，大多数 THz-SIT 成像仪都能容易地与反射模式的层析成像法扩展兼容，而反射模式可在野外环境中对各种人工制品进行深度剖面分析。因此，近年来，我们发现 THz-SIT 在这一领域的应用有很多方向。

尽管 THz 波在各领域的应用急剧增长，但 THz-SIT 仍然面临着采集速度低、成本高、成像系统笨重、“穿透屏障”模式下光谱对比度有限和空间分辨率低等问题。表 3-1 简要列出了各种商业上成熟的成像技术与 THz-SIT 的主要优缺点。

表 3-1　商用成熟的成像技术与 THz-SIT 的主要优缺点

成像技术	优点	缺点
X 射线	• 高穿透深度 • 低成本 • 相对快速的图像采集 ~min	• 有电离辐射 • 无化学特异性 • 分辨率低 ~0.01mm
超声波	• 非电离 • 低成本 • 快速的图像采集 ~s	• 无化学特异性 • 低穿透性 ~cm • 低分辨率 ~0.01mm

续表

成像技术	优点	缺点
核磁共振	• 无限渗透 • 非电离 • 高分辨率 ~0.001mm	• 高成本 • 图像采集速度慢 ~h • 对薄组织缺乏敏感性
太赫兹光谱成像	• 非电离 • 高化学特异性 • • 不会穿透皮肤	• 高成本 • 图像采集速度慢 ~min/h • 分辨率低 ~0.1mm

根据 THz 源的产生方式，THz 成像系统分为电子学 THz 成像系统和光子学 THz 成像系统两种类型。目前，THz 电子学成像系统大多是采用对微波进行倍频放大的方式获得 THz 源，波导管和增益喇叭对 THz 波进行传输，利用成本较低的零偏检波器直接检波或外差式谐波混频器对 THz 波进行探测。此方法虽然在 THz 信号的产生上有着结构相对简单的优点，但由于多次倍频过程产生的复杂高阶谐波干扰，影响到系统的带宽和 THz 转换效率，导致成像质量降低。而光子学 THz 成像系统则是借助超快飞秒激光技术的光整流法或光电导天线法产生 THz 辐射源。光整流法是利用亚皮秒级激光脉冲与非线性介质相互作用产生低频电极化场辐射 THz 脉冲，光电导天线法是利用飞秒激光脉冲照射半导体材料表面，以激发光生载流子，利用载流子在外加偏置电场作用下的加速运动效应而获得 THz 辐射。对应地采用基于光电导辐射机理逆过程的光电导采样测量和自由空间电光取样测量方法对 THz 光进行探测。此方法避免了电子学的多次倍频过程，没有多余杂波产生，具有较大的系统带宽、频段更高、信噪比更好，可以实现高质量的振幅及相位成像。

根据 THz 源的工作方式，THz 成像系统分为 THz 脉冲成像系统和连续波成像系统；由于截然不同的机制，两种系统得到的图像数据是完全不同的。THz 脉冲成像系统的信息量丰富，可以进行振幅和相位成像，也可以对任意一个频率分量成像，从而可以解释被测物的不同特征。其每一个像素点对应一个完整的时域波形，通过对时域波形进行傅里叶变换并利用 T. D. Dorney 和 L. D. Duvillaret 等人所提出的 THz－TDS 提取材料光学参数的物理模型，可以得到被测物的厚度与折射率等信息，但其实现方式较为复杂，信号处理速度也较慢。而以损失景深、时域和频域信息为代价的 THz 连续波成像系统是一个紧凑、简便、快速成像的系统，以矩阵形式储存强度信息，可以直接转变为图像。连续波系统的光路复杂性与脉冲系统相比大大降低，而且它不需要时间延迟扫描，因此扫描速度也非常快。另外连续波成像系统的小型化、便携式等特点也创造了其在实际现场检测应用的条件，表 3 – 2 为两种成像系统的具体对比。两种成像方式有很好的互补性，要视实际文物无损检测的具体应用来选择、构建最佳的成像方案。脉冲 THz–TDS 能够提供成像物体的光谱信息，甚至折射率色散，这是连续波系统不能提供的信息。连续波系统具有较高的辐射功率、系统简单、价格低、成像速度快，使用方便的特点。如果扫描的文物体积大而又只需要检测缺陷或者透射性质，选择连续波系统较好。但如果探测的文物比较精细，要求较高的分辨率并获得物体的折射率等信息，则需使用脉冲成像方法。

表 3 – 2　两种成像系统的对比

	脉冲成像系统	连续波成像系统
原理及过程	记录 THz 波的强度和相位	仅记录边缘散射强度
分辨率	高	低
噪声	小	大
成像速度	慢	快
光谱信息	有	无
应用	成像识别及隐蔽物探测	无损检测
价格	昂贵	便宜
数据处理复杂度	复杂	简单
可便携性/kg	100	2

3.2.1　绘画类文物的太赫兹成像研究

（1）镀金画板是中世纪早期发展起来的一种特殊的艺术形式。制作方法是在木板支架上涂一层薄薄的底漆，然后在一层打底的红玄武土层上绘金。Gallerano 等人 2009 年首次尝试将 THz 技术用于对镀金画板的检测，成功测试了被石膏层（粉笔或石膏制备）部分遮蔽木板时的由金箔和颜料所组成的模型画板。THz 可用于定位油漆层下的镀金叶片，图 3 – 11 上为利用红外成像和 THz 光谱分析的一个 14 世纪雕像的细节[19]。在 THz–TDI 图像中，人物面部轮廓处的方形镀金叶片清晰可见，而红外反射成像（Infrared – Reflectance Transformation Imaging，IR – RTI）却无法识别它们。因为THz波即使在厚而暗的清漆下也能探测到金箔层，所以在文物清洗处理之前，可以利用THz波来检查镀金叶片及金粉（贝壳金）的装饰工艺。如图3-11下，面板画在不同界面（木材、底漆、油漆）的THz图像可以揭示结构缺陷或油漆剥落状况，而木纹的THz图像也展示了IR-RTI所呈现油漆出现裂纹的原因[20]，正是由于THz的非侵入性截面成像技术，才有可能对肉眼可见但无法通过其他方法所确定的油漆层裂缝范围及延伸至其他亚层的裂缝深度进行评估，也可以对包含在两个石膏层间画布的传统复杂制作过程可视化。

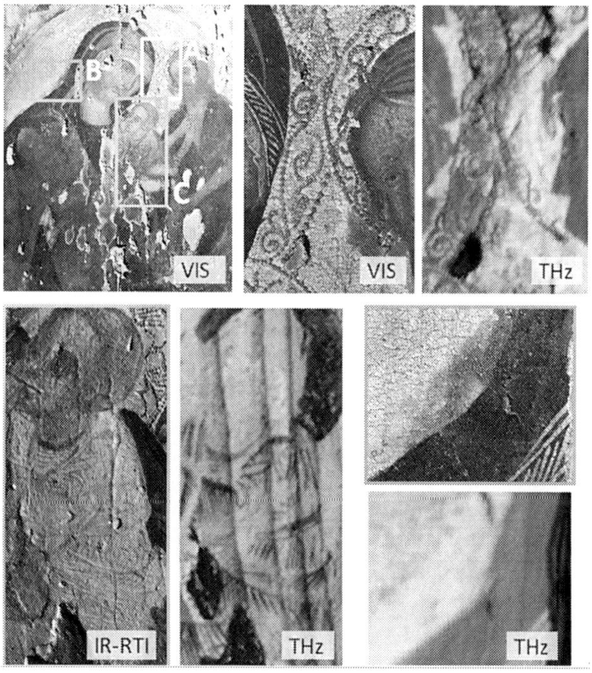

图3-11　西西里岛陶尔米纳公共图书馆的14世纪圣母与圣婴圣像（32cm×39cm×0.8cm）
该版画有了很大的损害，在对它保护修复前，分别使用THz和其他成像技术［VIS（摄影），IR-RTI（红外反射变换成像）］进行了病害检测。每个插图分别展示THz技术在板画检测中的具体应用：（A）镀金叶片边缘定位；（B）污垢和清漆下的镀金和镀金装饰的预清洗可视化；（C）结构状态的评估（界面木材制备）

（2）帆布绘画。文艺复兴早期，因为帆布价格便宜，而且可以折叠便于运输，画家们开始使用帆布来代替画板作为绘画的支撑。相对木板，帆布对THz光更加透明，2006年首次利用透射式THz-TDS对帆布画作进行了THz检测。THz辐射也被用来检测底稿、笔画的变化（经过修改或颜料遮盖的原来笔画再现）及被隐藏了的原始成分。虽然红外成像和X射线摄影是这类文物无损检测的首选方法，但

THz 技术具有相较红外辐射法更好的穿透性和 x 射线法所不具备的深度分辨率。第一次对底稿进行 THz 的检测可以追溯到 2008 年，Abraham 等人利用反射式 THz－TDS 成功检测了不同颜料覆盖下的石墨铅笔绘图。如图 3－12 所示，用棕土颜料绘制的底图通过反射式 THz－TDS 成像检测并清晰地显现出来[21]。石墨可以用红外成像检测，而棕色对红外透明，THz 检测效果更好。

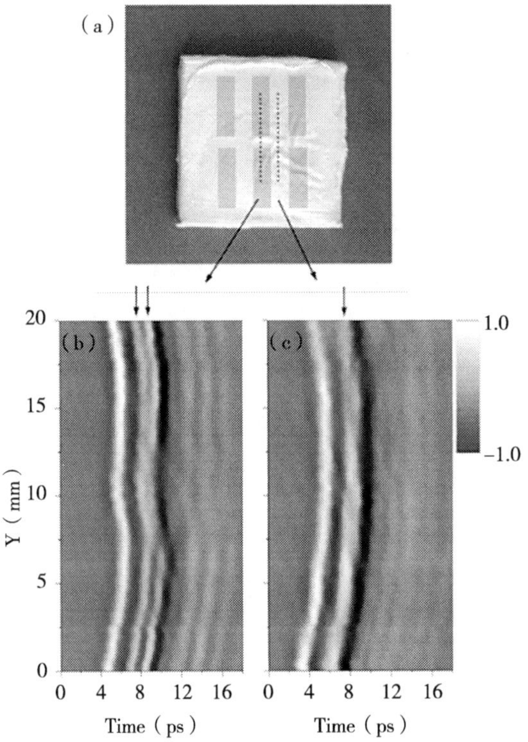

图 3－12　生棕土颜料的太赫兹图像

(a) 隐藏在铅白下面的六个生棕土颜料的前表面的照片。
虚线表示线扫描的位置，结果显示在图 (b) 和 (c) 中

(3) 石膏类壁画。自 2008 年，THz 成像可以穿透近 1cm 深度石膏的研究报道，便开启了对那些被粉刷成白色甚至覆盖了更厚一层灰泥壁画的研究。如图 3－13 是对 13 世纪的三个壁画现场检测图，可移动和紧凑的最新 THz－TDI 扫描仪可用于现场壁画的检测，皮秒脉冲被由裂缝、覆盖的漆层或插入石膏中的物体（如钉子）等所引起的折射率不连续层反射回探测器，可有效评估石膏的裂缝程度。特别是，THz 扫描被用于检测铅白粉刷的壁画，而此类壁画对于红外成像是不透明的[22]。

(4) 画布上的油画。其通常是由很薄的油画布和绘画层组成，为了无损地观

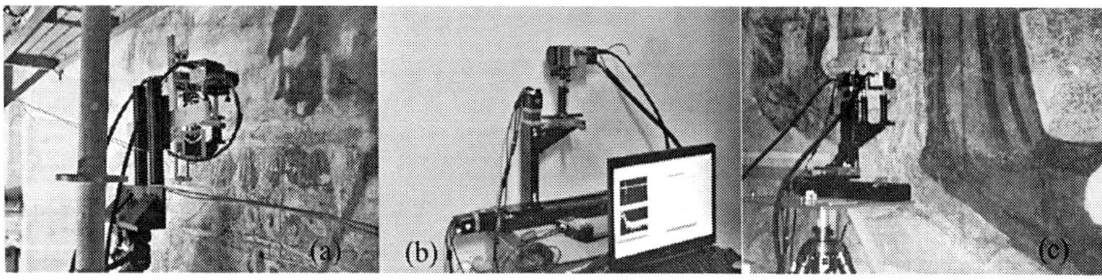

图 3-13　实验检测现场图

(a) 法国沙特尔大教堂；(b) 拉脱维亚里加圆顶大教堂；(c) 法国沙特尔杜瓦尔德 Bénédiction

察小于 0.2mm 厚度的绘画层结构，选择 THz 相干层析技术可能是各种无损检测方法中最有效的方法了。如图 3-14，利用 THz 脉冲时域成像技术对 1626 年西蒙·武埃的一幅油画《圣塞西利亚》进行检测，如图 3-14（a）所示，在面部区域识别出一些不可见的线条，这些线条显示了画作底层的痕迹。此外，这幅画的支撑物是由两片帆布缝合做成的一幅大画布，缝合部分已经成为一个表面有凸起的缺陷。文物修复师通过吸力台成功地将凸部向背面改造，从而产生凹面，如图 3-14（b）所示，修复结果在 THz 截面图像中清晰可见。而且两种布的表面信息也显示，网眼尺寸几乎相同，但深度略有不同[2]。

虽然通过科学检测可以揭示涂层结构和使用的材料类型，但实验数据不能告

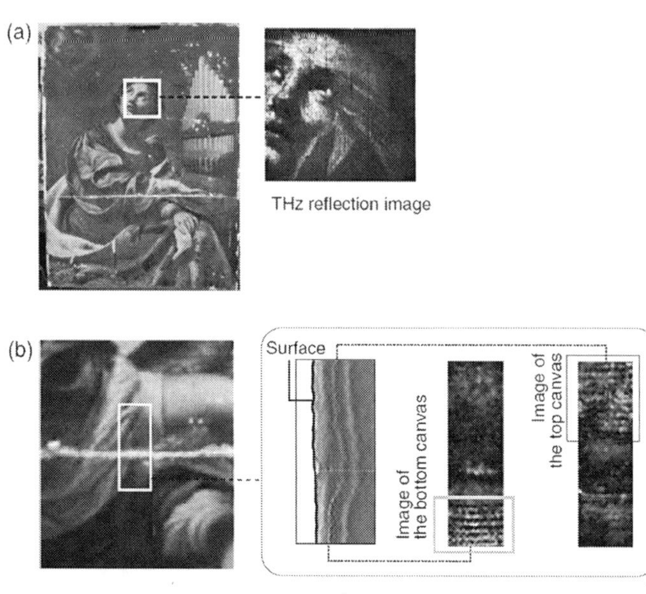

图 3-14　帆布油画《圣塞西莉亚》的 THz 脉冲时域成像图

(a) 脸部周围区域图像；(b) 两个画布之间连接部分的截面和表面图像

诉我们是谁添加了涂料。众所周知，毕加索经常重新绘制他的作品，并使用各种类型的艺术材料，包括为木匠准备的工业涂料。因此，要解决这些复杂问题，并更好地继续开展保护工作，就需要了解更多的历史背景资料。

3.2.2 其他类文物的太赫兹成像研究

（1）利用 THz 光对纺织品的穿透性，可将 THz 成像技术应用于研究艺术和考古用纺织品包裹的物体，如木乃伊，以检测其内部解剖特征。因为 THz 成像的对比度取决于材料的折射率，而不像 x 射线成像中的元素密度，所以增加了非电离辐射、便携性和互补性的优势。虽然 THz 辐射不像 X 射线（图 3 – 15）具有那么深的穿透深度，但它提供了接近表面的高对比度图像（图 3 – 16），有助于显示绷带的结构和保存状况以及置于内部的物体[23]。

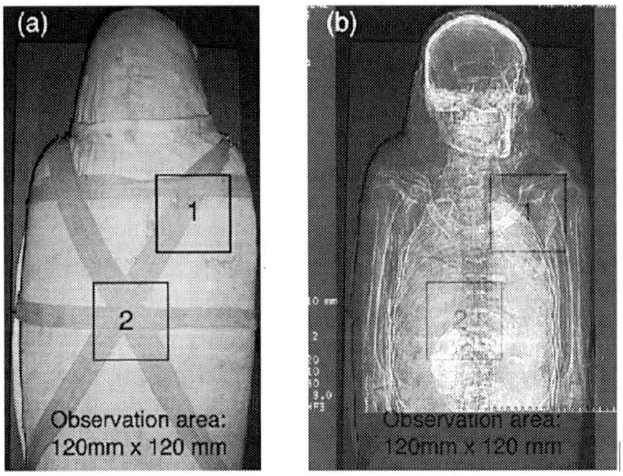

图 3 – 15　卡鲁歇尔木乃伊（MMA86. 1. 35，来自各种捐赠者的资金，1886 年）
卡鲁歇尔生活在埃及第 22 王朝（约公元前 945 – 712 年）（a）测试区域 1 和 2 的标注图，每个尺寸为 120mm × 120mm；（b）CT 扫描和摄影图像重叠图

（2）漆器家具是用多层复合漆进行装饰的物品，东亚艺术最重要的表达之一。它们深受西方国家的欣赏，对世界艺术和工艺产生了很大的影响。利用反射式 THz 成像系统可对其内部漆层、石膏及木制衬底进行检测和研究。Dandolo 组先后对丹麦皇家美术学院的欧式漆器仿制品、17 世纪晚期欧洲白色漆柜和一个 19 世纪的中国漆屏进行了成功的检测[24]。由图 3 – 17（c）可明显看到隐藏在表面之下的裂缝状况，而图 3 – 17（d）和（e）则显示出了后期修补的痕迹。

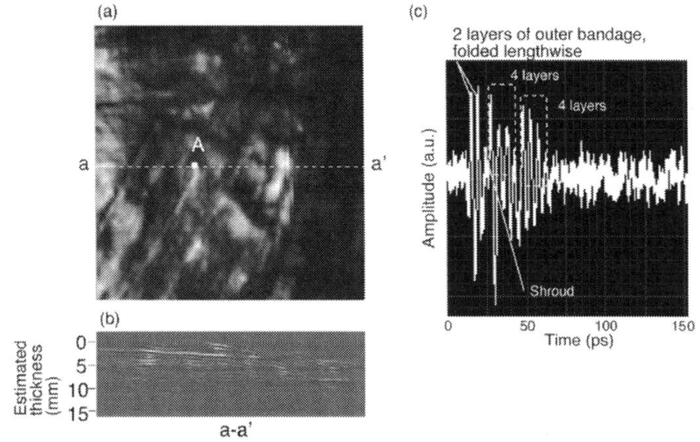

图 3-16　1 区卡鲁歇尔木乃伊的 THz 反射图像和输出信号波形

(a) 区域成像（C 扫描）；(b) a-a′线的横切面成像（B 扫描）；(c) a-a′线中点 A 所提取的 THz 波形

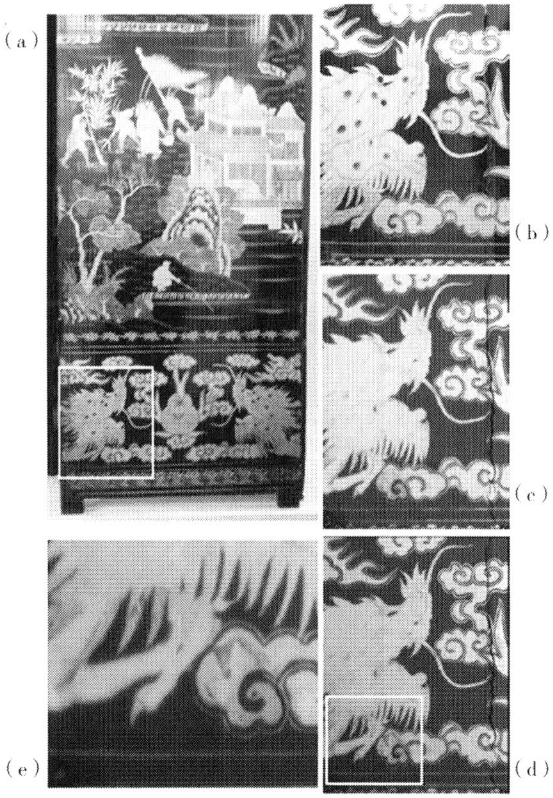

图 3-17　女王收藏的漆屏风

(a) 白色方块定位了第一个扫描区域；(b) 第一个扫描区域；(c) THz 峰峰图；(d) 将频率间隔分别为 0.06～0.28THz、0.53～0.65THz、0.86～0.93THz 置于红、绿、蓝通道实现的伪显色。白色方块表示异常区域；(e) 前图的相关细节

（3）通过多回波信号的 THz 成像无损分析方法、将 THz 成像与高频图像相结合的图像融合方法等可以对瓦块、陶瓷类物质的厚度和不规则形状进行精确测量。如 Labaune 组，应用 THz-TDS 对一个埃及陶罐进行了 THz 透射层析成像见图 3 - 18（a），通过三个不同扫描角度投影图像图 3 - 18（b - d）的分析得出在投影顶部附近所看到的黑色垂直线不是裂隙，而是陶罐内的某种物体[25]。

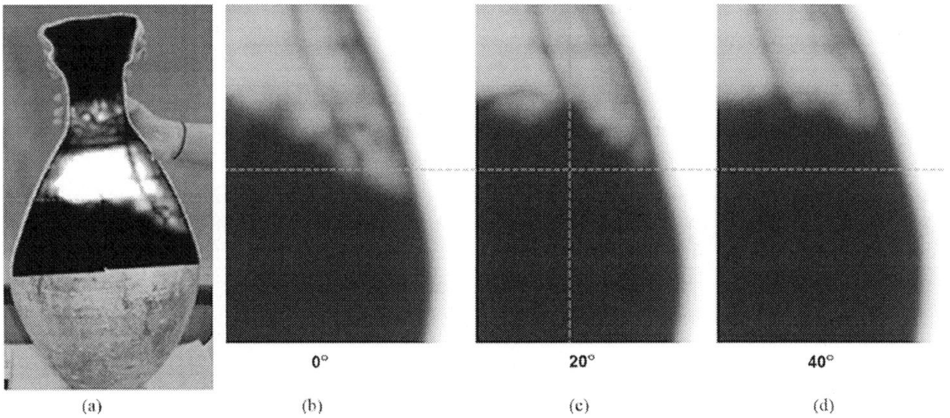

图 3 - 18　陶罐的太赫兹透射层析成像

（a）0°时密封的埃及陶罐的复合光学和 THz 透射图像。陶罐截面的透射投影角度为：（b）0°；（c）20°；（d）40°

（4）对于金属类文物，利用 THz 成像技术可对其腐蚀程度、铭文、隐藏形状、结构、材质等进行精确的无损评估和鉴别。如图 3 - 19 为分别利用 THz 回波成像法和定点光谱检测法对埃及博物馆的一尊青铜雕像进行检测的结果，并通过与 LIPS 元素深度剖面结果对应分析得出，随着铜氧化物腐蚀程度的增加，锡含量随之上升，而外源钙的含量下降[26]。

3.3　太赫兹技术在文物领域的应用展望

THz 辐射仍然是一个尚未开发完全的光谱范围，它为深入了解艺术品、寻找丢失文物、鉴定文物、勘探文物的劣化过程，以及改善绘画、壁画和其他文物的保护提供了一个潜在的重要新工具。对文物无损检测而言，使用电磁波谱中的 THz 部分主要有价值的技术特点：（1）无辐射风险，THz 辐射是非电离的，不会对健康构成风险。相对 x 射线技术在文物检测中的应用，但显然，THz 方法不会对使用者的健康和文物材料的安全产生负面的影响，也不需要辐射屏蔽室等特定设施，

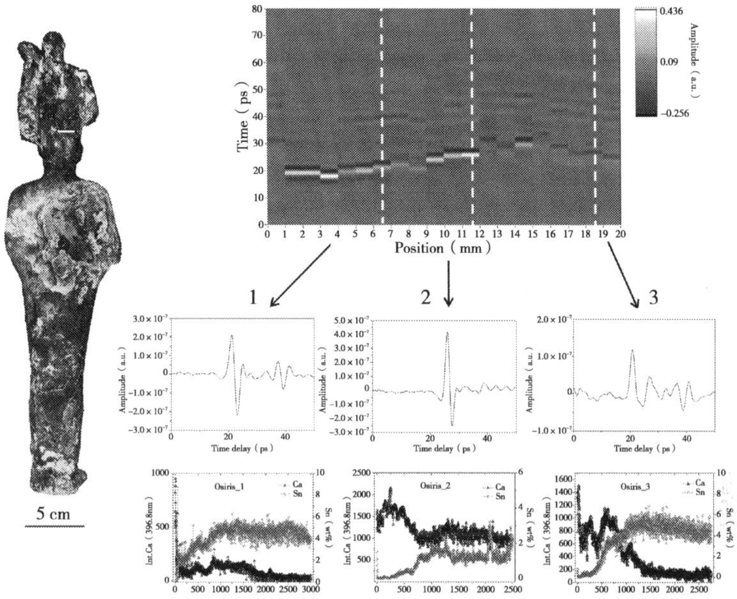

图 3 - 19　青铜雕像的太赫兹检测图

（左上）埃及青铜雕像（奥西里斯，inv. 5458）；（右上）由腐蚀层下的青铜和矿化区的高分层所反射的 THz 回波脉冲图像；（下图）三个不同腐蚀程度的 LIPS 元素深度剖面对应的 THz 测量结果

而且还可以保证高的信噪。（2）非接触式，可以工作在反射模式下且检测速度快。同时，随着脉冲激光器和其他光学元件以及整个 THz 系统成本的逐步下降，这为博物馆等文保单位的广泛使用创造了潜在条件。此外，研究设施中常见的相对笨重的 THz 实验站已经演变成商业的、手提箱大小的仪器，可以很容易地带进博物馆及不可移动文物进行现场检测，也可以很容易地从一个文保部门转移到另一个部门。

希望本书可以促进 THz 技术的研究、THz 专家与文物保护科学家的合作，以共同开发和改进用于文物保护领域的 THz 技术。在本综述的最后部分，尝试总结 THz 无损检测技术在文物保护领域的应用趋势和全面展望（见图 3 - 20）：（1）经济。THz 检测系统成本的进一步降低，促进文保单位的全面普及，直至 THz 检测也成为类似超声波、探地雷达等文物常规检测手段之一；（2）便携。THz 检测系统的小型化可以保证其检测，不再受文物所处环境和条件的限制，可以对露天文物、无法移动、无大平台等条件下的文物进行检测；（3）高效。结合大数据技术、人工智能预测模型建立等手段以实时显示 THz 检测结果，可大大提高文物精准检测效率、有效缩短为文物修复提供技术参考时间，进而加快文物修复方案制定和实施步伐；（4）融合。没有任何一种单一的检测手段，可以实现对文物的全面三维检测，所以未来的 THz 检测系统将具备与常规文物无损检测方法的高度兼容性。根据实际检测需求，灵活与其他检测仪器匹配，同时进行全方位定制式检测。

图 3 - 20　THz 无损检测技术在文物保护领域应用的未来展望

参考文献

[1] Doehne E, Price Clifford A. Stone Conservation: An Overview of Current Research [M]. California: The Getty Conservation Institute, 2010.

[2] Fukunaga K. THz Technology Applied to Cultural Heritage in Practice [M]. Tokyo: Springer, 2016.

[3] Tonouchim. Galore new applications of terahertz science and technology [J]. Terahertz Sci. Technol., 2009, 2 (3): 90 - 101.

[4] Infrared Raman Users' Group website, http://www.irug.org/.

[5] Price B A, Pretzel B, Lomax S Q, et al. Revised JCAMP - DX spectral file format for submissions to the infrared Raman Users Group (IRUG) spectral database, http://mal.irug.org/.

[6] Fukunaga K, Picollom. Terahertz spectroscopy applied to the analysis of artists' materials [J]. Appl. Phys. A, 2010, 100 (3): 591 - 597.

[7] Bandyopadhyay A, Sengupta A, R. B. Barat, et al. Effects of scattering on THz

spectra of granular solids [J]. Int. J. Infraredmilli. Waves, 2007, 28 (11): 969 -978.

[8] Fukunaga K, Hosako I, Kohdzuma Y, et a1. Terahertz analysis of an East Asian historicalmural painting [J]. J Eur Opt Soc - Rapid, 2010, 5 (5): 10024.

[9] Mizuno M, Fukunaga K, Saito S, et a1. Analysis of calcium carbonate for differentiating between pigments using terahertz spectroscopy [J]. J Eur Opt Soc - Rapid, 2009, 4 (9): 09044.

[10] Fukunaga K, Ogawa Y, Hayashi S, el a1. Application of terahertz spectroscopy for character recognition in amedievalmanuscript [J]. IEICE Electro. Express, 2008, 5 (7): 223 -228.

[11] Yamamoto K, Fukunaga K, Mizunom, et a1. Examination of pigments by using FT—THz [C] // 2010 35th International Conference on Infrared, Millimeter, and Terahertz Waves. Rome, Italy: [s. n.], 2010: 1 -4.

[12] Krügener K, Schwerdtfegerm, Busch S, et al. Terahertzmeets sculptural and architectural art: Evaluation and conservation of stone objects with T - ray technology [J]. Sci. Rep., 2015, 5 (1): 14842.

[13] Meng T H, Du R Q, Hou Z, et al. THz spectra - based SVM predictionmodel for Yungang Grottoes sample [J]. J. Archaeol. Sci., 2015, 55 (3): 280 -285.

[14] Meng T H, Huang R, Lu Y H, et al. Highly sensitive Terahertz non - destructive testing technology for stone relics deterioration prediction using SVM - basedmachine learningmodels [J]. Heritage Sci., 2021, 9 (24): 9.

[15] Skryl A S, Jackson J B, Bakunovm I, et al. Terahertz time - domain imaging of hidden defects in wooden artworks: application to a Russian icon painting [J], Appl. Opt., 2014, 53 (6): 1033 -1038.

[16] Bardon T, May R K, Taday P F, et al. material characterization of historical parchment using terahertz time - domain spectroscopy [C] // Proceedings of the 2014 39th International Conference on Infrared, Millimeter, and Terahertz waves. Tucson, AZ: [s. n.], 2014: 1 -2.

[17] Bandyopadhyay A, Sengupta A A. Review of the Concept, Applications and Im-

plementation Issues of Terahertz Spectral Imaging Technique [J]. IETE Tech. Rev., 2022, 39 (2): 471-489.

[18] Bardon T, May R K, Jackson J B, et al. Contrast in terahertz images of archival documents—part I: Influence of the optical parameters from the ink and support [J]. J. Infraredmilli Terahz Waves, 2017, 38 (4): 443-466.

[19] Koch Dandolo C L, Cosentino A, Jepsen P U. Inspection of panel paintings beneath gilded finishes using terahertz time-domain imaging [J]. Stud. Conserv., 2015, 60 (S1): 159-166.

[20] Cosentino A, Koch Dandolo C L, Cristaudo A, et al. Diagnostics pre and post Conservation on a 14th Century Gilded Icon from Taormina, Sicily [J]. E-conservation Journal, 2015, 3 (1): 27-40.

[21] Adam A J L, Planken P Cm, Meloni S, et al. Terahertz imaging of hidden paint layers on canvas [J]. Opt. Express, 2009, 17 (5): 3407-3416.

[22] Walker G C, Jackson J B, Giovannacci D, et al. Terahertz analysis of stratified wall plaster at buildings of cultural importance across Europe [C] // Proceedings of the Optics for Arts, Architecture, and Archaeology IV. munich, Germany: [s. n.], 2013: 8790.

[23] Cortes E, Cosentino A, Duling I N, et al. Investigating the use of terahertz pulsed time domain reflection imaging for the study of fabric layers of an Egyptian-mummy [J]. J. Eur. Opt. Soc. Rapid Publ., 2011, 6 (6): 11040. doi: 10.2971/jeos.2011.11040.

[24] Dandolo C L K, Mogensen J B, Christensenm C, et al. Frequency analysis of terahertz time-domain (THz-TDI) imaging of a XIX century Chinese lacquered screen [C] // 41st International Conference on Infrared, Millimeter, and Terahertz waves. Copenhagen, Denmark: [s. n.], 2016: 1-4.

[25] Labaune J, Jackson J B, Fukunaga K, et al. Investigation of Terra Cotta artefacts with terahertz [J]. Appl. Phys. A: mater. Sci. Process, 2011, 105 (1): 5-9.

[26] 孟田华，赵国忠，王浩航等. 太赫兹无损检测在文物保护领域的研究进展 [J]. 太赫兹科学与电子信息学报，2023，21 (02)：157-175.

4 太赫兹光谱技术

太赫兹（Terahertz，简称 THz）频率范围 0.1～10THz，位于电磁波谱中毫米波到红外线之间，正好处于宏观电子学向微观光子学过渡的频域区间。受 THz 辐射产生与探测物理机理的限制，该频段是国际上尚未充分研究开发但极具学术和应用价值的"频谱资源"。THz 波因具有频率高、频带宽、相干性好、穿透能力强、易于反隐身、指纹谱以及低光子能量等一系列优良特性，使得位于该频段的国防装备、电子系统和科研仪器在高速率数据传输、大容量通信、高分辨成像、高精度测控、隐藏物体探测、医学检测与诊断、材料结构分析生物谱和化学谱研究等方面具有非常重要的技术应用特色和广阔的科学发展前景。

本章首先总体介绍了太赫兹时域光谱技术的特性，接着详细阐述了常见的透射式太赫兹时域光谱系统、反射式太赫兹时域光谱系统等的结构，在此基础上，进一步分析了常见太赫兹时域光谱提取被测物光学常数的原理。为文物的太赫兹光谱检测技术奠定理论分析基础。

4.1 太赫兹时域光谱技术

太赫兹时域光谱（THz-TDS）技术是太赫兹光谱技术的典型代表，是一种新兴的、非常有效的相干探测技术，相较红外、拉曼光谱技术具有如下特性[1,2]：

（1）THz-TDS 系统对黑体辐射不敏感，在小于 3THz 时信噪比可高达 10^4，该值远远高于傅里叶变换红外光谱技术，而且其稳定性也较好。

（2）由于 THz-TDS 技术可以有效地探测材料在 THz 波段的物理和化学信息，可对材料进行定性鉴别，而且整个检测过程是无损的。

（3）利用 THz-TDS 技术可以方便、快捷地获得多种材料如：电介质、半导体、气体分子、生物大分子（蛋白质、DNA 等）、超导材料等材料的振幅和相位信息[3-8]。

（4）在导电材料中，THz 辐射能够直接获取载流子的信息，THz-TDS 的非接触性测量比基于 Hall 效应进行的测量更方便、有效。此外，THz-TDS 技术已经在半导体和超导体材料的载流子测量和分析中发挥出了重要的作用。

（5）基于 THz 辐射的瞬态性，THz-TDS 技术可以用于时间分辨的测量。

此外，THz-TDS 技术还具有宽带、探测灵敏度高，以及能在室温下稳定工作等优点，所以它可以广泛地应用于样品的探测。

4.2 太赫兹时域光谱系统

THz-TDS 系统是基于相干探测技术的太赫兹产生与探测系统[9]，能够同时获得太赫兹脉冲的振幅信息和相位信息，通过对时间波形进行傅立叶变换，能直接得到样品的吸收系数和折射率、透射率等光学参数。THz-TDS 有很高的探测信噪比和较宽的探测带宽，探测灵敏度高，可以广泛应用于多种样品的探测。

THz-TDS 系统可分为透射式、反射式、差分式、椭偏式等，其中最常见的为透射式和反射式 THz-TDS 系统。典型的 THz-TDS 系统如图 4－1 所示，它主要由飞秒激光器、太赫兹辐射产生装置及相应的探测装置，以及时间延迟控制系统和数据采集与信号处理系统组成。目前，在 THz-TDS 技术中常用来产生太赫兹脉冲的方法主要有三种：光导天线、半导体表面辐射和光整流，而相应的探测方法也主要有三种：热辐射计、光导开关和电光取样。

图 4－1 为几种市面上商业化的 THz-TDS 的产品。图 4－1（a）是一个日本最古老的产品（Rayfact，Tochigi Nikon，Tochigi，Japan），这个系统可以由研究人员进行修改。图 4－1（b）是由一家与制药公司合作多年的公司研发的产品（TeraPulse 4000，TeraView，Cambridge，UK），图 4－1（c）是由一个学术机构的衍生公司研发的产品（Terasys 4000，Rainbow Photonics，Zurich，Switzerland）。尽管市场上有各种类型的 THz-TDS 系统，而且这些系统没有标准的评估方法，甚至功率测量方法也没有国际标准化。但近年来，德国物理技术研究院（PTB）在光学研究领域开展了基于基础计量研究的 TDS 系统校准服务；日本国家信息和通信技术研究所（NICT）为太赫兹检测样品的制作，噪声消除和评价的不确定度提供了一个实用的用户指南；英国国家物理实验室正在与包括美国国家标准与技术研究所（NIST）和 NICT 在内的标准机构合作，对 THz-TDS 系统进行相互比较测试，这项国际活动有助于建立 THz-TDS 系统的验证协议[10]。

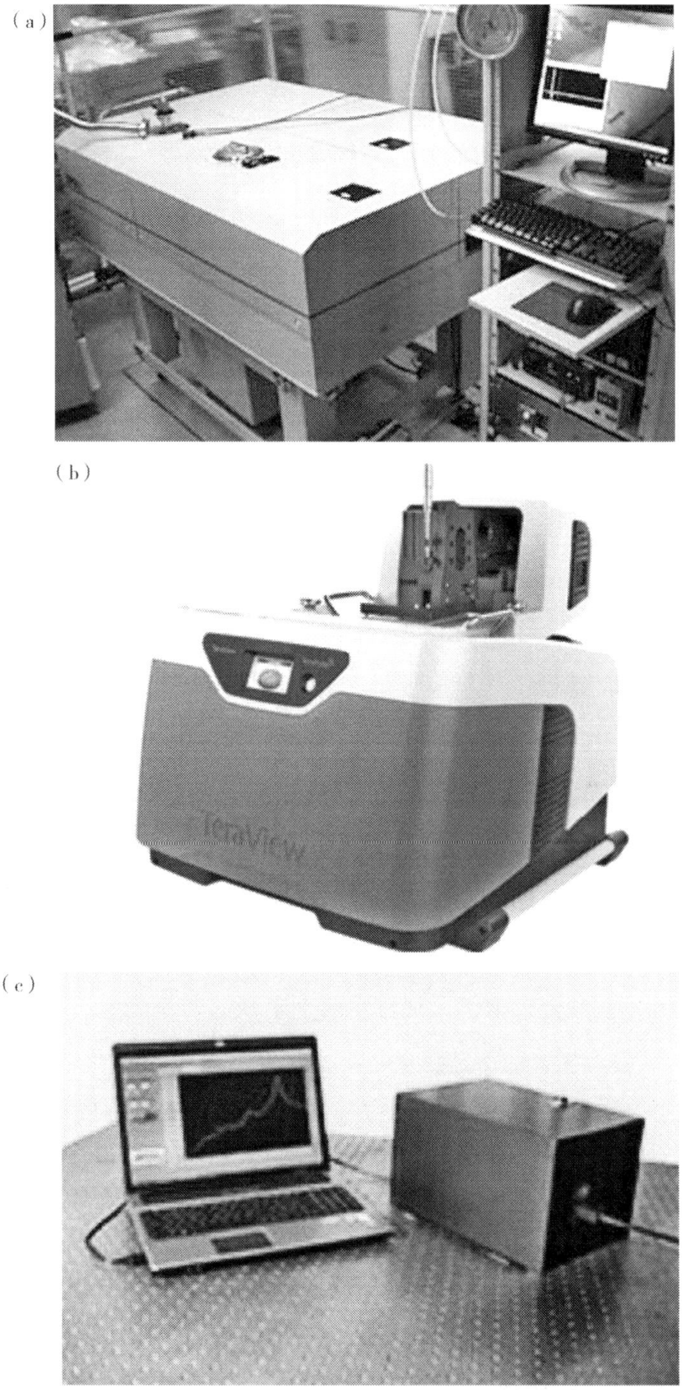

图 4－1　几种商业化 THz-TDS 系统

4.2.1 透射式太赫兹时域光谱系统

如图4-2所示，为典型的透射式THz-TDS系统，可测得含有样品信息的太赫兹透射脉冲。该系统采用InAs作为发射极，使超快激光脉冲通过InAs时产生的光整流效应（差频）来辐射THz电磁波脉冲；通过ZnTe晶体利用电光采样的方法测量THz波信号。系统所用激发光源是飞秒脉冲激光器，相关参数为：中心波长810nm，脉宽100fs，重复频率82MHz，最大输出功率0.66W。飞秒激光经反射镜M1进入光路，通过半波片（HWP）调节激光的偏振，然后照射到分束器（PBS）后分成泵浦和探测两束激光。其中，探测光经反射镜M6～M9、透镜L2、反射镜M10～M11、偏振片P，透过硅片后与THz波共同聚焦到厚度为1mm <100> 方向的ZnTe探测晶体上；而泵浦光经斩波器、电动平移台上的反射镜M2和M3（调节光程差）、反射镜M4～M5、透镜L1，聚焦到InAs晶体上由基于光整流效应产生的THz波，通过抛物面镜PM1准直成平行光，再经高反射率的镀金抛物面镜PM2反射聚焦到被测样品上。携带有样品信息的THz波，再经抛物面镜PM3和PM4重新准直和聚焦，穿过硅片与探测光重合，然后一起聚焦到ZnTe晶体上。在THz电场的作用下ZnTe晶体会产生电光效应，对应晶体的折射率椭球发生改变，探测光的偏振方向随之发生改变，而偏振方向的改变则反映THz波电场的复振幅。探测光透过四分之一波片（QWP）后，被透镜L3聚焦到渥拉斯顿棱镜（PBS）后输出两束偏振方向相互垂直的光，他们分别打在两个串联的硅基光电二极管（双眼探头，Detector）上，就会产生nA级的差分电流，并由锁相放大器获取，由于此差分电流的幅值与THz电场强度成正比，所以通过处理此电流信号以得到THz的信号。实验过程中，由计算机通过控制电动平移台来调整THz光与探测光之间的光程差，使用逐点扫描的方法得到THz脉冲的整个时域波形。实验时为了避免水蒸气对THz辐射的吸收，在图中虚线所框部分充入纯度为99.999%的氮气，这样一方面可以提高光源的稳定性，另一方面可以提高系统的信噪比。湿度降到4%以下后，就可以开始实验测量了。使用Labview编写控制软件来获取时域数据，利用Matlab和Origin软件处理实验数据。

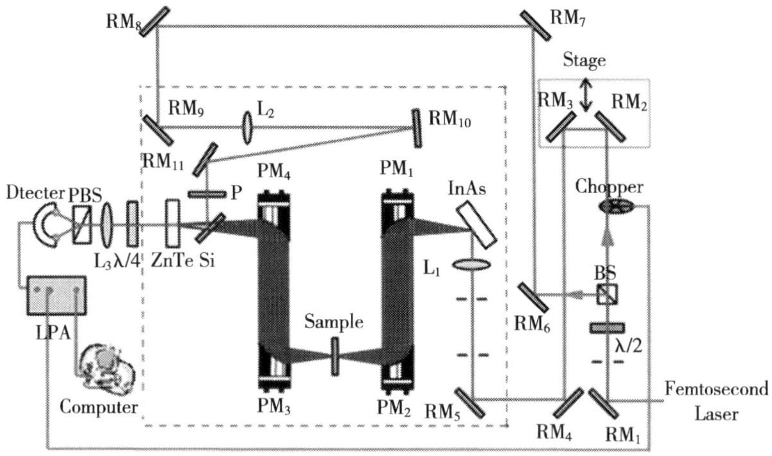

图 4－2　典型的透射式 THz-TDS 系统

4.2.2　反射式太赫兹时域光谱系统

一个代表性反射式 THz－TDS 系统结构如图 4－3 所示，飞秒激光器（钛宝石激光器，脉冲宽度 12fs，中心波长 790nm，光谱宽度 109～111nm，重复频率 76MHz，输出功率 550m W）所产生的飞秒激光经过分束片（BS）分成两束：泵浦光和探测光。泵浦光经过聚焦入射到偏置的光电导天线上产生 THz 辐射。光电导天线使用低温 GaAs（LT－GaAs）作为基底，其上蒸镀金作为电极，两电极间距为 500μm，电极两端施加 45V 的偏置电压，重复频率为 20KHz。泵浦光照射到两电极中间的狭缝，产生光生载流子（电子—空穴），光生载流子在偏置电场的作用下向两极运动，辐射出 THz 脉冲。光电导天线辐射出的 THz 脉冲由一对离轴抛物面镜收集并聚焦到样品表面，样品表面反射的 THz 脉冲由另外一对离轴抛物面镜收集并聚焦到晶面取向为（110）的 ZnTe 晶体上。同时，探测光与 THz 脉冲共线照射到 ZnTe 晶体上，THz 脉冲使得 ZnTe 晶体产生非线性效应，其折射率椭球发生变化，探测光受到调制，偏振状态发生变化。调制后的探测光经过 1/4 波片（QWP）、渥拉斯顿棱镜（WP）分成两束偏振状态垂直的光，照射到平衡探测器上。平衡探测器得到的信号经过锁相放大器得到 THz 脉冲某一时刻的信号，通过调整在探测光路上的延迟线可以得到整个 THz 脉冲的时域波形。

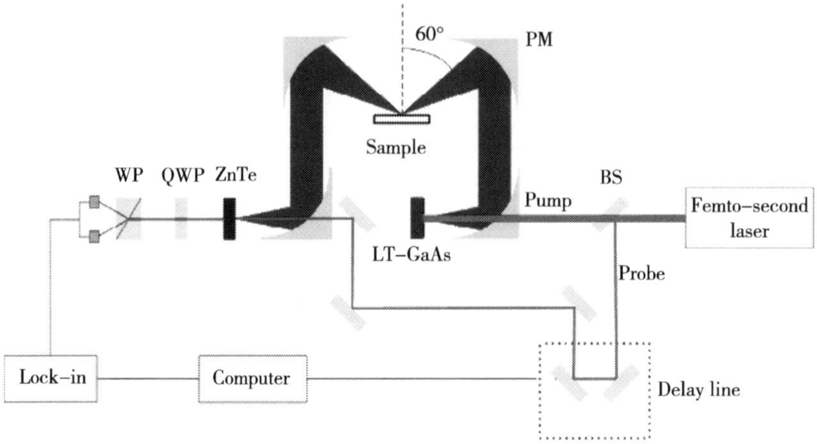

图 4-3　典型的反射式 THz-TDS 系统

4.2.3　其他太赫兹时域光谱系统

THz-TDS 技术还包括泵浦探测技术以及基于连续波（CW）太赫兹辐射的相关 THz-TDS 技术[11]。太赫兹发射光谱技术是直接探测由样品所激发产生的太赫兹脉冲辐射方法。由前文可知，样品在被超短飞秒脉冲激发之后所辐射出的太赫兹脉冲包含了关于瞬态电流强度或极化强度的信息。通过直接测量太赫兹脉冲辐射可以研究样品中的超快过程，从而得到样品的各种性质。这种技术可以用于研究量子结构、半导体表面、等离子体、磁场在载流子动力学中的影响等等。

泵浦探测技术是利用延迟的太赫兹脉冲来探测样品，研究样品在超短强激光脉冲激发下的反应函数，该项技术是基于透射式光谱系统发展而来的，所不同的是在样品上加一束激发光。此项技术可成功地用于半导体、超导体和液体中载流子动力学的研究。

4.3　太赫兹时域光谱提取被测物光学常数原理

被测物的光学常数是用来表征材料宏观光学性质的物理量，是进行其他各项研究工作的基础。利用 THz-TDS 技术可以很方便地提取被测物在 THz 频段范围的光学常数[12]。以下具体介绍常用的基于 T. D. Dorney 和 L. D. Duvillaret 等人提出的 THz 时域光谱技术提取材料光学参数的物理模型。

4.3.1 透射式太赫兹提取被测物光学常数原理

在时域光谱系统中可测得含有样品信息的太赫兹透射脉冲 $E_{sam}(t)$ 和不含样品信息的参考脉冲 $E_{ref}(t)$，然后分别对它们进行傅立叶变换，将它们转换到频域中的复值 $\tilde{E}_{sam}(\omega)$ 和 $\tilde{E}_{ref}(\omega)$ ，可求出它们的比值为：

$$H(\omega) = \frac{\tilde{E}_{sam}(\omega)}{\tilde{E}_{ref}(\omega)} = \left|\sqrt{T(\omega)}\right|\exp\left\{-i\left[\Delta\varphi(\omega) - \frac{\omega}{c}d\right]\right\}$$

$$= \frac{4\tilde{n}(\omega)}{[\tilde{n}(\omega)+1]^2} \frac{\exp\left\{-i[\tilde{n}(\omega)-1]\frac{\omega}{c}d\right\}}{\cdot 1 - \frac{[\tilde{n}(\omega)-1]^2}{[\tilde{n}(\omega+1)]^2}\exp\left[-i2\tilde{n}(\omega)\frac{\omega}{c}d\right]} \tag{1}$$

其中，$\tilde{n}(\omega) = n(\omega) - ik(\omega)$ 是复折射率，$T(\omega)$ 为所测得的透射率，$\Delta\varphi(\omega)$ 表示固有的相移，而 d 和 c 则分别表示被测样品的厚度和真空中的光速。

从实验中我们可以测得 $\sqrt{T(\omega)}$ 和 $\Delta\varphi(\omega)$ ，然后由它们可以求出 $n(\omega)$ 和 $k(\omega)$ 。

根据所得到的复折射率，很容易能够将其转换为复相对介电常数（也可以是复介电常数）$\tilde{\varepsilon}(\omega) = \varepsilon_1(\omega) - i\,\varepsilon_2(\omega)$ ，或者是复电导率 $\tilde{\sigma}(\omega) = \sigma_1(\omega) - i\,\sigma_2(\omega)$ 。它们之间的关系是：

$$\tilde{\varepsilon}(\omega) = \tilde{n}^2(\omega),\ \sigma_1(\omega) = \varepsilon_0\omega\,\varepsilon_2(\omega),\ \sigma_2(\omega) = -\varepsilon_0\omega[\varepsilon_1(\omega) - \varepsilon_\infty] \tag{2}$$

其中，ε_∞ 为物质在足够高的频率条件下的介电常数，ε_0 为物质在自由空间的介电常数。

当样品厚度较厚时，THz 脉冲在被测物中往返一次的光程较大，此时可以忽略回波的影响，复透射函数可以简化为：

$$H(\omega) = \frac{\tilde{E}_{sam}(\omega)}{\tilde{E}_{ref}(\omega)} = \left|\sqrt{T(\omega)}\right|\exp\left\{-i\left[\Delta\varphi(\omega) - \frac{\omega}{c}d\right]\right\} \tag{3}$$

而当被测物非常薄时，吸收很弱，可以忽略吸收。此时，$\tilde{E}_{sam}(\omega)$ 与 $\tilde{E}_{ref}(\omega)$ 的

差别很小，所得振幅变化值也很小，容易淹没在噪声里，所以，需要 THz-TDS 系统的稳定性和信噪比很高时，才可以精确测出被测物的 THz 光学常数，如折射率 n(ω)，消光系数 $k(\omega)$ 。也可以通过双调制技术的差分型 THz-TDS 方法获得比较精确的光谱数据，但最好的办法，还是使用反射式 THz-TDS 系统。

4.3.2 反射式太赫兹提取被测物光学常数原理

当被测物是光厚介质（如重掺杂载流子的半导体）时，则需要使用反射式 THz-TDS 来对其进行测量。将从样品上和反射镜上所测得的脉冲信号 $E_{sam}(t)$ 和 $E_{ref}(t)$ 进行傅立叶变换后，可得到各自的复数值分别为 $\tilde{E}_{sam}(\omega)$ 和 $\tilde{E}_{ref}(\omega)$ 。在垂直入射的条件下，它们的比值为

$$\frac{\tilde{E}_{sam}(\omega)}{\tilde{E}_{ref}(\omega)}=\frac{\left|\sqrt{R(\omega)}\right|\exp[-i\Delta\varphi(\omega)]}{\left|\sqrt{(\omega)}\right|\exp[-i\Delta\,\varphi_{ref}(\omega)]}=\frac{[1-\tilde{n}(\omega)][1+\tilde{n}(\omega)]}{[1+\tilde{n}(\omega)][1-\tilde{n}_{ref}(\omega)]} \tag{4}$$

上式中 $\tilde{n}_{ref}(\omega)$ 表示反射镜的折射率。这里还要求反射镜的表面和样品放置在同一水平面上，稍微错位就会导致相位变化很大，所以它们之间的误差要尽量减小到 1μm 以下。如果考虑样品内部多次反射的情况，则上式可变为：

$$\frac{\tilde{E}^R_{sam}(\omega)}{\tilde{E}^R_{ref}(\omega)}=\frac{[\tilde{n}(\omega)^2-1]\left\{1-\exp\left[-2i\frac{\omega}{c}\tilde{n}(\omega)d\right]\right\}}{[\tilde{n}(\omega)+1]^2-[\tilde{n}(\omega)-1]^2\exp\left[-2i\frac{\omega}{c}\tilde{n}(\omega)d\right]}\times$$

$$\frac{[\tilde{n}_{ref}(\omega)+1]^2-[\tilde{n}_{ref}(\omega)-1]^2\exp\left[-2i\frac{\omega}{c}\tilde{n}_{ref}(\omega)d\right]}{[\tilde{n}_{ref}(\omega)^2-1]\left\{1-\exp\left[-2i\frac{\omega}{c}\tilde{n}_{ref}(\omega)d\right]\right\}} \tag{5}$$

其中，在反射测量中的错位问题可以将 THz-TDS 技术、衰减全反射（ATR）和椭圆计法结合起来予以解决。

反射式 THz-TDS 系统在实验技术上要求比较高。这是因为扫描参考信号时，样品架的位置应该放上与样品的表面结构基本一样的金属反射镜，而且要求反射镜的位置和样品的位置严格复位。这就加大了样品、样品架及用作参考的金属反射镜的制作难度。它的参数提取方法与透射式系统相比也有共通之处。

4.3.3 被测物其他参数的提取原理

目前，THz 时域光谱技术的数据处理方法大多采用傅里叶（Fourier）变换的方法。即通过对时域信号进行 Fourier 变换后转化为频域谱，进一步推导出被测物的折射率、吸收系数、复介电常数等光学参数随频率的变化关系。但是，Fourier 变换有一个严重的缺陷是在变换中丢失了时间信息，无法反应频域特性随时间变化的信息。小波变换（wavelet-transform）方法具有良好的时间域和频率域局部化特性，采用逐渐精细的时域和频域步长，可以聚焦到被测物的任意细节，具有很多 Fourier 变换不可比拟的优点。

小波变换是把待分析的信号分解成由原始小波经过移位和缩放后的一系列小波。在此适合于各种应用的子小波是小波变换的基函数，它是由选定的适合于各种应用的子小波是小波变换的基函数，它由选定的适合于各种应用分析的母小波函数经过移位和缩放而得到。Gabor 小波具有最高的时间—频率分辨率，如果选 Gabor 小波作为小波母函数，其可以表示为：

$$\text{Ø}(t) = e^{(-\frac{t2}{2\sigma2}+i2\pi t)/(\pi\sigma^2)^{1/4}} \tag{6}$$

子小波是由母小波经过伸缩和平移而来，即：

$$\text{Ø}(t) = \frac{1}{\sqrt{\alpha}}\text{Ø}\left(\frac{t-\tau}{\alpha}\right) \tag{7}$$

其中，α 为尺度因子，τ 为平移因子。小波变换是待变换信号 f(t) 与具有良好局部化性质的小波函数 $\phi_{\alpha,\tau}(t)$ 作内积，即：

$$W(\alpha,\tau) = \int f(t)\,\text{Ø}^*_{\alpha,\tau}(t)dt = \frac{1}{\sqrt{\alpha}}\int_{-\infty}^{+\infty} f(t)\,\text{Ø}^*\left(\frac{t-\tau}{\alpha}\right)dt \tag{8}$$

其中，$\text{Ø}^*_{\alpha,\tau}(t)$ 是子小波函数 $\phi_{\alpha,\tau}(t)$ 的复共轭，f(t) 即为要分析的 THz 波时域光谱信号。这样定义的标准小波变换公式对所分析的信号 f(t) 具有频率偏向性。为消除频率偏向，用一个新的小波变换定义，表示为：

$$W(\alpha,\tau) = \frac{1}{\alpha}\int_{-\infty}^{+\infty} f(t)\text{Ø}^*\left(\frac{t-\tau}{\alpha}\right)dt \tag{9}$$

用 Gabor 小波作为母小波函数时，尺度因子 α 与电磁辐射的频率 ν 之间的关系为：

$$\nu = 2\pi/\alpha \tag{10}$$

因此，式（9）的小波变换可以写作二维的时间－频率表达式：

$$W(\nu,\tau) = \frac{\nu}{2\pi}\int_{-\infty}^{+\infty} f(t)\text{Ø}^{*}\left(\frac{(t-\tau)\cdot\nu}{2\pi}\right)dt \tag{11}$$

该式表明小波变换可以将给定的 THz 时域光谱信号在二维时间－频率平面上展开，在这个平面上更能直观地反映出 THz 频谱的时域分布信息。可以将其用于对 THz 时域光谱信号的频谱分析，所得结果包含了时间信息和频率信息的二维信息，可以直观清楚地分辨出每一时刻的频谱成分。此外，Fourier 变换的频率精度与时域信号在一定数据步长的总数据值成正比，一般为了提高频率的分辨率，需要作补零处理。而小波变换具有良好的时间域和频率域局域化特性，采用了逐渐精细的频率域步长，可以聚焦到分析对象的任意频率细节。所以，相对于 Fourier 变换，在 THz－TDS 系统中采用小波变换的数据处理方法，不但可以得到更多的样品信息，还可以多选择地得到分辨率更高、对比度更大的 THz 频谱信息。

参考文献

[1] 孟田华．两种亚波长分形结构的太赫兹透射光谱特性研究［D］．首都师范大学，2009.

[2] 孟田华，赵国忠．太赫兹时域光谱技术．山西大同大学学报（自然科学版），2007，23（3）：14－17.

[3] 孟田华，赵国忠，张存林．亚波长分形结构太赫兹透射增强的机理研究．物理学报，2008，57（6）：3846－3852.

[4] 孟田华，赵国忠．椭圆金环结构的太赫兹透射增强研究．光子学报，2013，42（9）：1061－1064.

[5] Tianhua Meng，Lijuan Dong，Chengquan Yang，Yuhe Lu，Yunlong Shi，Guozhong Zhao. Transmission enhancement of the ellipse gold split rings. Proc. SPIE，2015，9625.

[6] Tianhua Meng，Dan Hu，Hongyan Wang，Xiwei Zhang，Zhenjie Tang. Theoretical investigation of a five－band terahertz absorber based on an asymmetric split－ring resonator. Applied Optics，2017，56（34）：9601－9605.

[7] Tianhua Meng, Dan Hu, Qiaofen Zhu. Design of a five – band terahertz perfect metamaterial absorber using two resonators. Optics Communications, 2018, 415: 151 –155.

[8] Meng Tianhua, Zhao Guozhong, Liu Hongmei, Li Wenyu, Feng Caixia, Hu Weidong. 3D flexible displacement sensor for highly sensitive movement measurement assisted by the terahertz imaging system. Front. Mater. , 2022. 9: 957909.

[9] Yunshik Lee; Principles of Terahertz Science and Technology, Springer, 2009.

[10] Fukunaga K. THz Technology Applied to Cultural Heritage in Practice [M]. Springer, 2016.

[11] 张存林等. 太赫兹感测与成像 [M]. 北京: 国防工业出版社, 2008.

[12] 许景周, 张希成. 太赫兹科学技术和应用 [M]. 北京: 北京大学出版社, 2007.

5

太赫兹成像技术

THz 波可以穿透大多数非极性的电介质，因此它适用于做成像的载波来进行安全检查或质量控制等。THz 成像的基本原理是利用 THz 成像系统（图 5－1）得到样品的透射谱和反射谱的信息，透射谱或反射谱均包含了样品的振幅信息和相位信息，将所得到的样品信息进行处理，得到被测物的 THz 图像。相比于其他成像技术，THz 成像有着相位敏感的光谱成像能力，这个特点能实现材料的鉴别以及“功能性成像”，对于一些介电物质的成像，比如纸、陶瓷、塑料等，在光学波段这些材料是不透明的，在 X 射线波段这些材料对比度很低，但由于这些材料对 THz 波的吸收几乎为零，且不同材料的折射率不同，对应其在 THz 波段的相位也不同，可以分辨出不同的材料[1]。THz－TDS 系统所采集到的数据是三维数据，这个三维数据包含了 x 轴和 y 轴组成的二维空间数据以及一维的时间轴数据，将这个三维数据进行处理就能获得被测物的 THz 图像。THz 图像的重构方法主要有五种：飞行时间成像、时域的峰值成像和最大最小值成像、特定频率的振幅（或相位）成像、功率谱成像、脉宽成像。目前常用的 THz 成像技术有：THz 实时焦平面成像、THz 波计算机辅助层析成像、THz－TDS 逐点扫描成像、近场成像以及连续 THz 波成像。

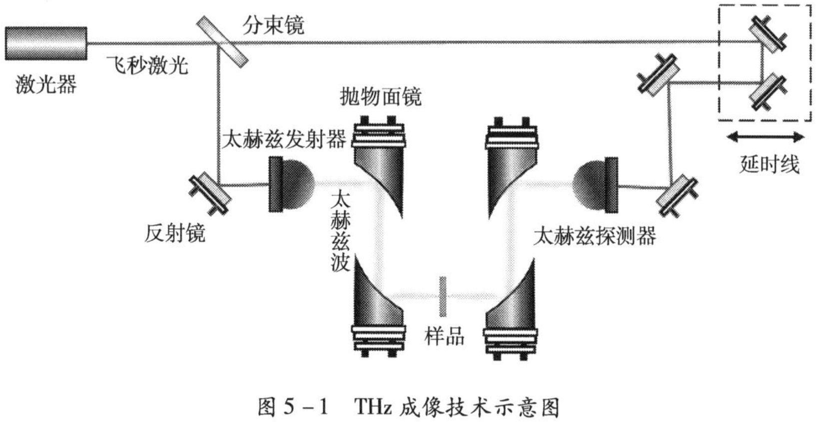

图 5－1　THz 成像技术示意图

本章主要介绍常用的 THz 成像系统相关的主要技术、THz 脉冲成像技术、连续 THz 波扫描成像技术以及用于安检的 THz 波成像技术，从太赫兹成像的原理出发，对各个系统进行详细介绍，分析各个成像系统的特点，以便于针对不同的文物检测需求来选择合适的 THz 成像系统。

5.1 太赫兹成像系统

THz 成像系统主要由 THz 发射源、光学系统、THz 成像仪组成。依据有无 THz 辐射源分为主动式成像和被动式成像；依据成像系统光路中获取 THz 辐射的方式可以分为透射成像和反射成像等；依据 THz 辐射源的类型可分为连续波成像和脉冲波成像[2]。

（1）飞秒激光源

THz 辐射源是太赫兹技术的关键，近年来，随着 THz 技术的发展，很多科研机构已经根据实际应用需要开发出了各种适用于不同应用场景的 THz 源。例如，自由电子激光源发射的信号较强且可以覆盖的频率范围较宽，但是它也有体积较大，功耗高的缺点。基于电子学原理的发射源在较高的功率输出的同时体积较小，但只能输出低频信号。量子级联发射源与锗激光源的情况类似，都可以输出 10mW 级的 THz 信号，但需要工作在低温环境，而且只能输出高频信号。基于半导体的传统固态源由于体积及使用寿命等原因往往仅被视为实验型仪器部件。脉冲 THz 源可以在常温下获得很高信噪比的 THz 信号，且频段覆盖了几乎整个 THz 波谱范围，是目前在 THz 研究中使用最广泛的 THz 源。

在绝大多数的 THz 成像系统中，所用的光源大多是 800nm 的近红外锁模钛蓝宝石激光器。这种激光器之所以使用如此广泛主要是因为从它的激光参数（脉宽、波长和输出功率）来看，这种激光器是驱动砷化镓（GaAs）和硅材料等为衬底的 THz 发射极和探测器的理想之选。另外，它的脉冲重复率和脉冲稳定性都很好，并且操作起来也相对比较容易。而且世上首套商用 THz-TDS 系统的光源就是锁模钛蓝宝石激光器。

尽管锁模钛蓝宝石激光器有如此之多的成功应用，但由于它的噪声性能以及抗震性能等方面欠缺，而且如果要设计制造便携式的 THz 成像系统，就得需要有那种抗震性能更好的飞秒激光器。所以还需寻求一种更理想的飞秒光源，而锁模光纤激光器（波长在 1550nm 附近）则是目前最为理想的替代之选。这种激光器所发的激光脉冲完全是在一根光纤中传输，而且它已经实现了商业化。另外，大量的研究组已开始研究适合这种激光器所能驱动的 THz 发射和接收天线了，并且发现了许多适合光纤激光器的材料如：砷化镓（GaAs）、砷化铟（InAs）、离子注入的锗等。

（2）光学延迟系统

在 THz-TDS 系统中，光学延迟系统被广泛地使用。因为 THz-TDS 系统要求两束光，泵浦光和探测光之间的时间延迟可以改变，由此差值来改变取样脉冲与 THz 波的交叉点（取样点），从而对波形的这一处信息进行取样。这种通过改变其中一束光的光程而达到改变两束光的相对延迟的方法在几乎所有的实验系统中都有所应用。由于探测光路较之于泵浦光路对光线的准直更加灵敏，而且泵浦光路的灵敏度也会受天线结构的影响，所以，相对来说还是探测光路对准直度的要求要比泵浦光路的高。因而，延迟系统通常都是安置在泵浦光路中。

典型的光学延迟系统通常是将一对反射镜加装在一个机械扫描台上（平移台）来实现的。平移台的移动速度决定着整个装置对数据获取的速率。在许多 THz 成像系统中，为了提高波形获取率，都希望延迟系统的扫描速度能够尽可能快。但是要做到这一点现在还存在许多困难，其中之一就是，还没有什么延迟系统能够在频率高于几十赫兹的情况下保持足够的延迟窗口，同时速度又高于几十赫兹。例如，要获取 100ps 的延迟窗口，那么反射镜组必须能以 1.5cm 的振幅振动，也就是说在理想状况下，在这个时间窗口范围内，反射镜组的位移变化应尽可能随时间呈线性变化。

（3）信号获取

获取 THz 波信号的传统方法是利用光导取样技术。这里的泵浦脉冲在被延迟之后又被相应的探测脉冲所扫描，最后测得的在探测器中所产生的平均光电流是关于时间延迟的函数。而最终获得的信号是取样脉冲的时域波形和 THz 波形的卷积。在实际的实验中，为了消除大多数的外部噪声，则会使用一个锁相放大器来获取信号。而且，探测脉冲（THz 脉冲）会被一个斩波器所调制。由于锁相放大器的时间常数在几十到几百毫秒之间，所以延迟台的扫描速度非常慢，对一个数据点进行采样就得需要上百毫秒甚至更多的时间。如果以这种扫描速度，要获得一个 1024 点的 THz 波形得需要几分钟的时间。

图5－2所示，分别使用光学延迟系统和锁相放大器两种方法来获取信号波形。(a)波形是通过光学延迟系统的平均多次扫描所得到的THz波形；(b)波形为用锁相放大器对同一波形所测得的结果。其中，所测得的这两个波形的信号是几乎相同的。如果要对物体进行成像，这时需对整个波形进行测量，并且对其进行逐个像素的分析，这就要求必须大大缩短数据的获取时间。为实现这一目标，利用扫描光学延迟系统所提供的同步信号作为周期性的触发信号，就能直接探测到所要测量的光电流（是延迟时间的函数）。在大多情况下，天线是被直接接到一个电流电压前置放大器上，所以用示波器就可以观察到电压波形，或是将它转化为数字化信号。这样就省去了用锁相放大器来滤躁的过程，而且在某种程度上还降低了信噪比（SNR），同时能够获得更快的数据采集速度。如果用光学延迟线进行单次扫描来测得信号波形，这时它的信噪可达到1000甚至更高，而这对于大多的成像应用已经足够了。

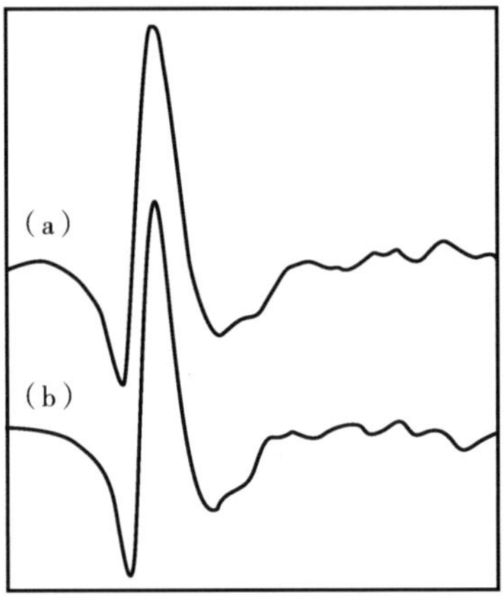

图5－2　使用不同方法获取的信号波形
(a)光学延迟系统；(b)锁相放大器

5.2　太赫兹脉冲成像

与普通光学成像不同的是，脉冲THz波成像的每个像素所包含的并不仅仅是单一的光强信息，而是整个THz脉冲的时间波形。由这一时间波形的傅里叶变换，可以得到该像素点的光谱信息。因此，脉冲THz成像不但能够辨认物体的形状，而且能够根据各个像素的光谱信息来分辨物体各部分的物质组分。另外，脉冲THz

成像还可以利用 THz 脉冲的时间延迟（或相位改变）提供物体折射率（或厚度）的分布[3]。

太赫兹成像系统是理想的检测系统，它有许多优点。例如 THz - TDS 成像系统就可以做到小型、高效，并且价格还相对便宜等。与众多的远红外成像系统不同的是，它不需要使用低温系统。另外，由于 THz 的脉宽只有亚皮秒的量级，再加上其相敏探测的特性，两者结合能够产生出许多独特的成像模式。利用单脉冲测量 THz 时域波形有两种主要形式：THz 脉冲波形的时间轴由探测激光脉冲的频谱表示的啁啾展宽的测量方式，和该时间轴由探测激光脉冲在空间的分布表示的空间展宽测量方式。

THz 波被聚焦元件聚焦到样品的某一点上，收集元件则将透过样品（或从样品反射）的 THz 波收集后聚焦到 THz 探测元件上，THz 探测元件将含有位置信息的 THz 信号转化为相应的电信号，图像处理单元将此信号转换为图像。

THz 时域光谱成像技术与一般的强度成像不同，它包含很大的信息量。每一个成像点对应一个时域波形，我们可以从时域谱或者其傅立叶变换谱中选择任意某个数据点的振幅或位相进行成像，从而重构样品的空间密度分布、折射率和厚度分布。根据对时域或频域中不同物理量的选取，THz 成像可以表达成各种形式，不同表达方式可以解释不同特征，以便提供更多、更精确的样品信息。

时域模式都是在 THz 电场的时域波形中提取出反映样品信息的数据进行成像的。大体可以分为两类：一类是振幅成像，主要反映了样品的厚度和吸收特性；一类是位相成像，主要反映了样品厚度及其折射率信息。任一时域信息的变化，都是样品对频域中所有频率成分影响的综合反映，是一个平均的效果。这一特点决定了采用时域信息进行成像通常都有较好的成像效果，不同成像方法之间像质差别也比较小。

频域模式都是在 THz 电场的频域波谱中提取出反映样品信息的数据进行成像的。针对频谱中某一特定频率所对应的振幅、功率、位相、吸收系数或折射率，反映的是样品在不同频率下光学性质所存在的差异，所得图像的对比度变化明显。由于 THz 光谱宽度在 2.0THz 以上，其高频分量具有更短的波长，从而可实现更高的空间分辨率。同时，不同频率下的成像方法也提供了新的研究方向，即太赫兹多光谱成像及其识别技术。

太赫兹脉冲成像系统的太赫兹源为脉冲波，太赫兹脉冲成像系统的显著优势是信息量大，任意一个成像点都可以获得该点的时域脉冲波形。太赫兹脉冲成像系统可以通过保留一段时间窗口的数据来重构时域波形，因此，它既可以被用来进行时域模式成像，也可以被用来进行频域模式成像。当获得像素点的时域脉冲波形后，我们可以根据其幅度或者相位信息提取光学特征，比如该像素点的厚度、折射率、反射系数等信息。成像系统的数据获取时间取决于像素点的多少，以及时间窗口的范围和精度。但是，一般太赫兹脉冲成像系统的图像获取时间需要几十分钟甚至几个小时。为了提升成像速度，甚至进行实时成像，实验往往采用 CCD（Charge-coupled Device）照相机作为探测器。

5.2.1　振幅成像

THz 波时域光谱成像技术与一般的强度成像不同，它的一个显著特点是信息量大。每一个样品点上都有一个完整的时域波形，可以从时域信号或它的傅里叶变换后的频域谱中选择任意一个数据点的振幅或相位，或者由它们提取出任何一个相关的样品参数进行成像，从而重构出关于样品的吸收、折射等信息的图像。根据对时域谱或频域谱做不同的处理，THz 成像可以表达成各种形式，不同表达方式可以解释不同特征，比如样品的吸收、折射、在某一固定频率下的能量吸收等，以便更直观地观察更多、更精确的样品信息[4]。

THz 振幅成像实验装置如图 5-3 所示，飞秒激光器的平均功率大于 700mW，脉宽小于 100fs。激光脉冲被分为两路，一路作为泵浦光，激发大孔径 GaAs 光电导天线产生 THz 脉冲；另一路作为探测光，利用电光采样原理探测 THz 波的电场强度，探测元件为 ZnTe 晶体。通过扫描探测激光脉冲和 THz 脉冲的相对时间延迟，即可得到 THz 脉冲随时间变化的电场波形。成像时，把样品放在能够在 X-Y 平面做二维移动的样品台上，在垂直于 THz 波入射的平面内做二维逐点扫描。通过设置一定的时间延迟范围和对样品上不同点的扫描，能够在 X-Y 平面上获得样品上每一空间点上带有样品信息的透射时域谱，对其进行傅里叶变换可以得到每个空间点样品的频域谱。

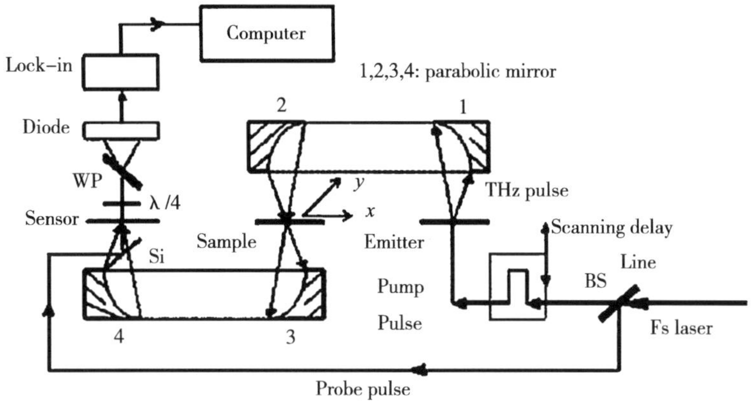

图 5 -3　THz 振幅成像实验装置

5.2.2　相位成像

电子学 THz 成像系统虽然在 THz 信号的产生上有着结构相对简单的优点，但是光子学成像技术会提供更大带宽。由于许多材料的振动能级落在高频范围，所以光子学成像技术便于进行物体的光谱测量，它的适用场景更广泛。除此之外，对比电子学技术，基于光子学的 THz 信号产生技术有着更高的信噪比，在成像系统中，THz 信号被物体透射或反射后的幅度和相位更容易被提取，体现在成像中为图像灰度值对比度更高，有利于实现 THz 的幅度和相位成像。但是，目前 THz 连续波相位成像系统的研究方案不是很多，虽然光子学 THz 成像系统比电子学成像系统的工作频段更高、信噪比更好，也更适用于 THz 相位成像系统，但是光生 THz 信号的相位噪声需要进一步降低，以便提取 THz 信号携带的样品相位信息[5]。

如图 5 -4 所示为一个透射式 THz 相位成像系统示意图。在该系统中，激光器 1 被用作光学本振信号，激光器 2 送进 RF 信号进行驱动的光电调制器，本实验采用马赫曾德尔调制器对光信号进行抑制载波双边带调制。接下来，光耦合器（Optical Coupler，OC）耦合两路信号，耦合后的信号通过掺铒光纤放大器（Erbium-Doped Fiber Amplifier，EDFA）进行放大。由于本实验使用一个偏振控制器（Polarization Controller，PC）和一个起偏器（Polarizer）保证输入单行载流子光电探测器（Uni-Traveling-Carrier Photodiode，UTC-PD）光信号的偏振状态。可变光衰减器

(VariableOptical Attenuator, VOA) 用于调整输入到 UTC-PD 中的光功率。THz 信号由 UTC-PD 产生并从 THz 天线辐射，接着使用四个抛物面镜准直 THz 信号并将其聚焦在被测物体上。在接收端，SBD (Schottky Barrier Diode, SBD) 对 THz 信号进行自混频接收，再经过放大器放大，然后与倍频后的 RF 信号一起送入锁相放大器，由于锁相放大器对输入频率的限制，所以需要用电子本振 (Local Oscillator, LO) 对两路输入信号进项下变频处理。最后，来自 LIA 的输出相位信息经过数字信号处理后可以用于对被测物的成像。

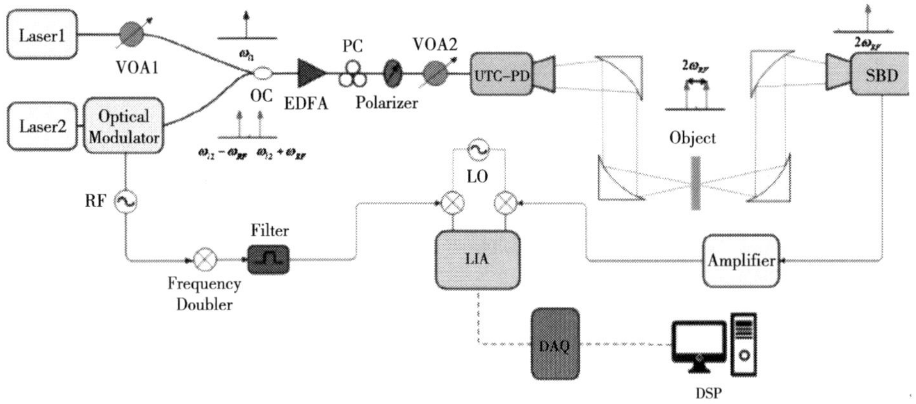

图 5-4　太赫兹相位成像系统示意图

5.2.3　层析成像

采用 THz 层析成像 (THz-CT) 技术可以得到三维 THz 图像。THz-CT 技术与 X 射线 CT 技术、光学 CT 技术相比有一些独特的优势。THz 波的穿透能力弱于 X 射线，大多有机物质对 X 射线是完全透明的，但对 THz 波有一定的吸收率，所以利用 THz 成像可以获得更好的成像对比度；THz 波的穿透能力强于近红外线和可见光，对于很多近红外和可见光完全不透明的物质电介质，但是对于 THz 有一定的透过率，可以使用 THz 波成像进行辨别。此外，THz 波的光子能力比 X 射线光子能量低很多，不会引起被测物的光电离和破坏，安全性高。

THz 波层析成像技术主要有两种方式获得被测对象截面对 THz 波的调制信息：反射方式和透射方式。两种方式的不同在于：透射方式 THz 波光束与被测截面处于同一平面，获取的投影信息是被测介质对 THz 波的吸收效应，透射扫描方式主要有平行扫描、扇形扫描和锥束扫描；反射方式 THz 波光束与被测截面相交，获取的投影信息是被测介质对 THz 波的反射效应，扫描方式是点扫描。可以根据研究对象特性的不同选择相应的方式。

对于反射式 THz 成像系统所得到的样品数据，如果用层析重构算法的话，再加上 THz 光的独特性质，就可以用来研究样品的内部结构。层析成像技术使 THz 成像可以扩展到能够研究物体复杂的内部结构，而且还可以对它进行一维或二维成像。利用延迟时间和强度各不相同的反射脉冲，层析成像可以使样品的内部结构直观显现出来。例如，对陶罐进行层析成像，探测内部液体。如果要研究多层物质的各个复杂介质界面上的信息时，可以利用菲涅尔（Fresnel）方程和迭代算法来解决。另外，根据宽带 THz 脉冲的各个不同的傅里叶分量，使用菲涅尔透镜也可以得到样品各个深度的图像。这是因为菲涅尔透镜的焦距是与频率相关的。

THz-CT 成像的优点是获得的信息量大，可以推知被成像样品内部各点的密度、化学构成等信息。从外部来探测物体的内部物理和化学结构。此探测技术特别适用于无损检测、安全检测和生物医学上的活体监测。

5.3 连续太赫兹波成像

虽然 THz 脉冲成像技术可以提供丰富的光学信息，但是它耗时长、应用场合限制条件多，相比之下，THz 连续波成像技术无法获得像素点的时域波形，因此只能进行幅度成像，但它可以进行实时成像，扫描速度快且成像质量高。此外，THz 连续波成像系统相较于 THz 脉冲成像系统，它没有泵浦—探测装置，因此大大减少了元器件数量，从而降低了系统复杂性，提高了数据采集效率。连续 THz 成像只需要进行空间扫描，获取辐射强度信息，它属于强度成像。相比脉冲 THz 波，连续 THz 成像无法获取深度、频域或者时域信息，但连续 THz 波源能够发出更高功率的辐射，因而仅仅凭强度信息就能获取足够信息。而且它的结构简单便捷，能够进行实时成像，因此获得了很多检测领域的青睐[6]。

通过被测物厚度的空间分布、内部的空隙，缺陷或边缘特性以及不同材料对 THz 波不同的吸收程度，连续 THz 波成像系统可以通过被测物每个像素点的不同强度信息，从而进行样品重构，获得强度分布不均的灰度图像，即可获取物体的大致形状及内部结构等信息。THz 连续波成像系统可以根据样品的特点来选择不同的成像方案，比如选择透射式或反射式成像系统。比如检测一个样品是否有损伤时，由于样品内部可能并不均匀，样品的每个位置对太赫兹波的吸收都是不同的，这样采集到的 THz 强度信息会随着空间分布的不同而不同，这个特点在 THz 图像上表现为灰度值的不均匀，根据成像结果可以找出样品内部的缺陷。因此太赫兹连续波成像系统结构简单、操作方便、相对成本低、数据获取快速、信噪比高，而且具有小型化、便携式的潜力，使它的实际应用前景巨大。

5.3.1 连续太赫兹波成像系统装置

与脉冲成像系统相比，连续 THz 成像系统省去了泵浦—探测成像装置，所需的元件数量很少，大大减小了光学复杂性。同时系统也无须时间延迟扫描，成像速度得到大幅度提升。系统主要包括五个单元：THz 单元、二维平移台、电路控制板、电源和控制用的计算机。其中关键部分是 THz 单元，它集发射极、探测器和传导光束的元件于一体。图 5 -5 是反射式 THz 波成像系统装置图。其中，THz 源是耿氏振荡器和倍频器。THz 波经聚乙烯透镜后垂直入射到样品中，其聚焦点位于样品的底板处。THz 波被样品的底板反向反射沿原光路返回，经高阻硅分束片反射后由肖特基探测器探测。图 5 -6 是透射式 THz 波成像系统的装置图。由耿氏振荡器和倍频器发射 THz 波经聚乙烯透镜后垂直入射到样品中，透过样品的 THz 波进入肖特基探测器进行探测。

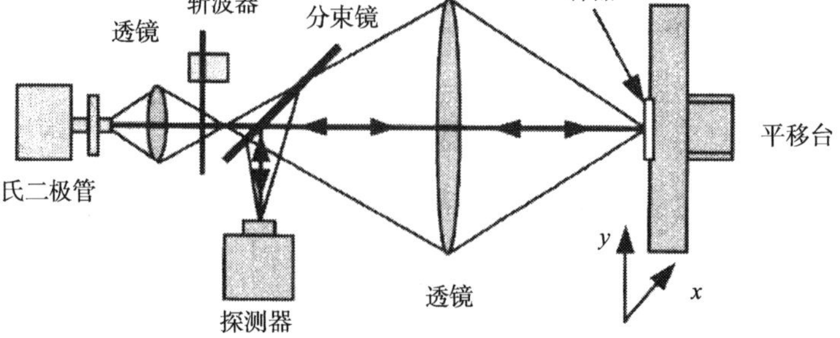

图 5 -5　反射式连续太赫兹成像系统装置图

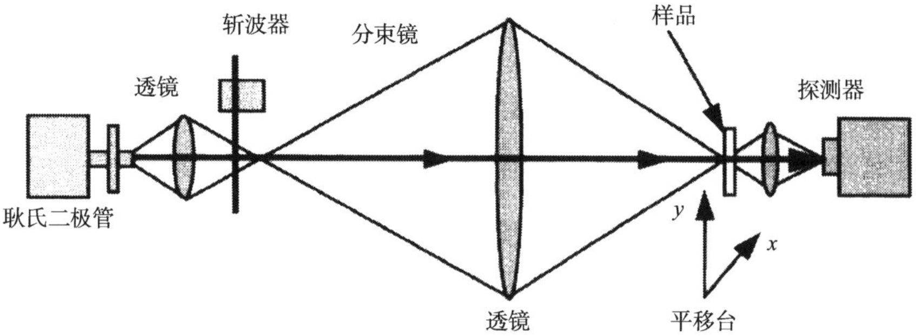

图 5-6 透射式连续太赫兹成像系统装置图

5.3.2 连续太赫兹波成像图像处理

由于连续 THz 波成像系统直接测量经过样品（透射或反射）的 THz 波的光强，因此测得的信号几乎不需要进行任何后期处理，就可以直接显示在计算机屏幕上，这对实时监控非常有利。当然，一些简单的图形处理技术总是可以使缺陷的 THz 波像显得更清晰。比如，可以使用对数模式显示图像来改变图像的对比度；另外，还可以使用一些过滤器（小波去噪等）来消除因样品整体不均匀造成的背景结构；使用解卷积的方法来使图像更加明锐等。

如果不考虑缺陷的各层面对载波反射而造成的相干效应，则缺陷对载波的调制主要来源于对载波的散射或吸收的变化。就吸收而已，图像的对比度可以表示为：

$$C = \frac{1 - T}{1 + T}$$

其中，$T = exp[-2\alpha(\omega)d]$，α 代表样品材料对载波的耗散率，而 d 是缺陷的厚度。由于 THz 波在成像过程中两次经过缺陷，因此总光程是 2d。在一般情况下，有 ad≪1。图像的对比度可以简化为：

$$C \approx \alpha(\omega)d$$

可见，成像的对比度正比于样品对载波的吸收率以及缺陷厚度。由于高频载波的耗散率高于低频载波，因此使用高频载波所获得的图像有更高的对比度。

综上所述，脉冲太赫兹波成像与连续波太赫兹成像各有各自的特点和优势，有很好的互补性，要视具体的应用来选择、构建最佳的成像方案。脉冲太赫兹时域测量系统能够提供成像物体的光谱信息，甚至折射率色散，这是连续波系统不能提供的信息。连续波系统具有较高的辐射功率，系统简单，价格低，成像速度快，使用方便。如果扫描的物体比较大且仅需要检测缺陷或者透射性质，选择连续波系统是较好的。但是，如果探测的物体比较精细，要求系统有较高的分辨率并获得物体的光谱信息，目前的连续波成像系统是不能完成的，这时应考虑使用脉冲成像方法。最后，为了实现太赫兹成像技术的早日实际应用、跨越分辨率低等障碍，需要不断对系统进行改进，如研制具有更高辐射频率和辐射功率的太赫兹源，对图像信息的分析和处理技术也有待进一步实用。

5.4 用于安检的太赫兹波成像

传统常规的金属式安检门和手持式金属探测仪都无法识别金属材料以外的危险品，如陶瓷材料的刀具制品、塑料炸药等。THz 波成像和感测在安全领域的应用引起了大量的关注。因为与安检相关的敏感材料在 THz 频段表现出明显的光学特性，如：金属对光线的高反射率特性、爆炸物和违禁药品在 THz 频段内有指纹谱。而常见的包装和封装材料，如衣服、纸张、塑料等 THz 辐射是透明的。当乘客随身携带有违禁品时，太赫兹波能对藏匿在衣服下的各种违禁品生成图像，同时非电离的 THz 辐射对人体没有任何辐射，这种安检方式有效弥补了手动式人体安检的缺陷。

根据接收信号类型的不同，人体安检仪可以分为主动式和被动式两大类。对于主动式来说，天线主要接受的是系统自身发出的电磁波对目标散射的回波；而对于被动式安检仪来说，天线主要接受的是目标自身发出的电磁波。相比于主动式安检仪，被动式具有结构紧凑、部署简单、没有辐射且无须受检人配合等优点。但同时，被动式安检仪有成像质量受环境温度影响大且分辨率不高的缺点，这也限制了其部署场景。主动式安检仪虽然具有较强的环境适应性和较高的成像质量，但由于其自身的成像原理和硬件条件限制，不可避免地会出现强目标拖尾和周期性频谱混叠导致的虚假目标。随着人工智能领域的发展，目标检测与识别作为人工智能领域一个重要的方面，受到了人们越来越多的关注。当下，目标检测方法大致分为以下思路：第一种是传统计算机视觉目标检测方法，这种方法主要是应用数字图像处理方面的知识来进行识别；第二种方法是深度学习目标检测方法，这种方法主要是应用神经网络对图像进行训练，达到要求的准确度，从而完成识别。第三种是采用深度学习与传统方法相结合的算法来完成识别[7]。

5.4.1 主动成像

在主动式 THz 成像系统中，由于 THz 辐射源具有较高的辐射功率，成像质量较被动式太赫兹成像得到大幅提高。同时，THz 辐射光束的强相干特性，使其在全息成像、CT 成像、无透镜成像、THz 干涉成像等领域得到了快速发展。

主动式 THz 成像系统主要包括：稳定连续 THz 发生器，光束整形模块、聚焦光路、THz 探测光路以及机械扫描控制系统。按照成像方式的不同，主动式 THz 成像分为两类，即透射式成像和反射（散射）式成像，如图 5 - 7 所示，左面为透射式成像示意图，右面为反射式成像示意图。研究表明，对于某些表面粗糙度分布不同的隐藏目标成像时，相对于透射系统，反射系统不仅可以识别隐藏目标，还能得到隐蔽日标的表面特性。特别是在小型的安检设备中，采用反射式系统可以大幅度减小安检设备的体积，有效降低系统的研制成本。采用主动 THz 光源，当样品和探测器的接收距离在 3m 范围内时，大气的衰减和散射近似忽略不计，因此可以对一些被邮件、包裹等隐藏的武器、爆炸物、毒品进行快速检测。由于金属与人体对 THz 光谱的反射、散射能力的不同，隐藏在衣服内的金属被轻易发现。

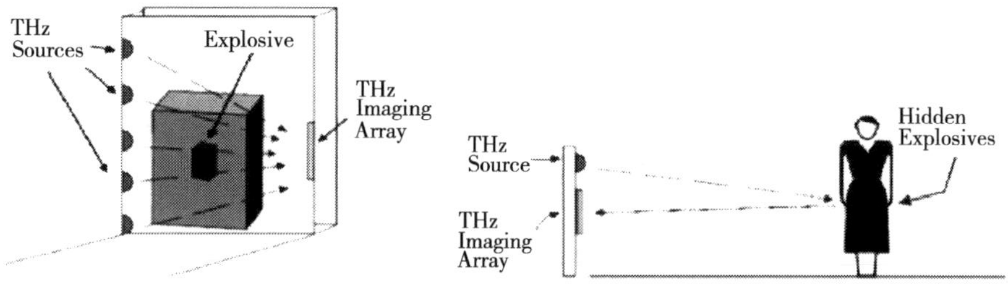

图 5 - 7　主动式太赫兹成像示意图

5.4.2 被动成像

由人体辐射的 THz 光波，经过空气传播至距离为 z 的 THz 探测器并借助纵向扫描机制，可实现全视场成像。Marcin Kowalski 指出，在自然环境内，人体温度通常要高于周边环境温度，因此人体会辐射出较强的 THz 光波，这一点与其他材料例如金属、电介质等的辐射特征很不相同。另外，由于 THz 光波对常见的布料、纸等具有很强的穿透性，因此可以实现快速检测。虽然这种被动式成像理论上比较简单，但在实际应用中仍存在很多问题。首先，人体发出的 THz 辐射一般比较弱，受限于现有 THz 探测器灵敏度、光子噪声等影响，成像分辨率较低。其次，由于受环境的 THz 辐射干扰，系统成像噪声一般比较大，图像信噪比较低。为提高被动式 THz 成像系统的可靠性和实用性，针对被动式 THz 成像体系，研究人员相继研发了多种图像增强方法，例如小波降噪、直方图均衡化、边缘滤波、图像分割等方法，一定程度提高了成像质量，降低了图像噪声。THz 波具有以下两种特性：一是包括人体在内的几乎所有宏观物体都在向外发射 THz 波，但 THz 能量强弱不同；二是 THz 波对于诸如布料、皮革等很多非极性材料具有一定的透过性。

基于以上两个特点，被动式 THz 安检设备可以接收被测人体和其携带物品自身发射的不同能量的 THz 波并转换成二维图像显示，整个过程中安检设备不向外辐射电磁波，只是被动接收 THz 波能量，因此对人体完全没有辐射危害（见图 5 - 8）。

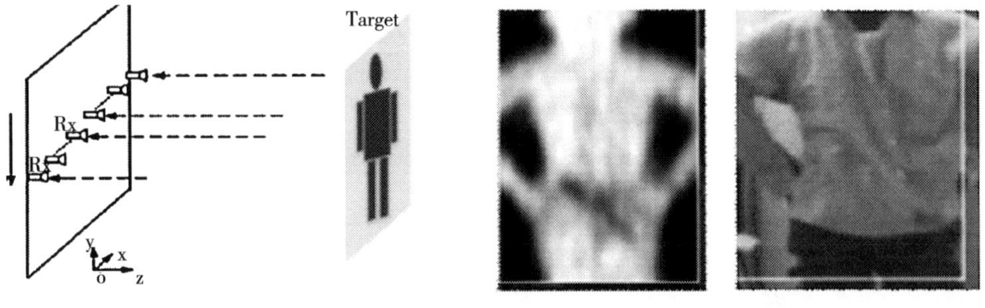

(a) (b) (c)

图 5 - 8 被动式太赫兹成像示意图

(a) 成像示意图，(b) 和 (c) 分别为人体模型的太赫兹图像和可见光图像被动式 THz 安检设备对包括金属、陶瓷、液体、凝胶和粉末等在内的多种材料均具有检测能力。既能对静止人员进行安检，也可以对行进中的人员进行扫描和探测，安检过程无须触摸人体，可以对人体外表（衣物内）携带的潜在危险品进行安全、文明、可靠、高效的安全检查。

参考文献

[1] mittleman, D. M. Twenty years of terahertz imaging [Invited]. Opt. Express 2018, 26, 9417 -9431.

[2] 张存林等. 太赫兹感测与成像 [M]. 北京：国防工业出版社，2008.

[3] Song H. J., Nagattsuma T. D. Handbook of Terahertz Technologies: Devices and Applications [M]. UK London, Talor & Francis Group, LLC, 2021.

[4] Jonuscheit J. Terahertz Techniques in NDE [M] Switzerland: Springer Nature Switzerland AG, 2020.

[5] Chan W. L., Deibel J. mittleman D. M. Imaging with terahertz radiation. Rep. Prog. Phys. 2007, 70, 1325 -1379.

[6] Roggenbuck A, Schmitz H, Deninger A, et al. Coherent broadband continuous - wave terahertz spectroscopy on solid - state samples [J]. New Journal of Physics, 2010, 12 (4): 043017.

[7] Gintaras Valuisis, Alvydas Lisauskas, Hui Yuan, et al. Review: Roadmap of Terahertz Imaging 2021 [J]. Sensors, 2021, 6: 1 -52.

6

太赫兹技术对云冈石窟检测的研究

石质文物是指以天然石材为基础的历史遗迹，包括石质古迹建筑、石窟、石碑等多种类型，具有极高的史料价值和艺术价值，是一类需要长期保存的特殊地质工程。但随着全球环境污染的加剧，在自然因素和人为因素的共同影响下，石质文物（特别是露天石质文物）正以惊人的速度产生病害，这些病害已经危及文物的安全保存，影响其历史价值和人文价值。在兼顾文物保护环境及岩石本体材质的情况下，露天石质文物的病害类型包括：生物病害、断裂与缺损、表面（层）风化、文物表层空鼓与裂隙、表面沉积与变色、不当保护修复。由于文物不可再生的特性，决定了其保护修复前对病害探查分析技术必须是无损的。

无损检测是利用声、光、磁和电等手段，在不损害被检对象或对被检测对象的使用性能不造成影响的前提下，检测被检对象内部存在的缺陷及夹杂，对被检对象的性能进行评判及改进。相较于目前无损检测领域应用较多的射线检测、渗透检测、磁粉检测、涡流检测和超声检测，THz 波的典型波长（300μm）远大于尘埃等微小结构的尺寸，因此在大多数物体中的散射远小于可见光和近中红外光，同时 THz 波的光子能量低于大多数化学键的键能，所以对大多数非极性材料具有较好的穿透性，在成像方面也具有良好的应用前景。另外，THz 波频率比一般广泛用于无损探伤的微波、超声波要高，因此其空间分辨率要高于一般的检测技术；相较其他一般强度成像的最大特点在于其含有更大的信息量，每个像素点都对应一个时域波形，可以从时域信号及傅里叶变换频谱中选择任意一个数据点的振幅或相位进行成像，从而重构被测对象的空间密度分布、折射率和厚度分布。

针对典型的露天石质文物云冈石窟保护的具体现状和急需解决的难题，我们分别对云冈石窟风化物、常见病害裂隙、空鼓等进行了检测和研究，并建立了基于病害光谱数据和支持向量机（SVM）的云冈石窟风化等级预测模型和空鼓病害预测模型。利用这一 THz 无损检测方法，可实现对石质文物病害的定位及量化计算，为石质文物病害检测提供一种新的尝试，为现有无损检测技术难题提供一些参考。而且，此技术易于推广到其他文物的无损检测中，应用前景广阔。

6.1 云冈石窟风化物的太赫兹光谱研究

6.1.1 云冈石窟石雕风化物样品的采集和制备

石质文物的历史价值在于，石质文物是人类历史上创造的文化遗存，不可能被再生产再制造，一旦破坏就无法挽回，所有的石质文物无不打上时代的烙印，体现了明显的时代特征，蕴涵着各时代的各方面信息，是历史进程的物证。云冈石窟所在区域出露地层比较简单，主要是中生界侏罗系云冈组和新生界第四系上更新统及全新统地层。云冈石窟雕刻在侏罗系云冈组的一个砂岩透镜体上，主要岩性为中粗粒长石砂岩夹有泥岩、砂质泥岩。

国内外文物保护工作者已达到普遍共识：对文物进行修护处理前必须要先进行系统全面的分析研究，严格依据科学原理，遵循不改变文物原貌的原则。在有效清除文物病害的同时最小限度地干涉文物以保持其原貌。出于文物保护的需要，最好使用无损或微损的探测技术，这样才不会给文物带来损害。因此，采样必须在不破坏文物的原则下，从不影响文物形貌的隐蔽位置处采集。

（1）石窟内、外壁风化石雕样品的采集和制备

在不破坏文物的前提下，分别从云冈石窟各个窟内和外壁距离地面 1m 处，选择 25cm × 25cm 的区域，采集三小份风化样品，在玛瑙钵中均匀研磨后作为一个样品。为了降低样品的散射影响，将标准研磨后约 0.1g 的样品与聚乙烯粉末按 1∶1 的比例混合后再次研磨均匀。接着利用红外压片机以 5 吨的压力压制成直径 1.3cm，厚度 1mm 左右的两面相互平行、表面光滑无裂的圆形薄片（样品圆片不能太薄，如果厚度在 0.5mm 以下，则测量结果受干涉影响较大；样品片也不能太厚，太厚会导致透过样品后探测到的 THz 信号太弱）。记录符号：例如第 4 窟内采集样品记作 4i，窟外采集样品记作 4o。补充一点，用聚乙烯掺杂是因为聚乙烯可以对无黏性的样品起到黏合和稀释的作用，此外实验结果已经证明，聚乙烯在 THz 波段透过率高且无特征峰，因此不会对所测风化样品的 THz 谱产生附加的影响[1]。

（2）石窟侧壁钻取岩心取样

石雕的风化深度是石质文物稳定性、耐久性评价及制定石质文物防护方案时

的重要依据之一。它能反映出发生风化的部分、材料性质发生变化的部位、风化速度与程度。因此，对其进行深入研究具有重要的意义。对云冈石窟进行修缮前需要调查的关键问题之一：石雕的风化程度和深度以及风化效应沿纵深的梯度变化情况。然而，常用的无损分析技术很难实现精确到内部结构的分析，退而求其次选用微损取样的检测分析技术，该技术实施简便、快捷且对目标体的损害小，在石质文物的风化程度和深度检测方面具有不可比拟的优势[2]。

采用钻孔取芯机在不影响云冈石窟外观原貌的隐匿处（第4窟与第5窟之间的龙王庙沟沟西崖壁上）钻取梯度风化样品，水平钻孔处离地面高约1.5米，钻头粗约10cm，孔深为15m。接着从所得岩柱头开始间隔一定距离取样两次，共得24个有效样本，分别以深度标记样品号。

在对梯度样品进行THz－TDS测量前，同前面方法一样为减小样品的散射，先对样品进行标准研磨之后与聚乙烯粉末以1：1的比例混合研磨，接着使用压片机以5吨的压力制成两面平行，表面光滑无裂痕的薄片，其直径1.3cm，厚度1cm左右。

6.1.2 从不同角度分析石雕风化物的太赫兹光谱

（1）不同开凿时期石雕风化物的太赫兹光谱

依照石窟形制、造像内容和样式的发展，可分为早、中、晚三期。据文献记载，云冈石窟是在北魏中期开凿的，即北魏和平年间（公元460年）由著名的高僧昙曜主持开凿。早期开凿时间为460～470年，由于是昙曜主持开凿，故称为“昙曜五窟”，即现编号的第16～20窟。昙曜五窟的特征十分明显，平面为马蹄形，穹隆顶，仿印度草庐形式，一门一窗，外壁雕满了小型的千佛，从北魏佛教源流特点来说，主要来源于凉州佛教；中期，开凿时间为471～494年。现编号的第1、2、3、5～13窟，称为孝文帝时期石窟，中期以来，洞窟形制不再是草庐式，而出现了仿木构形式的汉式楼阁、殿堂和佛寺，我们称为屋形龛或屋形窟。这一时期连续出现双窟，规模较大；晚期开凿时间为494～524年。主要分布在20窟以西，还包括第4窟、14窟、15窟以及11窟以西崖面上的小龛，200余座中小型洞窟。据此，我们将所有取样测试的云冈石窟石雕风化样品分为以下三组（见表6－1）：

表 6－1　按开凿时间不同对云冈石窟的分类

分类	开凿时间（年）	石窟号
早期开凿石窟（early stage）	460～470	16～20
中期开凿石窟（middle stage）	471～494	1、2、3、5～13
晚期开凿石窟（late stage）	494 后	4、14、15、21～45

对云冈石窟其中 28 个窟所采集的石雕风化物样品进行了 THz 光谱测量，并按开凿时间的不同分为三组。分别从三组中随机各选出一个来进行 THz 光谱比对，如图 6－1 和图 6－2。图 6－1（a）和图 6－2（a）显示的是 THz 参考信号（不放置样品时）和三个不同开凿时期石雕风化物的时域谱。通过比较 THz 谱线可以看出 THz 波电场经过这些风化样品时均发生了明显的变化，而且透过样品后均产生了不同程度的时间延迟，说明风化样品的折射率不同，均大于空气在 THz 波段的折射率，而且它们对 THz 波均有不同程度的强烈吸收。而且延迟时间关系为，t(29)＝t(6)＞t(20)，t(35)＝t(7)＞t(19)，对应的开凿时间就是 t(晚期)＝t(中期)＞t(早期)。

将时域信号进行傅里叶变换之后得到频域信息，如图 6－1（b）和图 6－2（b）为 THz 参考信号和石雕风化物信号的频域幅度比较图。尽管 THz 信号在 3THz 以下信噪比较高，且远高于 FTIR，但是当 THz 波透过风化样品后，由于样品对不同频率 THz 波的吸收不同，使得透过风化样品后的 THz 波信噪比发生改变。一般，样品对高频信号的吸收大于对低频信号的吸收，因此存在一个临界值，小于这个临界时，样品的信号强度大于噪声信号，此时可清楚地反映样品的真实光谱信息；当高于这一临界值时，由于强吸收使得样品的信号强度小于噪声信号，将样品信息淹没在噪声里，使得对应的频谱信息无法可靠地反映样品的实际信息，也即大于此值的光谱均为无效信息。所以这个临界值决定了 THz 波段的实际有效频率范围，如图 6－1（b）和图 6－2（b）中箭头所示均为 2.2THz，即对应有效频率范围为（0.2～2.2）THz。同时，这也决定了相对应样品的透射谱，吸收谱及折射谱的有效频率范围[3]。

由图 6－1（b）和图 6－2（b）可见，石雕风化样品的信号相对于参考信号具有显著不同。这是由于样品中不同成分引起 THz 脉冲相对于空载时的时间延迟不同，样品对 THz 波的反射及吸收使脉冲强度下降，而样品的色散则引起脉冲的展宽。频域谱中的参考信号的最大峰值对应频率为1.025THz（箭头指示处），也即此处 THz 光强最大，风化样品的峰位则在光强降低的同时，也发生了红移现象，比参考波的均小，如表6－2所示。此外，我们选取这一频率，分别从图6－1（c）、（d）、（e）和图6－2（c）、（d）、（e）中提取出对应频率处各风化样品在 THz 波段的透射系数、吸收系数和折射率这三个光学参数列入表中，供石窟修缮参考。

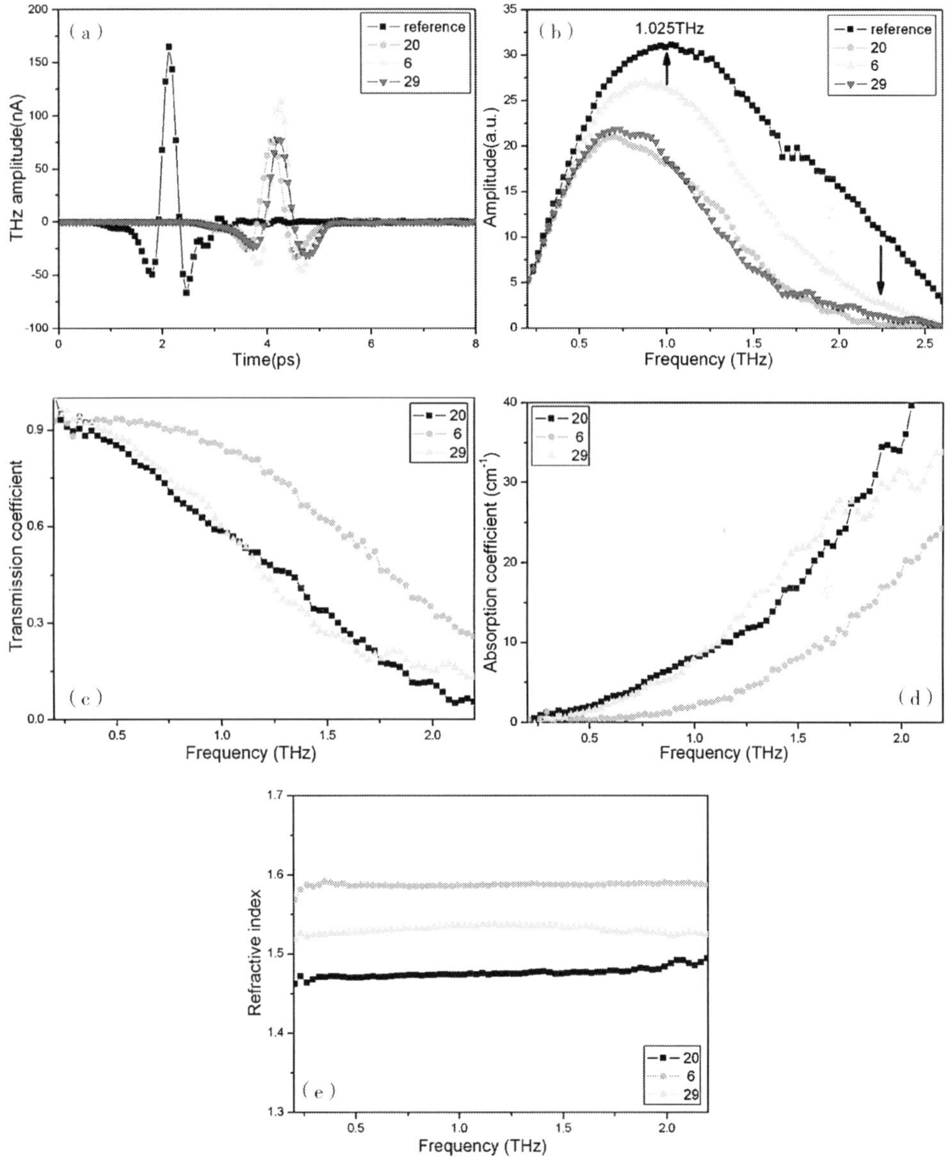

图6－1　不同开凿时期石雕风化样品的 THz 光谱

（a）时域谱　（b）频域谱　（c）透射系数谱　（d）吸收系数谱　（e）折射率谱

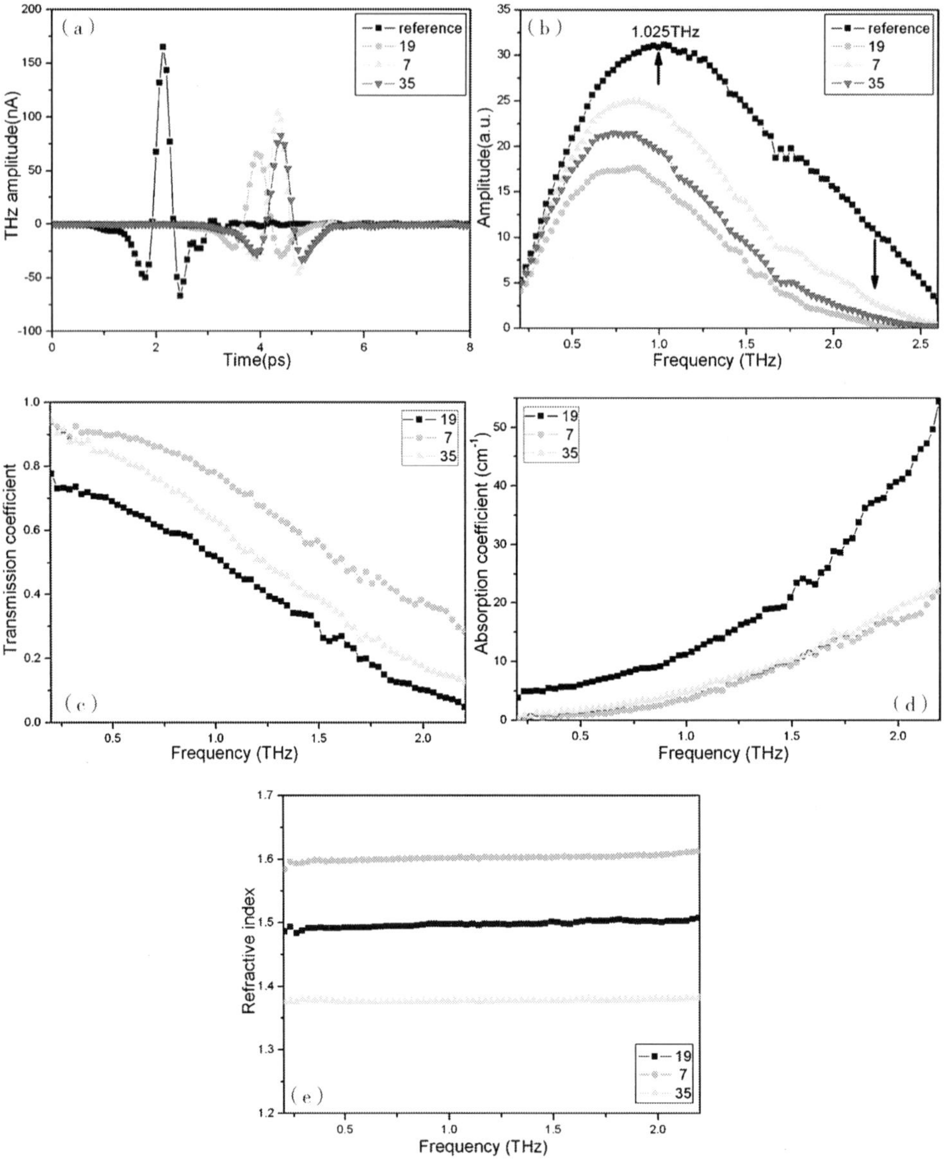

图 6－2　不同开凿时期石雕风化样品的 THz 光谱

(a) 时域谱　(b) 频域谱　(c) 透射系数谱　(d) 吸收系数谱　(e) 折射率谱

利用前面第 4 章中介绍的公式（1）并用 Origin 软件将频域谱中样品的振幅与参考信号的振幅做比可得透射系数谱如图 6－1（c）和图 6－2（c）。整个有效频段内，两组数据中开凿于中期的石雕风化样品（6 和 7）的透射系数高于其他两个，20 和 29 的透射系数区分度不大，但 35 号石窟样品的透射系数高于 19 号。这是因为历经1500多年自然和人为的不良作用及环境有害因素的侵蚀，石雕均发生了严重的风化破坏，但是风化的程度不同，也即决定了石雕风化物性质的改变不同，相对应的透射系数也就有了一定的差异。

利用前面第4章中介绍的公式（2）和（3）并用Matlab编程分别得到了所研究的石雕风化样品在THz波段的折射率谱和吸收系数谱，如图6－1（d）、（e）和图6－2（d）、（e）所示。

由图6－1（d）和图6－2（d）中的吸收系数谱看，在低频段，随着频率的增大所有石雕风化样品的吸收系数都出现缓慢上升趋势，这是由光的散射或样品宽而无结构的吸收效应所引起的。到了高频段吸收系数则以接近指数函数形式快速增大，而且开凿于中期的石雕风化样品（6和7）的吸收系数相对大于其他样品的吸收系数，但在整个THz波段均没有明显的吸收峰（特征峰），这是由光散射和风化样品中无共振结构基团离子的吸收而产生的结果。而且从整个吸收光谱对照图中看，尽管各石雕风化样品的结构非常相似，但它们的THz吸收光谱却有明显差异，这也说明了THz波对物质结构非常敏感，即便是分子组成或结构的微小差也能在THz光谱上表现出来，因此利用其THz光谱可以对结构相似的物质进行区分，同时也佐证了利用THz光谱技术对不同开凿时期石雕风化物识别的选择性和特异性。

从图6－1（e）和图6－2（e）中可以看到，在有效频率范围内，石雕风化样品的折射率曲线对不同开凿时期其值各有不同，但同一样品的折射率变化不明显，而且每个样品折射率的明显变化频率位置总与吸收谱中的峰值相对应，这个结论与Kromers－Kronig方程相同，这也说明采用本方法获得数据的准确性。每种物质都有体现自身物质特性的折射率，而且折射率的差异并不是由样品厚度的不同所引起，也就是说，两种样品折射率的差异值已经远远超出由样品厚度不同所引起的折射率差异值。事实上，这种差异是因为样品中成分的不同所造成，在风化分析中可以作为一个有效的参考信息。因为THz波对分子结构的微弱变化非常敏感，所以可以根据不同的折射率值将不同风化石雕样品区分开来。这6个风化样品的平均折射率分别为1.474（20）、1.586（6）、1.535（29）、1.498（19）、1.60（7）、1.376（35）。

表 6-2 石雕风化物在 THz 波段的光学常数

开凿时间	窟号	峰位（THz）	透射系数	吸收系数	折射率
早期	20	0.703	0.751	4.01	1.474
	19	0.761	0.597	8.62	1.498
	平均	0.760	0.688	5.77	1.499
中期	6	0.878	0.891	1.18	1.586
	7	0.849	0.828	2.45	1.60
	平均	0.82	0.799	2.41	1.584
晚期	29	0.79	0.720	4.80	1.535
	35	0.79	0.723	3.34	1.376
	平均	0.79	0.769	3.55	1.536

以上分析可见，尽管可以将不同石窟的石雕风化样品通过 THz 光谱区分开来，但是从这些样品中还无法找出规律，对于大量的光谱数据若单独一个一个分析又不具有现实意义。所以我们从统计学角度，对各个开凿时期所有样品对应的 THz 光谱数值求平均值后，再利用 Origin 软件绘制出三个开凿时期的 THz 光谱来分析其规律，如图 6-3 所示。此外，我们将各项对应的光学常数也一并列入表 6-2 中。

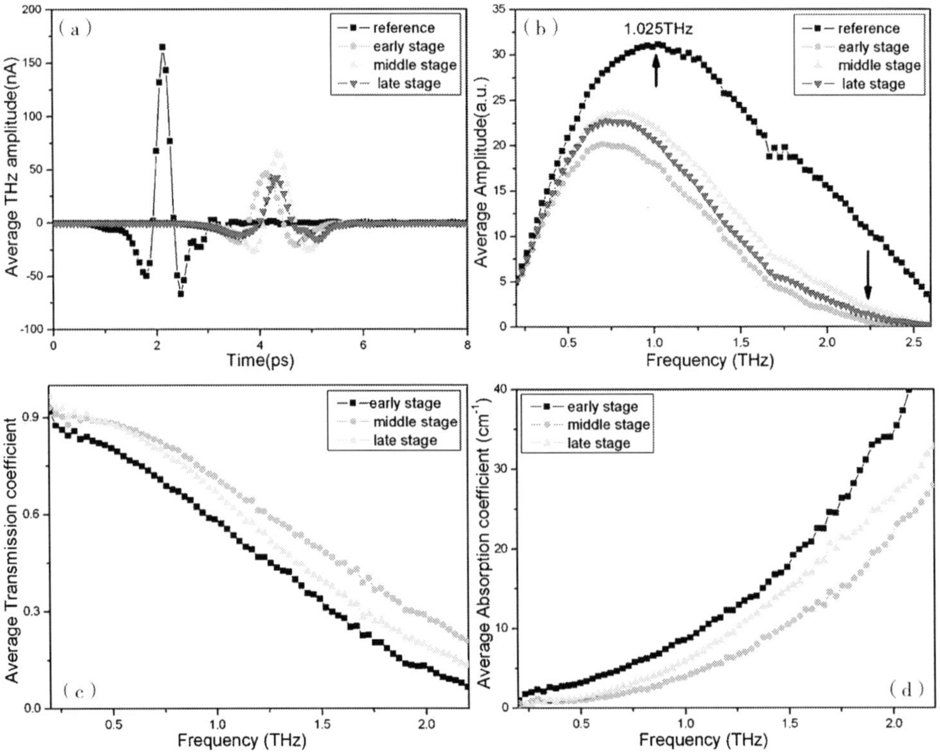

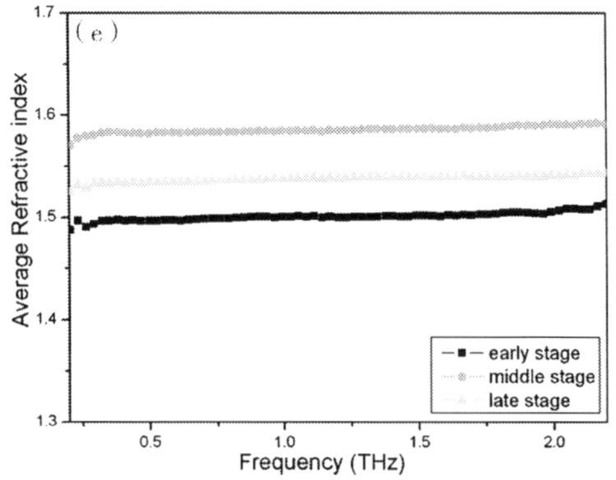

图 6-3 不同开凿时期石雕风化样品的平均 THz 光谱

(a) 时域谱 (b) 频域谱 (c) 透射系数谱 (d) 吸收系数谱 (e) 折射率谱

图 6-3 (a) 显示的是 THz 参考信号 (reference) 和三个不同开凿时期石雕风化物的平均时域谱。透过三组样品的光谱相对于参考波谱都有一定的时间延迟，对 THz 波均有吸收，其延迟时间关系为：t (late stage) = t (middle stage) > t (early stage)。将时域信号进行傅里叶变换之后得到频域信息，如图 6-3 (b) 为 THz 参考信号和不同开凿时期石雕风化物信号的平均频域幅度比较图。箭头所指的临界值确定的有效频率范围为 (0.2 ~ 2.2) THz。相对于参考信号峰位的 1.025THz，三组样品的峰位分别为 0.76THz (early stage)、0.82THz (middle stage)、0.79THz (late stage)。利用公式 2-2 并用 Origin 软件将频域谱中样品的振幅与参考信号的振幅做比可得透射系数谱如图 6-3 (c)。整个 THz 频段内，透射系数的关系为：T(middle stage) > T(late stage) > T(early stage)。利用第 4 章公式 (2) 和 (3) 并用 Matlab 软件分别得到不同开凿时期石雕风化样品在 THz 波段的平均折射率谱和平均吸收系数谱，如图 6-3 (e) 和图 6-3 (d) 所示。整个 THz 频段内，吸收系数的关系为：A(early stage) > A(late stage) > A(middle stage)。平均折射率的关系为：R(middle stage) > R(late stage) > R(early stage)。

(2) 石窟内外壁石雕样品的太赫兹光谱

站在云冈石窟前，相信每个人都会情不自禁地赞叹它的雄伟壮观。最早对云冈石窟进行记载和描述的是北魏著名的地理学家郦道元，他在《水经注》中写道："凿石开山，因崖结构，真容巨壮，世法所希。山堂水殿，烟寺相望，林渊锦镜，缀目新眺。"《续高僧传·昙曜传》记载："去恒安西北三十里武州山谷北面石崖，就而镌之，建立佛寺，名曰灵岩，龛之大者，举高二十余丈，可受三千许人，面别镌像，穷诸巧丽，龛别异状，骇动人神，栉比相连三十里，东头僧寺，恒供千人。”从这些记载中，可想而知当年云冈石窟规模之宏伟精美，开凿时石窟的前立壁满壁都是造像，可惜经由多年的雨水冲刷、寒风肆虐、阳光照射等使得这些雕刻所剩无几。相较于“雕饰奇伟，冠于一世”的大型佛像，那些曾经满雕佛龛、佛像的窟内四壁［图6－4（a）］和石窟外壁的密密麻麻小型的千佛［图6－4（b）］则更体现出精益求精的精神，那是用心血造就的一种注重细节的完美体现。此外，雕刻时采用的这种单体排比重复手法能够形成较强的节奏和韵律，其效果是使僧侣信众在参拜佛像时目不暇接，经过一波波富有震撼力的雕像重复，引导他们的感情一次次上升，达到感悟、教化的目的。可惜，现存石窟外壁已再无法领略这一妙处，仅能从残留的小片区域雕像发挥想象了，所以，更需要文物保护者尽快找到有效的测试和防护方法。

（a）（b）

图6－4　云冈石窟内、外壁佛像雕刻
（a）第6窟内壁保存较好的一部分石雕　（b）第15窟外壁残留的一部分石雕

图6－5中各个主图是由THz—TDS测得的THz时域参考信号（reference）和透过各个石雕风化样品后的时域波谱。时域谱中的信号强度正比于脉冲THz电场的振幅，可以看出透过样品的THz时域波形相对于reference波形有不同程度的振荡和衰减，这产生于样品对THz波反射、色散和吸收的共同作用。而样品波形相对于reference波形出现一定的时间延迟则是由于样品的折射率大于氮气中的折射率所引起的。图6－5中各图右上角的辅助图是对reference信号和石雕风化样品的时域谱进行傅里叶变换得到的频域谱。可以看出，风化样品信号相对于参考信号具有显著不同。这是由于样品中的不同成分引起THz脉冲相对空载时的时间延迟，

其中风化样品对 THz 波的反射和吸收引起脉冲强度的下降，而样品的色散则使得脉冲展宽。参考信号的最大值对应频率即峰位为 0.903THz，各个风化样品的峰位相对参考信号的略有偏移，所以我们统一选取此值对应下的各项光学参数列入表 6 -3 中，为其他云冈石窟的相关研究提供参考。此外，三组样品的临界值分别为 2.56THz、2.56THz、2.14THz 也即 4 号窟的有效谱宽为（0.20 ~2.56）THz，9 号窟的有效谱宽为（0.20 ~2.56）THz，38 号窟的有效谱宽为（0.20 ~2.14）THz，相比而言第 38 窟风化物的有效谱宽短一些，这是因为它们对 THz 波的吸收强于其余两窟，THz 波在透过它们时很快就被衰减掉了[4]。

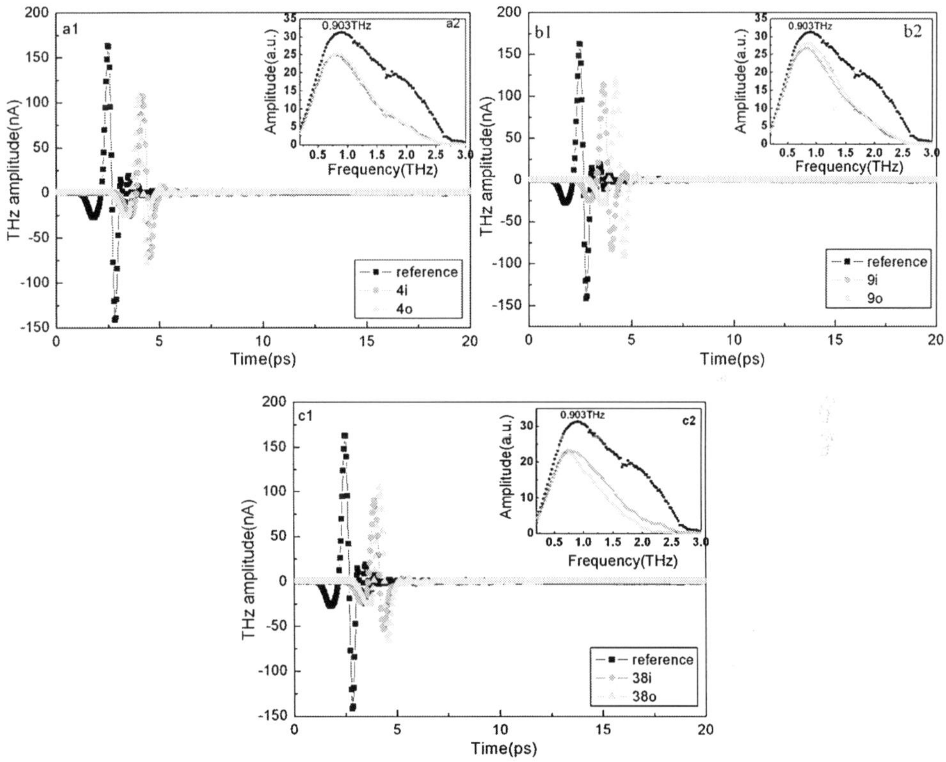

图 6 -5 云冈石窟第 4 窟、9 窟和 38 窟内壁和外风化石雕的时域谱和频域谱

利用前面第 4 章公式（1）并用 Origin 软件将频域谱中样品的振幅与 reference 信号的振幅做比可得三组样品的透射系数谱如图 6 -6。整个有效频段内，总体看三组数据的区别不大，仅是在高频段，石窟外壁风化样品的透射系数略大一些。尽管在开凿时石窟内外壁的岩石成分是完全一样的，但经过 1500 多年它们接受光照和风吹及人为破坏的程度不同，便导致了石窟内外风化程度及物质性质的改变。

表 6－3　石窟内外壁石雕风化物在 0.903THz 处的光学常数

窟号		透射系数	吸收系数	折射率
石窟内壁	4	0.78	4.27	1.54
	9	0.84	3.40	1.57
	38	0.64	9.79	1.56
	平均	0.71	6.49	1.54
石窟外壁	4	0.79	3.95	1.47
	9	0.90	1.31	1.51
	38	0.72	5.47	1.50
	平均	0.75	5.15	1.51

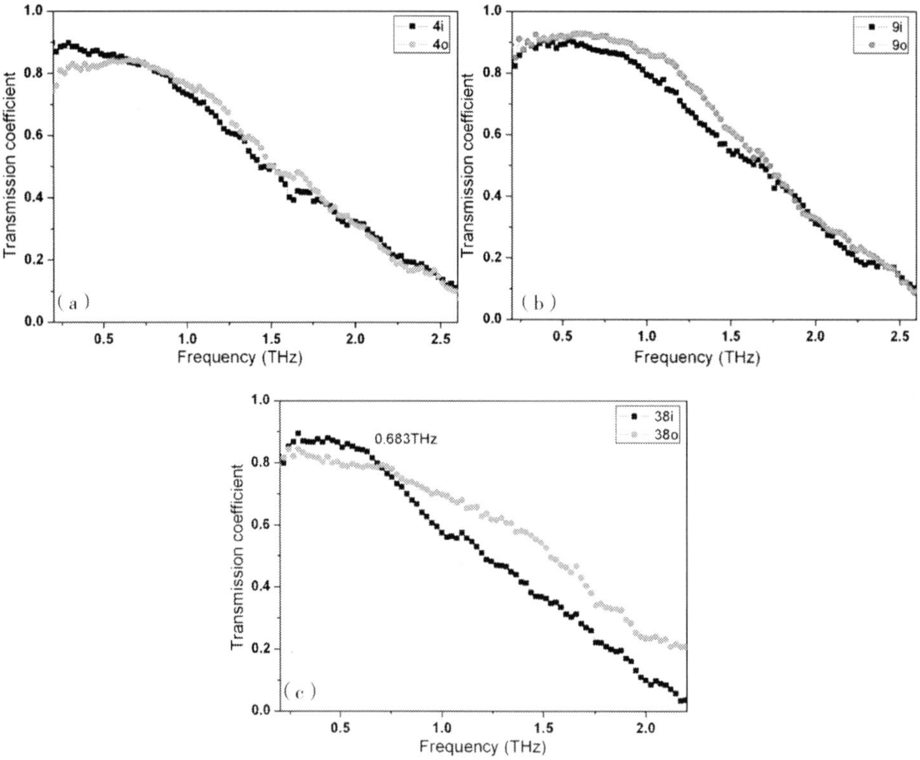

图 6－6　云冈石窟第 4 窟、9 窟和 38 窟内壁和外风化石雕的透射系数谱

利用前述第 4 章公式（2）和（3），并用 Matlab 编程分别得到三组风化样品在 THz 波段的折射率谱和吸收系数谱，如图 6－7 所示。各图上半部分为吸收谱，下半部分为折射率谱。虽然在整个波段所有风化样品都没有特征吸收峰，但三组样品中石窟外壁的吸收系数大于石窟内壁的吸收系数，这是由外壁接收阳光照射时

间长，而且更易被风雨冲刷而致，风化相对内壁石雕更严重些。物质就相应酥松，对 THz 波的吸收作用就强一些。同时由图的下半部分看折射率，明显在整个 THz 波段石窟内壁风化物的折射率高于石窟外壁的折射率，分别是 1.54(4i) >1.47(4o)，1.57(9i) >1.51(9o)，1.56(38i) >1.50(38o)[5]。

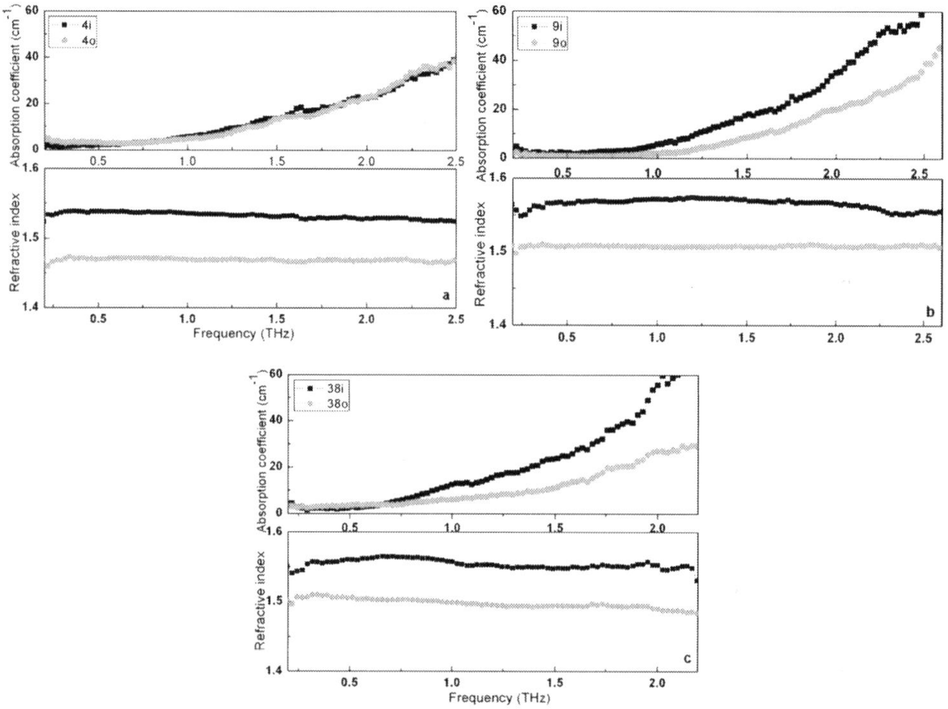

图 6-7　云冈石窟第 4 窟、9 窟和 38 窟内壁和外风化石雕的吸收系数谱和折射率谱

对以上三组样品比较分析，表明在整个 THz 波段，石窟外壁风化物的透射系数与石窟内壁风化物的基本相同，而吸收系数明显大于石窟内壁的，折射率则低于石窟内壁的折射率。尽管这三组实验结果规律是相同的，但为了严谨起见，我们将所用测试过的石窟内壁和外壁的 THz 光谱数据求平均值，得到图 6-8 中石窟内壁和外壁石雕风化样品的平均 THz 光谱（a. 时域谱 b. 频域谱 c. 透射系数谱 d. 吸收系数谱 e. 折射率谱）。由这些光谱可见，低频段，石窟内外壁的风化样品透射基本相同，到了高频区则是石窟外壁样品的透射强些；低频段石窟内外壁样品的吸收系数接近于零，高频段则吸收系数很快以指数形式增大，而且石窟外壁样品的吸收率明显高于石窟内壁样品；石窟内壁样品的折射率大于石窟外壁样品的折射率。这些结论与前面总结的结果是完全一致的，说明这个结论是正确可靠的。

同时，我们将各项对应的平均光学常数也列入表 6 -3 中。

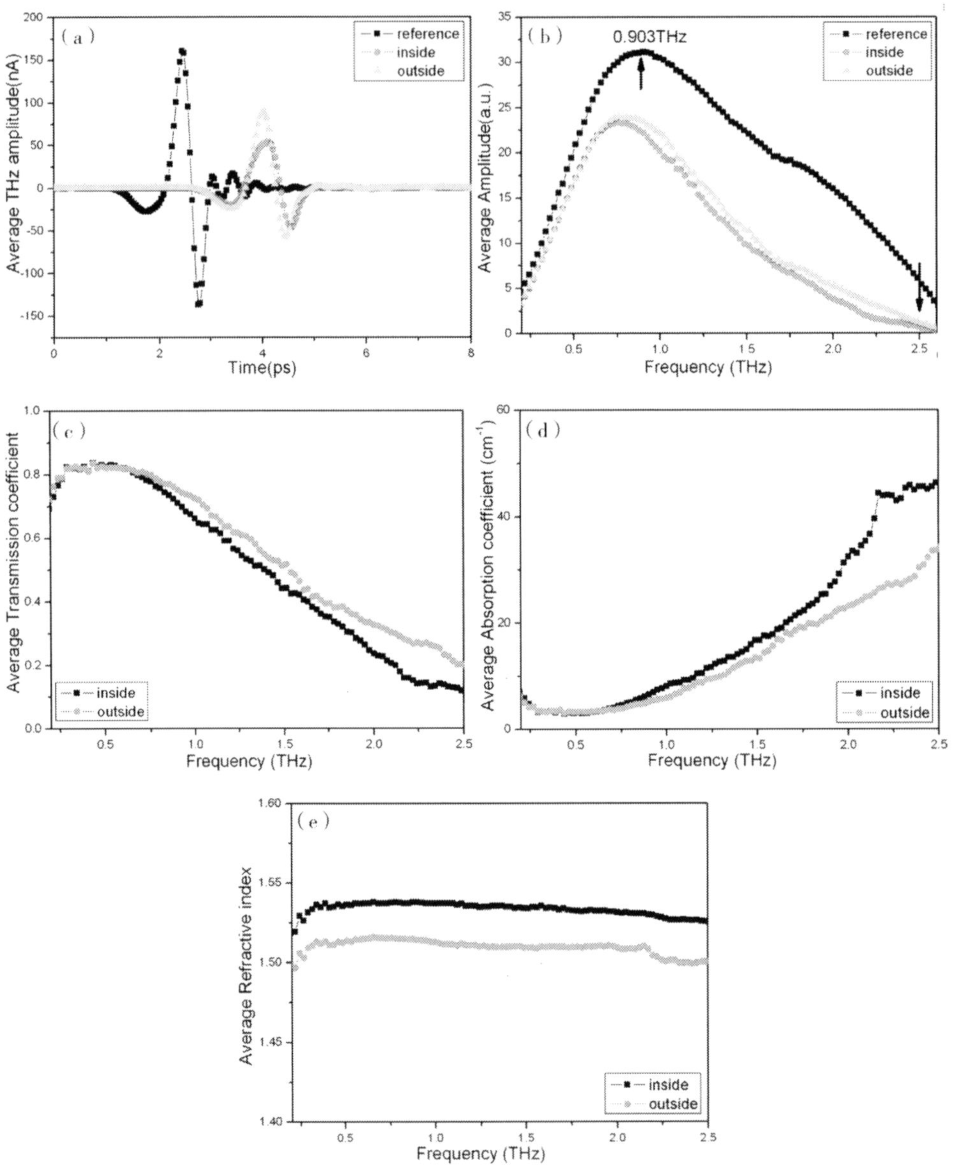

图 6 -8　石窟内壁和外壁石雕风化样品的平均 THz 光谱
(a) 时域谱　(b) 频域谱　(c) 透射系数谱　(d) 吸收系数谱　(e) 折射率谱

(3) 梯度样品的太赫兹光谱

对于云冈石窟的风化深度及风化效应沿纵深的梯度变化是石窟修缮前希望了解的关键问题。所以我们也研究了钻孔取样的石窟样品的 THz 光谱，如图 6 -9 为取样现场和处理前样品图。对岩心性质的初步描述见表 6 -4，因为大于 57cm 的岩心就已经是新鲜岩石了，所以我们只对小于 85cm 的岩心进行 THz 光谱分析。接着从所得岩柱头开始间隔不同距离取样，每个地方取两个样品，共取得 24 个样品，分别以深度标记，如距离表面 3cm 的样品记作 3[6]。

(a) (b)

图 6 -9　取样现场及样品
(a) 龙王庙沟西崖壁处现场钻取岩心图　(b) 所有岩心表面图

表 6 -4　云冈石窟龙王庙沟的风化岩心性质

离表面的距离（cm）	风化程度	岩性描述
0 ~ 11	完全风化	浅灰色长石质岩屑中砂岩，结构几乎完全破坏，有残余结构强度，尚可辨认，风化裂隙极其发育
11 ~ 13	强风化	浅灰色长石质岩屑中砂岩，结构大部分破坏，矿物成分显著变化，岩体破碎，风化裂隙很发育
13 ~ 52	中等风化	浅灰色长石质岩屑中砂岩，结构部分破坏，沿节理面有次生矿物，风化裂隙发育
52 ~ 57	微风化	浅灰色长石质岩屑中砂岩，结构基本未变，仅节理面略有变色，少量风化裂隙
>57	未风化	灰白色长石质岩屑粗砂岩，岩质新鲜，偶见风化痕迹

用 THz-TDS 测量 24 个样品，图 6 -10 中只绘制了其中一半样品（12 个）的时域和频域谱。可以看出透过这些云冈石窟样品后的 THz 时域波形相对于参考波形有不同程度的振荡和衰减，这是由样品对 THz 波的反射、色散及吸收共同作用所产生的。右边 THz 频域谱显示，样品信号相对于参考信号具有显著的不同。这是由于样品中不同的波速引起 THz 脉冲相对于空载时的时间延迟不同，样品对 THz 波的反射和吸收使脉冲强度下降，而样品的色散造成脉冲的展宽。频域谱中的最

大峰值对应频率为0.7905THz，也即此处THz光强最大。而且，样品的有效频段范围是0.2～1.7THz。

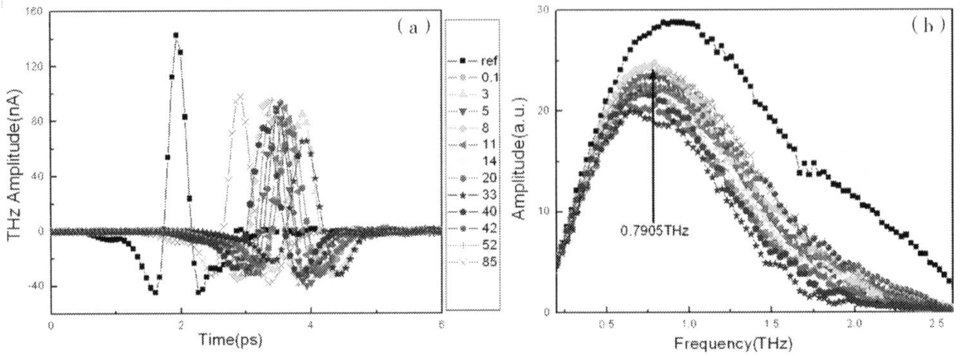

图6－10　其中12个样品的THz光谱
(a) 时域谱　(b) 频域谱

图6－11是其中12个样品的透射系数谱。由于没有明显的特征峰，我们无法识别它们。而且不同样品的光谱互相交叠，也很难区分和分析他们的透射特征。所以，我们分别提取图6－11（a）中峰值0.7905THz处对应的各样品的透射系数比较结果如图6－11（b）。结果显示，0～8cm和33～85cm间样品随深度的增加透射系数递增，8～33cm间样品随深度的增加透射系数递减。这与文献中对云冈石窟不同深度的温度变化趋势描述一致，0～5cm处于单向热传导状态，5～30cm处于交叉热传导状态，30～80cm处于单向热传导状态。云冈石窟砂岩的风化主要由温度变化和水分引起，对于深度梯度样品的风化则与温度变化的关系更为密切。因此，我们若能对其深度定位，也就能间接了解风化程度，这对于石窟的维护和修缮是很有意义的。因此，我们将样品分为两部分：一部分是深度为5～30cm的样品，其余的为第二部分。

综合以上的分析，我们选取透射谱的数据作为支持向量机的训练和检测样本进行回归建模。为提高区分度，并避免维数过高的现象，我们选取的20个数据点为：第281～300个（整个透射系数谱对应512个数据点），其对应频率为（0.7～1.2）THz［如图6－11（c）］。具体建模及预测过程在后面的第四章介绍。

利用前述第4章公式（2）和（3），并用Matlab编程分别得到这些梯度样品在THz波段的折射率谱和吸收系数谱，如图6－12所示。上半部分为折射率谱，下半

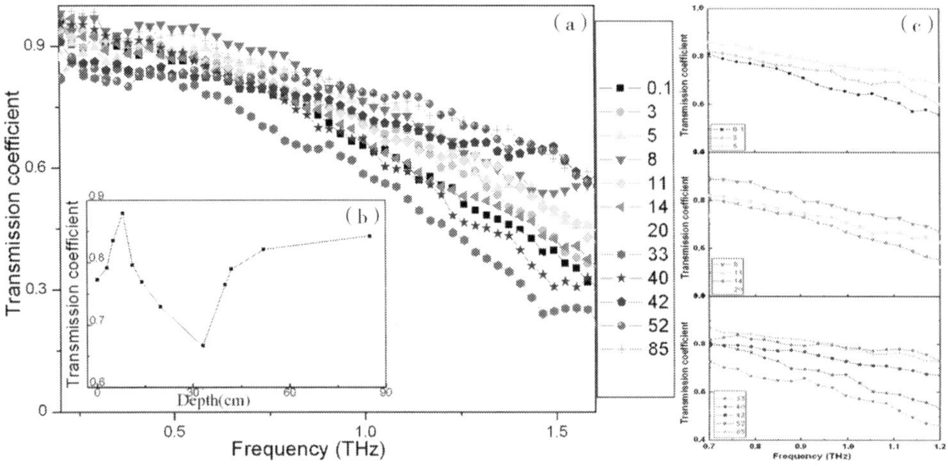

图 6－11 其中 12 个样品的 THz 透射系数光谱

(a) 全波段透射系数谱 (b) 0.7905THz 对应的各样品的透射系数值 (c) 回归建模所用数据对应的透射系数谱

部分为吸收系数谱。从整个波段看所有样品都没有特征吸收峰，不同深度样品的折射率也无明显变化规律，所以需要结合后面要介绍的 X 射线光谱、SEM－ED 以及统计分析软件来进一步分析[7]。

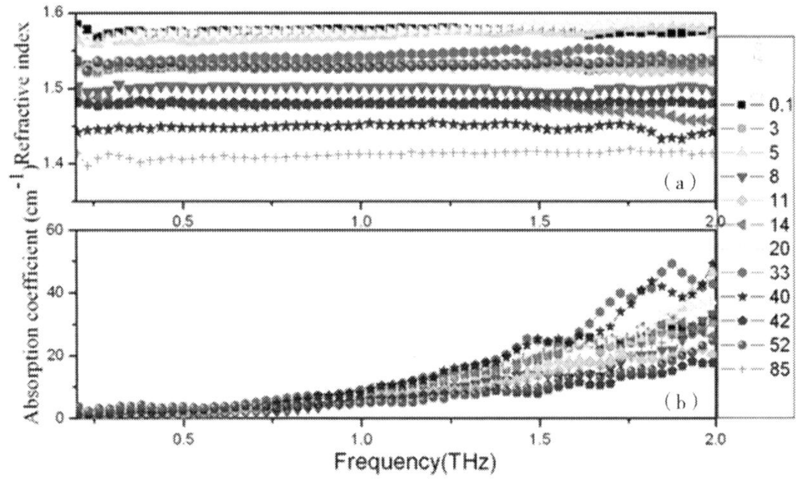

图 6－12 其中 12 个样品的 THz 光谱

(a) 折射率谱 (b) 吸收系数谱

（4）石雕风化物的太赫兹光谱分析结论

利用 THz－TDS 技术研究了云冈石窟风化物的 THz 光谱特性，获得了它们在 0.2～2.6THz 范围内的时域波形、频域谱、透射系数谱、吸收系数谱及折射率谱。

实验结果表明，所有的云冈石窟石雕风化物在 THz 波段均无明显特征峰，但是从不同角度对这些样品的光谱进行分析，发现不同石窟风化物是可以依据 THz 光谱区分开来的，并得到了较好的结论，不可鉴别的石雕风化样品则需借助后面章节介绍的光谱分析方法和统计软件。具体结果如下：

（1）三组不同开凿时期的石雕风化样品在整个 THz 频段内，其延迟时间关系为：t(late stage) = t(middle stage) > t(early stage)；透射系数的关系为：T(middle stage) > T(late stage) > T(early stage)；吸收系数的关系为：A(early stage) > A(late stage) > A(middle stage)；折射率的关系为：R(middle stage) > R(late stage) > R(early stage)。

（2）石窟内壁和外壁的石雕风化样品在整个 THz 频段内，透射系数的关系为：T(outside) > T(inside)；吸收系数的关系为：A(inside) > A(outside)；折射率的关系为：R(inside) > R(outside)。

（3）云冈石窟梯度风化样品在整个 THz 频段内，各个样品之间的 THz 光谱无明显规律可循，需要结合后面章节的其他光谱分析技术和统计软件来分析鉴别。

6.2 云冈石窟代表性病害的太赫兹无损检测

6.2.1 空鼓病害的检测

（1）空鼓病害

在石质文物病害的诸多类型中，空鼓病害是非常典型的病害之一（图 6 - 13）。砂岩类文物产生空鼓的原因是岩石内部本身具有层状结构和大量片状膨胀性黏土矿物或石膏，在雨/雪水的作用下使其表面溶蚀，为水进入砂岩内部提供了条件，砂岩内部黏土矿物及石膏较多的部位遇水后发生急剧膨胀，产生较大的膨胀压力，由于黏土矿物及石膏较多的地方岩层的联结强度较低，在膨胀压力的作用下便会产生空鼓。主要的现象是在石层中间出现空气层，使一完整的石层变成了由前壁石质（露天）—空气层（空鼓）—背底石质三者构成的空鼓病害结构。当空鼓厚度达到一定的程度，在温度变化较大或者受力不均匀时，前壁石层很容易产生裂缝而自然脱落，危害性极强。因此，对空鼓病害的情况进行及时评估，防止进一步劣化是非常重要的[8]。

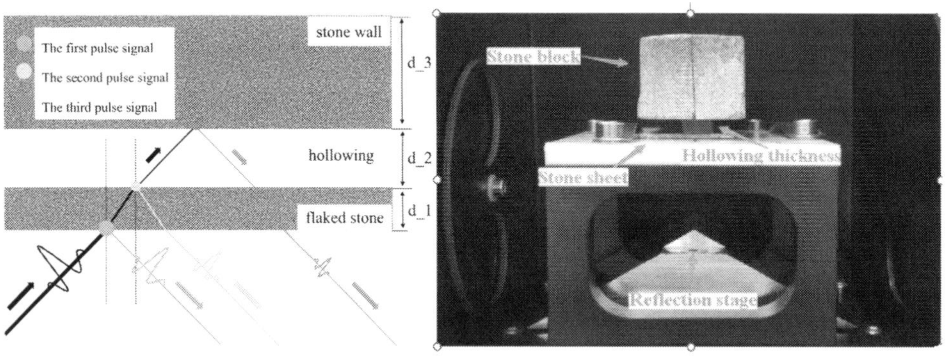

图 6－13 空鼓病害示意图和实验模型实物图

（2）空鼓病害检测方案

无损检测（NDT）方法是很有前景的诊断病害劣化程度的方法，如 x 射线衍射（XRD）、超声波、可见/近红外高光谱成像、探地雷达等。硬 x 射线可以透射密度较大、厚度较小的材料，如青铜等。软 x 射线可以穿透陶瓷、漆器、字画等小型文物。超声波可以检测到石质文物的内部缺陷，从而获得文物的内部结构信息。紫外光和红外线通常可以用来分析书法、绘画和纺织品的表面组成材料。拉曼光谱可以用于手稿、字画的分析、瓷器表面颜料成分和青铜制品成分分析，从而提供大量的文物表面信息。THz 光谱由于其非接触式、高分辨率、高效的检测潜力和可靠的文物分析评价方法等优点，在众多无损检测方法中脱颖而出。目前，THz 无损检测已成功地应用于文物病害的检测。然而在石质文物空鼓病害方面的研究仍然是一项艰巨的挑战，主要原因如下：①在 THz 波段石质材料没有指纹谱，也就无法通过 THz 特征谱技术直接表征。②缺乏普适性理论模型，这极大地限制了 THz 技术在多种文物病害检测领域的广泛应用。因此，需要推广 THz 检测技术，采用更具有普适性的理论模型，将其应用范围扩展至所有石质文物，而不是只适用于一种或几种有限的理论模型。但是，由于被测试样品的数量有限（文物必须要求无损测试，因此，在一般情况下，很难进行多点或线测量），所以，建立病害预测模型就需要基于少量的实验样本或数据并辅助机器学习手段来扩展其普适性。与其他类型的机器学习软件相比，SVM 具有处理小样本、非线性和高维问题的优点，克服了神经网络的局部极小问题。更重要的是，基于 Vapnike Chervonenkis（VC）

维理论和统计学习理论的最小化结构风险原理，建立的空鼓病害 SVM 预测模型能有效提高 THz 探测的普适性。因此，THz 光谱数据作为训练和测试样本，所建立的 SVM 病害预测模型具有良好鲁棒性可以解决急需的问题。所以，有必要为石质文物病害检测寻求新的思路和方法，特别是需要进一步通过机器学习的理论来构建具有普适的石质文物 THz 检测理论。希望在检测砂岩石文物空鼓病害时，无论何种形状的样品，无论是被测目标的哪个部位，仅需通过测量其 THz 反射光谱信息，就可以预测出它的劣化程度。此外，在文物病害的实际检测中，SVM 病害预测模型辅助 THz 检测技术可以更加快速、高效、节约成本。而且 THz 光谱的高灵敏度可以实现对病害差异极小的文物进行鉴别。

本研究对典型露天石质文物云冈石窟空鼓病害进行了实验和理论研究。根据三个反射脉冲的相对延迟时间与样本空鼓厚度的关系，利用 LS-SVM 建立基于 SVM 的石质文物空鼓病害预测模型（SVM-HDPM）。利用该模型，将空鼓病害的 THz 数据输入 SVM-HDPM，可以准确预测和得出石质文物的空鼓厚度，实验结果证明该模型具有较高的准确性和有效性。

（3）空鼓病害的太赫兹光谱

为了了解空鼓病害在 THz 波段的特征，首先采用透射试 THz-TDS 对厚度分别为 1.5mm 和 2.0mm 的两种不同类型的石片进行了测试。图 6-14（a）、（b）分别展示了参考波和透过石片的 THz 脉冲。THz 脉冲在通过石片后，由于材料在时域的分散而被拉伸，对应频域的衰减而具有较低的振幅。我们通过透射谱研究了两种石片的 THz 波穿透特性，如图 6-14（c）所示。结果表明：在保持较高信噪比（S/N）的情况下，当厚度从 1.5mm 增加到 2.0mm 时，THz 波仍能有效穿过石片。在这种情况下，可有效利用透射率大于 50% 的 THz 信号检测空鼓样品，使 THz 光谱穿过剥落的石材，通过空气层到达空鼓病害的后层石壁，将 THz 信号反射回来。50% 的 THz 信号透射率保证了 THz-TDS 系统的正常运行，并保持其自身的高信噪比检测性能。此外，值得注意的是，石片的折射率在 THz 波段非常稳定，如图 6-14（d）所示。因此，在我们后续的分析中，根据其稳定的折射率和互相平行的前后表面，可以近似地将石片视为各向同性介质。使用 T. D. Dorney 提出的太赫兹时域光谱法提取材料光学常数的模型对数据进行处理：

$$n(\omega) = \frac{\Phi(\omega)c}{\omega d} + 1 \tag{1}$$

其中 n(ω)为样品在一定频率下的折射率，φ(ω)为 THz 波通过样品的相位延迟，d 为样品厚度[9]。

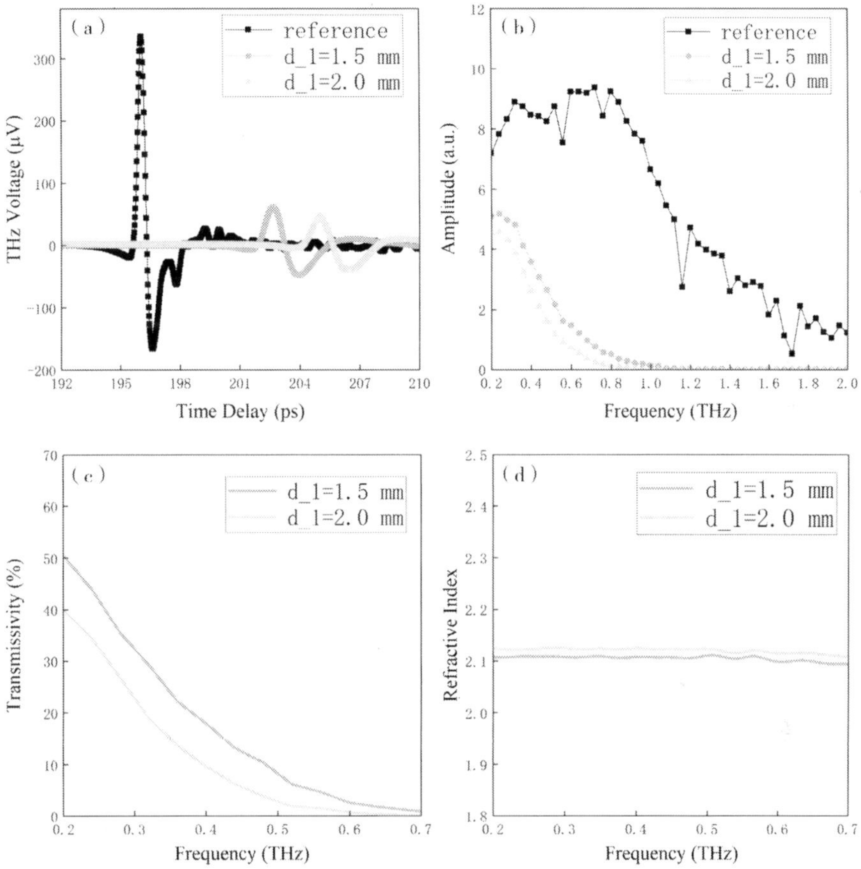

图 6－14　空鼓样品在太赫兹波段的光学性能

(a) 参考和厚度分别为 1.5mm 和 2mm 石片的时域信号；(b)、(c)、(d) 分别为两块石片的太赫兹频谱、透射光谱和折射率光谱

为了准确、可靠地获取空鼓样品的厚度，我们对其进行了 THz 光谱测量，厚度范围为 0 ～4mm，间隔 0.1mm，并利用测量数据建立了空鼓检测模型。所有空鼓样品的太赫兹时域谱如图 6－15 所示。图 6－15（a）～(d）为不同厚度空鼓的 THz 时域谱。由于 THz 波对空鼓样品的微小变化非常敏感，不同空鼓样品在 THz 波段的 THz 时域谱可以被区分出来。此外，需要指出的是，空鼓样品的石片相对较薄，但折射率较高。因此振荡波主要来自于样品内部的多次反射，即法布里—珀罗干涉效应。不同厚度的空鼓样品在时域频谱上存在显著差异，这是由于样品

在路径上的传播速度不同所引起的不同延迟时间。THz 脉冲强度的降低是由于样品的反射率和吸收，THz 脉冲随着样品的色散而变宽。从图 6 - 15 可以看出，在整个光谱区域内，随着时间延迟的增加，所有样品的 THz 光谱衰减很快。

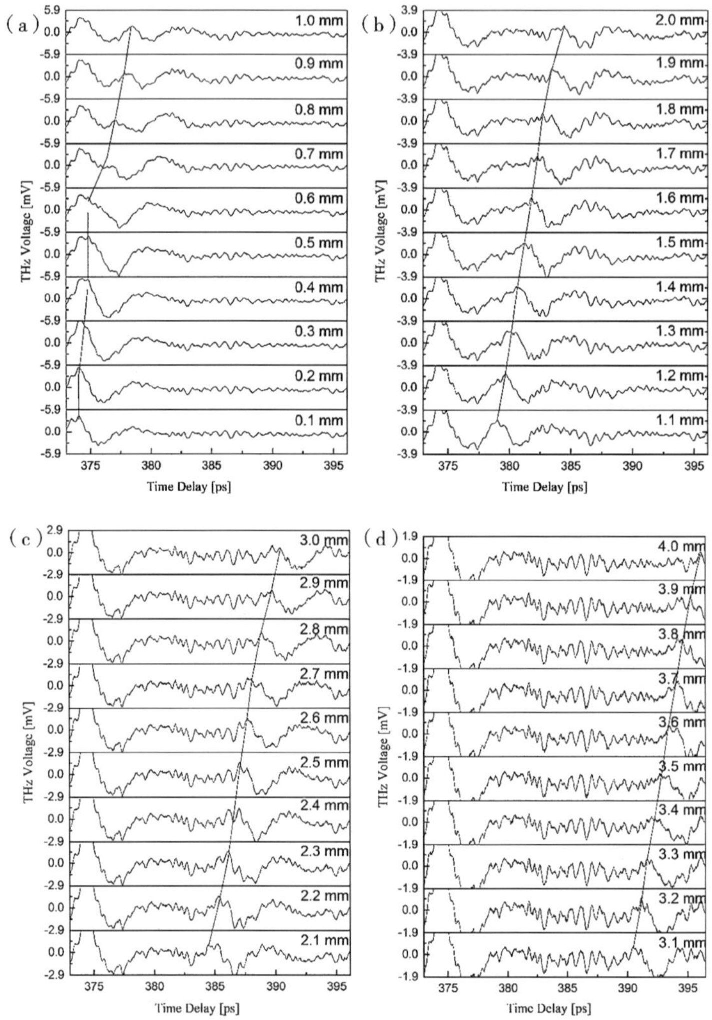

图 6 - 15　空鼓样品的 THz 时域谱

(a) 空鼓样品的厚度为 0.1 ~ 1.0mm，间隔 0.1mm；(b) 空鼓样品的厚度为 1.1 ~ 2.0mm，间隔 0.1mm；(c) 空鼓样品厚度为 2.1 ~ 3.0mm，间隔 0.1mm；(d) 空鼓样品厚度为 3.1 ~ 4.0mm，间隔 0.1mm

其中 10 个空鼓样品的 THz 时域信号如图 6 - 16 所示。图 6 - 16 右侧是完整的 THz 时域信号时间间隔为 370 ~ 400ps。从图 6 - 16 中可以看到，有三个明显的 THz 脉冲反射信号（除了 d_2 = 0mm）。第一个脉冲是由于 THz 脉冲从空鼓样品的石片前表面反射而产生的。同时，石片的后表面和石墙前表面分别产生第二次和第三次反射脉冲。尽管所有测试样品的 d_1 相同时，不同的 d_2 值会引起第二和第三个反射脉冲的峰值位置的移动，其第三脉冲的时间延迟（波谷位置）随着 d_2 的增加而逐渐增加。因此，第三个脉冲的时间延迟对不同厚度空鼓样品的 d_2 值很敏感。此外，峰位的微小漂移和 THz 波主峰后的子峰归因于样品和光学元件中标准具效应所引起的时域光谱振荡[10]。

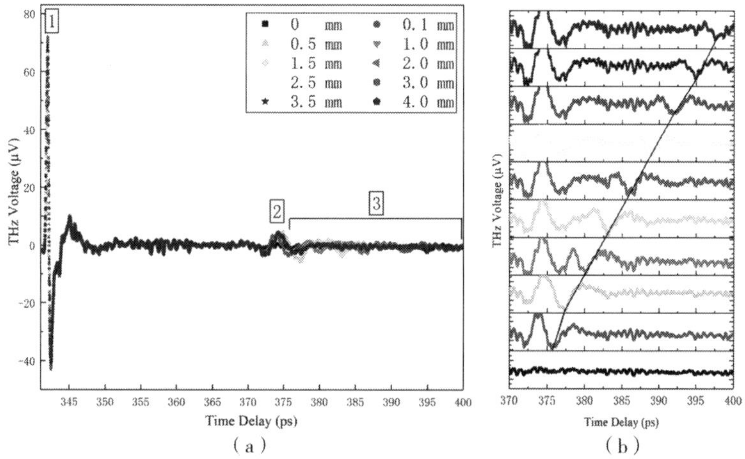

图 6－16 空鼓样品的 THz 时域谱，对应样品参数为：d_1 = 2mm，d_2 = 0 ~ 4mm，d_3 = 6mm

从不同厚度空鼓样品的 THz 光谱中提取峰位数值（T_3），然后减去 S_1 面（T_1，314.88ps）和 S_2 面（T_2，374.16ps）的反射峰所对应时间延迟值，得到 THz 时间延迟差（ΔT）。随着空鼓样品中空气层厚度的增加，会同时出现几个近邻回波。为了从所测 THz 光谱中精确选取 T_3 时，采用 Grubbs 法来消除噪声值，并从 Grubbs 表查得 G(n0)值，用于排除异常值 G > G(n0)。G 的定义为：

$$G = \left|\frac{\bar{t} - t_n}{s}\right| = \left|\frac{\frac{1}{n}\sum_{i=1}^{n} t_i - t_n}{\sqrt{\frac{1}{n-1}\sum_{i=1}^{n}\left(t_i - \frac{1}{n}\sum_{i=1}^{n} t_i\right)^2}}\right| \qquad (2)$$

其中 $\bar{t}$ 为每个样品的所有 THz 波时（t）数据的平均值，s 为标准差，n0 为显著性水平取值 5%。

图 6－17 为 ΔT 与 d_2 的关系，并对实验数据进行了线性拟合。R^2 值达到 0.99795，这说明了该方法的可行性和有效性。ΔT 和 d_2 的线性拟合方程也可以描

述为：

$$d\_2 = -9.88215 + 0.17121 \times \Delta T \tag{3}$$

通过对比上述空鼓厚度模型的线性拟合方程和式（1），可以确定空鼓模型的相关系数 b 为 9.88215，k 为 0.17121。在云冈石窟病害综合调查中，将实测 THz 光谱代入模型，便可计算出准确的空鼓厚度，为文物修复加固提供有效参考。

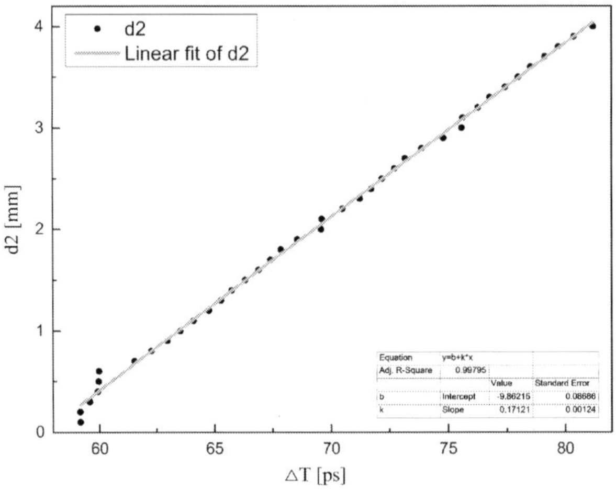

图 6－17　d_2 与 ΔT 的关系曲线及对 d_2 的线性拟合

（4）空鼓病害的太赫兹图像

图 6－18 是由典型的露天石质文物云冈石窟景区采集的砂岩所制备的空鼓病害实验样品模型。为了模拟实际空鼓，该样品由一个较薄石片与一个较厚石片斜交构成，中间的楔形空气层即可体现不同厚度的空鼓病害。本研究所用样品参数为，1 号样品（No. 1）：d_1 = 1.5mm，d_2 = 2.5mm，d_3 = 7mm；2 号样品（No. 2）：d_1 = 2mm，d_2 = 3mm，d_3 = 4.2mm。测试条件参数为，THz 成像系统：0.15－0.22THz，扫描步长 1mm。图 6－19 为两个空鼓样品的 THz 调频连续波扫描成像结果。其中，图 6－19（a）和图 6－19（b）为扫描区域 60mm × 50mm 的 1 号样品三维成像图及 Y 取 45mm 时的 XOZ 截面；图 6－19（c）和图 6－19（d）为扫描区域 80mm × 50mm 的 2 的号样品三维成像图及 Y 取 28mm 时的 XOZ 截面。由图可见，较分明的四个界面，分别对应空鼓样品前后表面的四个边界，中间楔形部分为空气层，其性状和大小与实际样品完全一致，说明此成像结果可有效表征石质文物空鼓病害的形貌和劣化程度[11]。

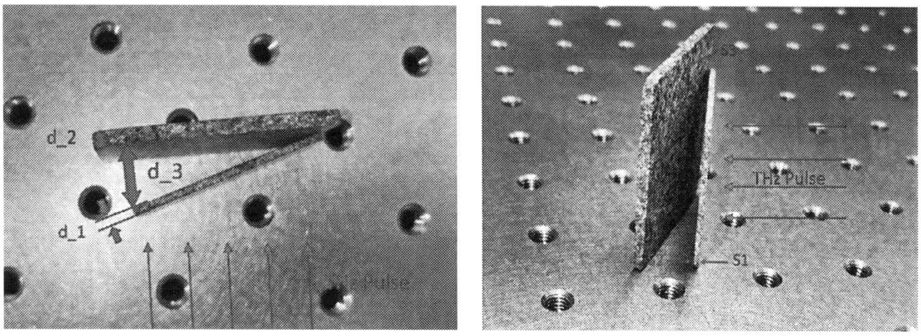

图 6－18　空鼓实验样品实物图

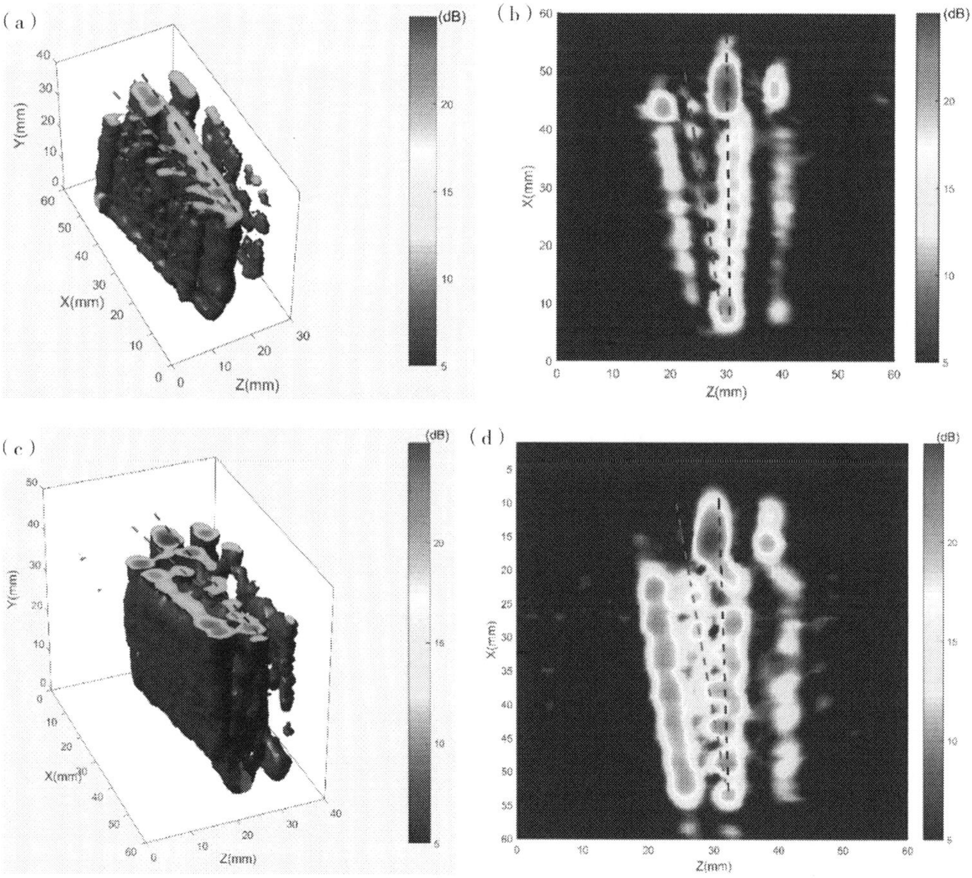

图 6－19　空鼓样品的 THz 成像图

总之，从 THz 成像和波谱检测两个方面分析了云冈石窟空鼓病害的劣化特性，THz 成像结果可从整体给出空鼓病害的劣化形貌和分布特点，而 THz 波谱则可定点精细测试空鼓厚度。在实际病害的无损检测应用中，两种方法互为补充，全面勘测文物病害，为文物的修复工程提供精确的病害勘测数据。

6.2.2 裂隙的检测

裂隙病害是石窟寺雕刻中广泛存在的一种常见病害，有可能引起岩石块体与母岩分离，形成独立块体，轻则造成石质文物表面脱落，重则会使独立块体沿裂隙结构面发生移动、错位、滑塌等不良现象，破坏石质文物的完整性，从而失去原有的艺术和欣赏价值，直接威胁着文物的保存状况，裂隙监测和预防已成为文物保护和修复的重要内容之一。裂隙产生的主要原因有：石窟受外界自然条件变化和区域构造活动，造成岩体内部应力分布不均而出现破碎断裂形成的裂隙；长期暴露在野外受各种营力作用产生的新裂隙；外力和生物作用在原有裂隙基础上造成进一步的延伸与扩张，所形成的次生裂隙。目前针对文物本体裂隙变化的监测主要有电阻应变片、位移传感器等接触式监测技术，此类监测技术会对文物本体造成不同程度的损害。随着科学技术的发展和文化遗产保护要求的提高，越来越多新的理念和方法被引入进来。此外，裂隙数据具有不确定性、贫信息性和趋势性，裂隙是时间的非线性函数，裂隙量随着时间的推移，发生不确定的变化。因此，不能用简单的模型进行拟合预测。太赫兹时域光谱技术（THz-TDS）是一种基于飞秒超快激光技术，并且它的光波段包含于太赫兹波段光谱范围内的新技术。我们利用 THz-TDS 实验检测了云冈石窟的裂隙模型并做了 SVM 预测建模。结果表明，所建立的 SVM 预测模型与实际结果基本相同，其相对误差值为 2%，说明该方法可有效识别和高精度测量裂隙的劣化程度，此模型是可靠并可实际用于检测的，可为石质文物的防护工程提供有效、精确的参考数据，也对石质文物病害检测技术具有重要的参考价值

（1）云冈石窟裂隙病害模型

云冈石窟裂隙包括构造裂隙、风化裂隙、卸载裂隙、岸边裂隙等，由于裂隙发育程度不同，对岩体的破坏程度各异，故对石窟围岩及石窟内顶面、立面的影响也不同。按照裂隙宽度的不同，整个测区的裂隙大致分为以下三类：

①轻微裂隙，岩石表面为弱风化，接缝处较发达，肉眼可见闭合裂缝，可见表面裂缝宽度为 0 ~ 1mm；

②中度裂隙，具有完整和致密的岩体，主要的裂缝扩大并且尺度较大，表面裂纹的可见宽度为 1 ~ 5mm；

③重度裂隙，岩体的风化非常严重，松散的表面和裂缝非常发达。它们中的大多数是开放的裂缝，填充有黏土和其他填料，并且在接缝或裂缝中具有不同尺寸的分支，表面裂纹宽度 > 5mm。

结合实际云冈石窟裂隙的类型及劣化程度，同时考虑裂隙宽度和深度值，我们通过将云冈石窟景区采集的大块砂岩样品，进行切割并打磨为表面和侧面都光滑的厚度分别为 1mm、1.5mm、2mm 和 2.5mm 的薄片各两片（图 6 - 20）。后期实验，通过改变两片石片的厚度和它们之间的间隔距离来获得不同深度和宽度的裂隙模型。

图 6 - 20　打磨后的云冈石窟砂岩薄片

（2）实验检测装置

本研究所用的太赫兹时域光谱系统（THz-TDS），型号为 THz-TDS1008，采用光电导天线来产生 THz 脉冲，电光采样技术测量 THz 波（图 6 - 21）。主要由飞秒激光器、光电导天线、时间延迟控制系统、数据采集与处理系统等组成。该系统的光谱范围为 0.1 ~ 3THz，频谱分辨率 < 3GHz，最大扫描范围 500ps。飞秒激光器的中心波长：780nm 波长范围 780 ± 10nm，平均功率 > 140mW，脉冲宽度 < 100fs。实验环境的相对湿度小于 4%，整个实验在室温 22℃下进行。

（3）裂隙病害的太赫兹光谱

进行 THz 测试前，将厚度相同的两块已打磨好的石片放置在样品台上，并精

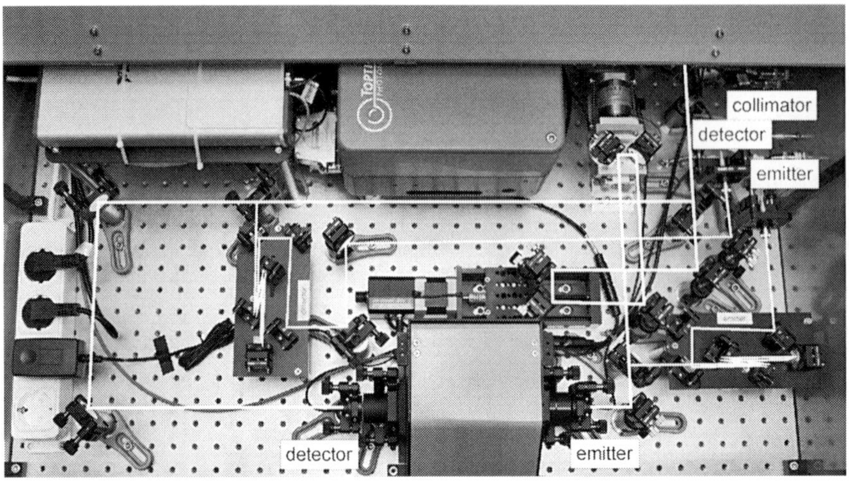

图 6－21　THz-TDS 内部结构图

确控制中间缝隙的宽度（图 6－22），然后将一块较厚的砂岩块盖在上方，构成一个裂隙病害的实验模型。其中，两块薄片的厚度模拟实际裂隙病害的深度，两薄片间的宽度模拟实际裂隙的宽度，上方厚砂岩块模拟实际石窟后壁面。通过改变两块薄块的厚度可对裂隙的劣化深度进行研究，调节两块薄块间缝隙的宽度用来探究裂隙的劣化宽度情况，确保厚砂岩块对 THz 光的不透过性，以模拟实际很厚的石窟壁面使光无法透过的物理场景。我们不仅测量了裂隙深度（d）为 1mm、2mm、2.5mm、3mm、3.5mm 和 4.5mm 的 6 种类型裂隙模型的 THz 光谱，而且也研究了每种裂隙厚度下的 3 种不同裂隙宽度（w）1mm、2mm 和 3mm 裂隙模型的 THz 光谱。

图 6－22　THz-TDS 内部结构图

①相同宽度不同深度的裂隙模型研究

图 6－23 为宽度（w）分别为 1mm、2mm、3mm 三组裂隙模型的 THz 光谱图，其中，图 6－23（a）为 w＝1mm，深度（d）分别为 1mm、2mm、2. 5mm、3mm、3. 5mm 和 4. 5mm 时的 THz 光谱对比图，第 1 个 THz 主波峰的位置基本相同，分别为 363. 38ps、363. 52ps、364. 04ps、363. 16ps、363. 74ps 和 363. 62ps，但峰的相对强度随着深度的增加逐渐变弱，即主脉冲的峰位几乎相同，裂隙的深度越大峰值越小；而第 2 个 THz 脉冲峰则随着深度的增加，延迟时间明显增加，且强度减小，峰位分别为 369. 24ps、375. 25ps、380. 95ps、386. 03ps、387. 88ps 和 394. 32ps。而且，随时裂隙深度的增加，在此波段范围内逐渐出现了新的小脉冲峰，也是由主脉冲峰反射形成的。图 6－23（b）和图 6－23（c）中 THz 主峰和第 2 脉冲峰的变化规律也类似，均为主脉冲的峰位几乎相同，随着裂隙的深度的增加峰值越小；第 2 脉冲峰的峰位随着裂隙深度的增加逐渐增大，峰值逐渐减小。此外，我们由当 w＝2mm 时，六种不同深度裂隙的 THz 光谱堆叠图图 6－23（d）明显看出，随着深度的增加，主脉冲的峰位几乎重合，第 2 脉冲峰依次延后，且 THz 脉冲峰个数逐渐增多。

所以，裂隙深度对其 THz 波谱的影响主要体现在第 2 个脉冲上。因而，我们可以根据所测裂隙的 THz 光谱图反推裂隙的劣化情况，即反演其宽度和深度值，进而为文物的修缮提供参考数据。

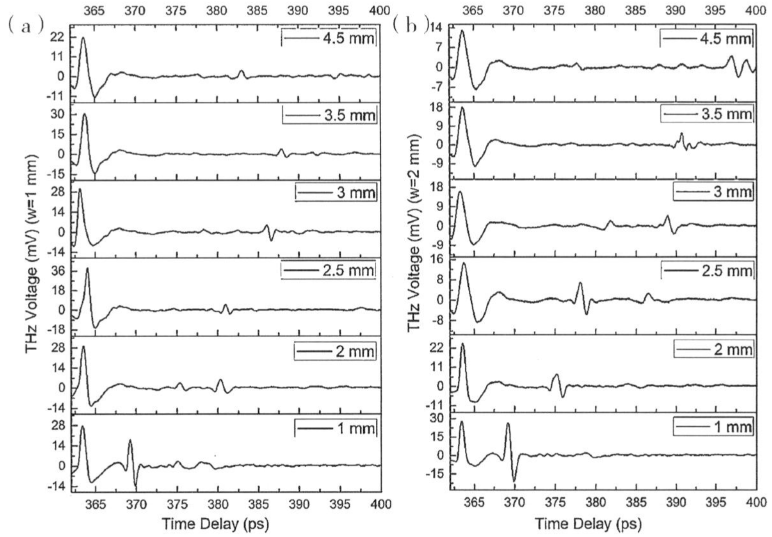

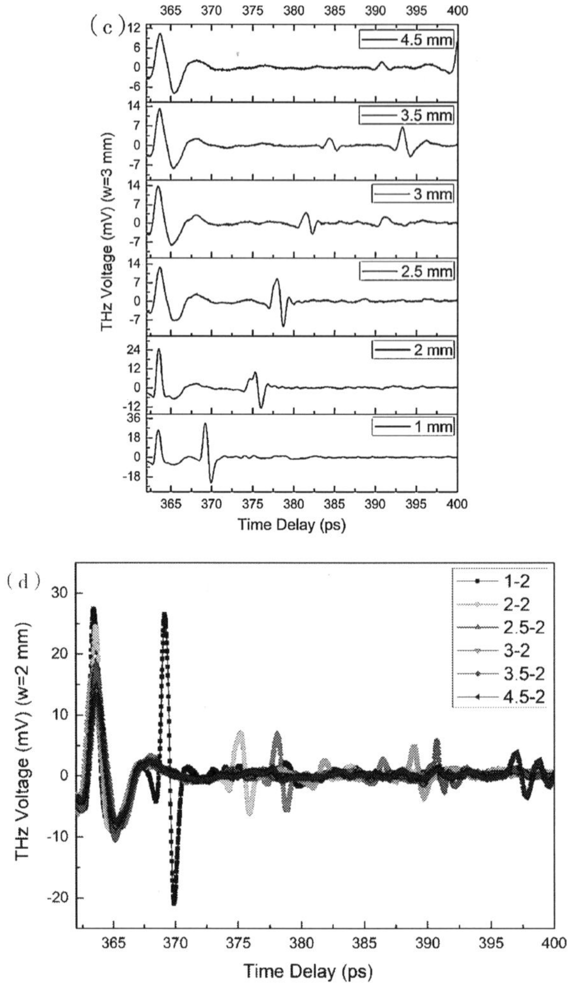

图 6－23　相同宽度（w）不同深度（d）裂隙模型的太赫兹光谱

②相同深度不同宽度的裂隙模型研究

图 6－24 为对 6 种不同深度裂隙模型检测所得的 THz 光谱图。图 6－24（a）是深度（d）为 1mm，当宽度（w）分别为 1mm、1.5mm、2mm、3mm 时裂隙的 THz 时域光谱。由图可见，在此波段所有裂隙模型的 THz 波谱基本相同，特别是两个 THz 脉冲峰也基本重合，图 6－24（g）的堆叠图也可明显看出这两个峰分别为 363.38ps，369.22ps，说明当裂隙深度较小时，裂隙宽度对它的 THz 波形影响较小。由图 6－24（b）、图 6－24（c）、图 6－24（d）可见，随着深度的增加裂隙宽度开始影响第 2 个脉冲峰，峰位延迟的同时峰的强度也在下降，但规律不是很明显。直到裂隙深度达到为 3.5mm 后，这个规律就变得突出起来，见图 6－24（e）、

图6－24（f）和图6－24（h），随着裂隙宽度的增加，第1个脉冲峰的位置没有发生变化，固定在363.78ps，而第2个脉冲峰的位置则逐渐后移，同时峰的强度逐渐降低。特别强调一点，位于384.35ps处的小峰是第1个脉冲峰在裂隙底部反射回来的回波，并不属于第2个脉冲峰。

所以，此波段的第1个脉冲峰主要由裂隙表面反射而来，其峰位和强度值反映了裂隙的材质；第2个脉冲峰，当裂隙深度较浅时，基本不随裂隙宽度发生改变，当裂隙宽度达到或超过3.5mm时，其峰位随着裂隙宽度的增加逐渐延迟而峰值则逐渐降低。因而，我们可以根据所测裂隙的THz光谱图反推裂隙的劣化情况，即获得裂隙的宽度和深度值，进而为文物的修缮提供参考数据。

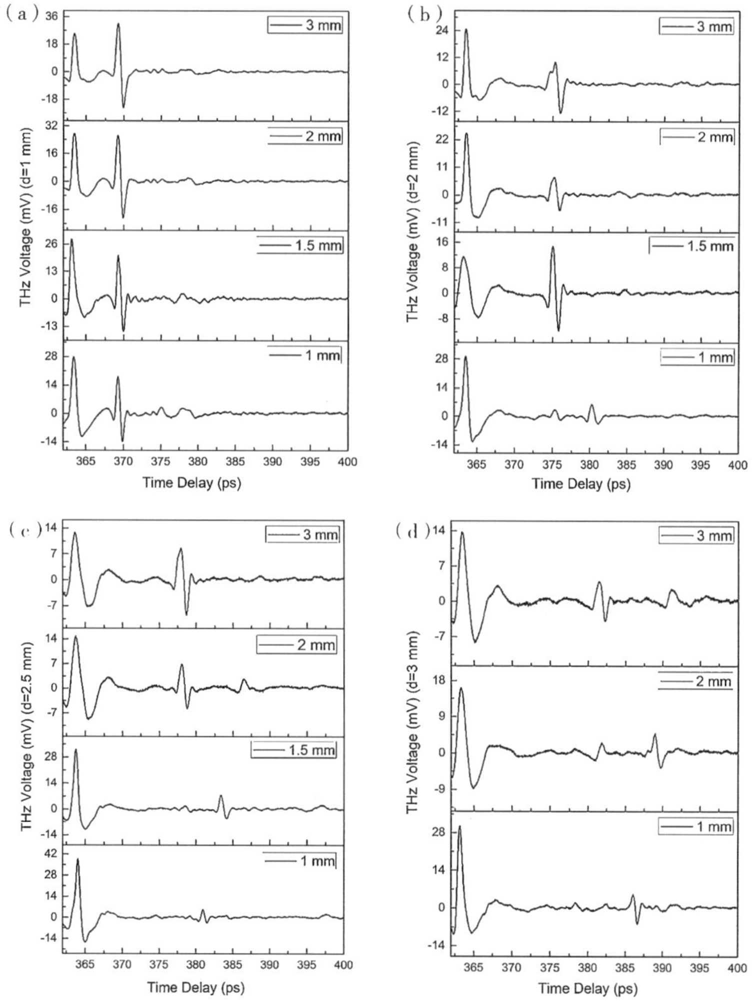

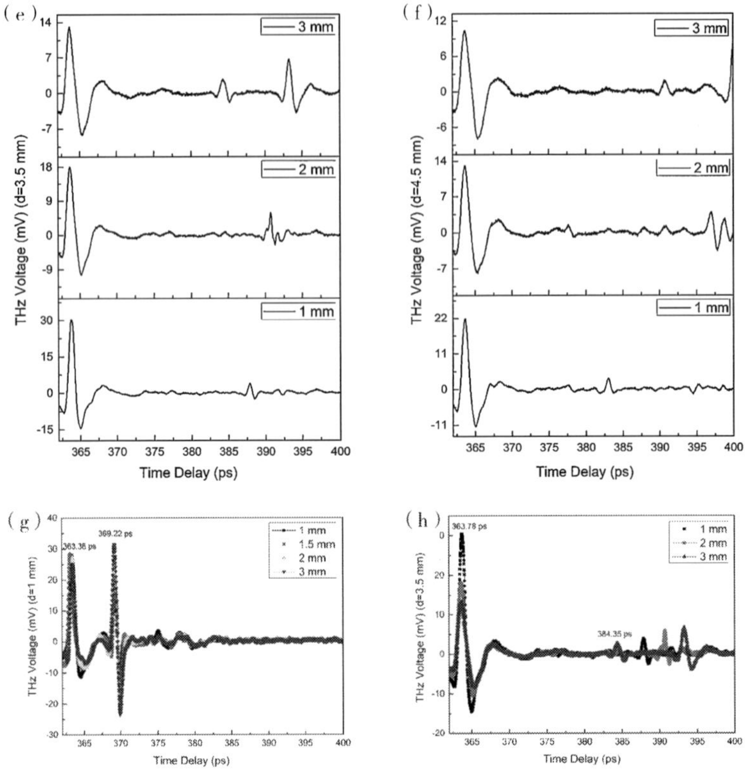

图 6-24　相同深度（d）不同宽度（w）裂隙模型的太赫兹光谱

（4）小结

本研究利用 THz-TDS 无损检测技术，通过对代表性露天石质文物裂隙病害模型进行 THz 光谱测量后分析实验数据，探究石质文物裂隙病害的劣化程度与其 THz 光谱间的关系：裂隙病害的深度越深，其 THz 波谱中两个脉冲峰的强度越弱，且第 1 个脉冲峰的位置几乎不变，第 2 个脉冲峰的位置延迟逐渐增大；裂隙病害的宽度越大，其 THz 波谱中两个脉冲峰的强度衰减也越来越大，其中第 1 个脉冲峰的位置也几乎没有变化，但第 2 个脉冲峰分两种情况，当裂隙宽度较小时，峰位和峰的强度几乎不变，当裂隙宽度增大到一定值时，其位置延迟越来越大，强度也越来越小。因而，根据所测裂隙的 THz 光谱可以分析得到裂隙的劣化程度，获得精确的裂隙深度和宽度，进而为文物的修缮提供可靠参考数据。

6.2.3 分层病害的检测

石质文物是以天然岩石为原材料的文物，它们大多是用砂岩、花岗岩、页岩等。云冈石窟雕刻群是典型的砂岩类文物，砂岩是一种沉积岩，石英和长石等碎屑占百分之五十以上。虽然在相同的环境下一般会形成同样的岩石，但通常看似连续的沉积环境内部也不一定连续。虽然外围的沉积环境没有改变，但对于同一个沉积盆地，在沉积物来源不变的情况下，季节变化也会影响沉积物类型和颗粒大小，甚至每天环境的变化都会引起沉积物的变化，这些变化极易导致岩体发生分层，造成文物表面脱落甚至完全毁坏，造成严重的文物损失。但是，分层病害往往分布在石质文物浅层内部，从文物表面看不出来，这就需要我们使用无损、高精度的仪器进行内部探测。

THz 波的应用一直是近年来无损检测领域的研究热点。一方面因为它可以克服传统无检测技术的局限性，穿透普通非金属材料，提供非侵入性、非接触性、非电离性、高灵敏度的检测方法；另一方面它能够同时获得被测物丰富的材料性能信息。THz 辐射被逐渐用于分析层状材料的内部结构和厚度的检测，而且很多文献已证明了 THz-TDS 系统对石质材料无损检测的可行性。因此，本研究使用 THz-TDS 来检测云冈石窟浅层内部分层病害的劣化情况。

（1）分层病害的模型制备

通过调研典型露天石质文物云冈石窟的分层病害信息，在不影响文物和环境的情况下，从景区取回砂岩块，首先利用打磨机制作了云冈石窟常见分层病害尺度的粗糙石片，接着使用磨片进行打磨抛光，制备标准分层病害模型。因为砂岩石片容易碎裂，为了做到尺寸足够精确，在打磨过程应该时刻关注砂岩片厚度的变化，及时用游标卡尺精确测量。如图 6 - 25（a），最终选出代表性厚度的四种厚度规格砂岩片，从左到右依次为：1.0mm、1.5mm、2.0mm 和 2.5mm。将磨制好的不同厚度砂岩石片互相叠加制备成分层病害模型，其中，分层病害模型应至少为三块或三块以上砂岩片互相叠加组成两层或两层以上分层病害模型，每两层中间使用相同厚度的微小玻璃钉放在边缘隔开（本实验所用的玻璃钉单个厚度为 0.2mm），保证每层砂岩片之间呈互相平行的状态，即确保两层之间的空气层的厚度一样，进而减少空气折射的影响，同时确保置于边缘的玻璃钉不会阻挡 THz 光束，引起实验误差，图 6 - 25（b）。分层病害模型的表示方式为 d1 - d2 - d3…… - dn，其中 d1、d2、d3……分别为由外至内的砂岩片厚度，如 1.0mm - 1.5mm - 2.0mm 表示最外层砂岩片的厚度为 1.0mm，第二层的厚度为 1.5mm，第三层的厚度为 2.0mm。样品台放入 THz-TDS 系统中测试时，要精确调整使得 THz 光的束腰处正好打到分层病害模型的中心，然后反射进入 THz 探测器中，见图 6 - 25（c）。

图 6 - 25　分层病害模型实物图

（2）分层病害的检测原理

THz-TDS 技术通过分析 THz 信号强度、时间延迟、频率幅度和相位等时频参量，研究 THz 波的传输特性，获得信号中携带的样品信息。在图 6 - 26 中，展示了两种典型 THz 时域光谱示意图。左边蓝色波形为干燥环境下通过自由空间的参考信号，即没有通过任何材料的原始信号，因此其主脉冲没有发生任何形变。右边绿色波形为与被测对象相互作用后的样品信号，显示出明显的波形变化。依据信号在样品中的传播特性（反射、折射、透射、散射等），研究信号特征参量的变化（如信号强度、时间延迟和脉冲展宽比等），可以有效获取样品信息。如图 6 - 26 所示，与参考信号相比，样品信号回波脉冲位置发生偏移，在时域上表现为固定的时间延迟，可间接反映被测样品厚度。其次，THz 信号的振幅强度变化，其主峰幅值明显下降，表征了材料的介电信息和吸收特性。延迟时间和时域信号峰值强度是时域光谱中两个典型的特征，延迟时间直接关联着被测样品物理信息和化学信息，同时，脉冲的展宽、波形的振荡等时域特征也广泛用于材料特有属性的表征研究中。

在病害检测方面，THz-TDS 技术依据脉冲 THz 波和被测试件的相互作用关系，分析和提取物质结构特性响应，构建被测物结构无损检测信号关联和规律，为物质结构的无损检测评估提供理论指导。THz 光谱反映样品的光学特性和内部介质不连续性，针对常见的孔洞、分层、夹杂和裂纹等缺陷，THz-TDS 技术可分辨物质典型损伤，进而实现缺陷的定性、定量检测和评估。

THz-TDS 技术具有获取信息量丰富、时间分辨率高等优势，测量 THz 脉冲经过样品的电场强度变化，提取幅值和相位信息，无须复杂的克拉默斯—克勒尼希（Krammers-Kellenich，K-K）变换，即可表征材料的折射率、吸收系数、消光系数和厚度等参量。考虑 THz 波携带丰富的光学信息及介质本身具有的结构信息，THz-TDS 技术在表征 THz 波段参量方面具有巨大的潜力，也为 THz 无损检测技术提供有力的前期保证。

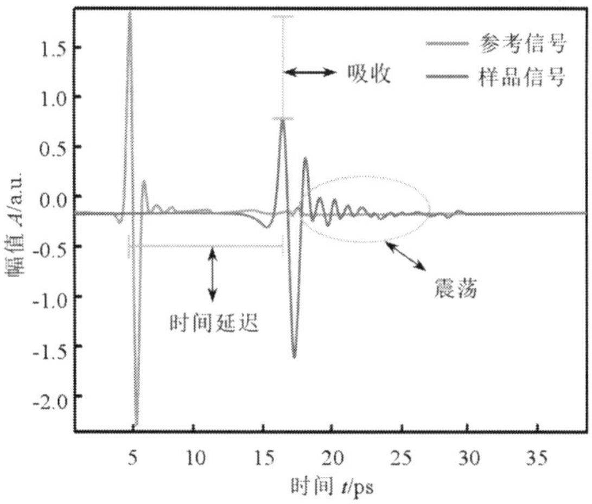

图 6-26　典型 THz-TDS 检测光谱示意图

THz-TDS 描述复杂多层材料的传播过程时，其基本概念是将被测对象视为分层系统，逐层讨论电磁辐射与物质相互作用关系，进而实现所有层材料参量的提取。图 6-27 显示了一个多层样品，它由 N 层组成。由于每层具有不同的光学参量（如折射率和吸收系数）和结构参量（如厚度），THz 波在各层分界面处会发生反射同时产生相位延迟和振幅变化。

THz-TDS 对待测材料的折射率有很强的敏感度，界面的反射率决定了反射的振幅和相位，这使它非常适用于多层结构的无损检测。利用脉冲 THz 波进行瞬时测量，可以在透射和反射模式下高精度地获得各层厚度。以现在的技术，不仅可以获得总的厚度，还能获得每一层之间的厚度差，最高可达微米量级的分辨率。

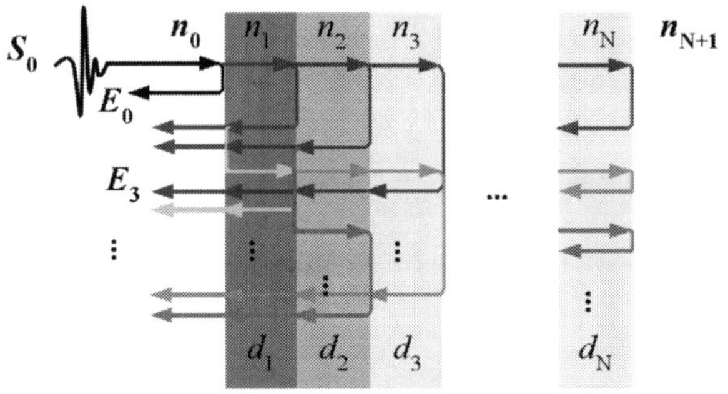

图 6-27　多层介质的反射式 THz 波示意图

（3）分层病害的太赫兹光谱

图 6-28 为 6 组第一层砂岩片厚度（d1）和第三层砂岩片厚度（d3）相同，中间的第二层砂岩片厚度（d2）不同的云冈石窟分层病害模型的 THz 光谱对比图。总体比较 6 组分层病害的 THz 光谱图，发现第 1 个脉冲峰的峰位基本相同，都出现在 363.34ps 处，这是由于这 6 组分层病害的砂岩片材质相同且检测位置均位于 THz 探测波的束腰处。第 2 个脉冲峰是由第二层砂岩片的表面反射后经第一层砂岩片透射产生，其峰位主要决定于第一层砂岩片的厚度，由图 6-28 中 6 幅图可见，厚度为 1mm、1.5mm、2mm、2.5mm 的第一层砂岩片分别对应第 2 个脉冲峰的位置为 378.27ps、386.08ps、391.58ps（391.60ps）和 399.69ps（399.89ps），第一层砂岩片厚度的差值均为 0.5mm 对应第 2 个脉冲峰位的差值也基本在 8ps 附近波动。这些微小的差别可能来源于砂岩片的平整程度、构成砂岩内部各种混合物质的分布不均匀等。第 3 个脉冲峰是由第三层砂岩片的表面反射，经第二层和第一层砂岩片透射产生，其峰位主要由第一层和第二层砂岩片的性质决定。由于第二层砂岩片厚度不同，所以，第 3 个脉冲峰的峰位延迟有较大差别。由图 6-28（a）可见，尽管第一、三层砂岩片的厚度相同，但分别为 1.5mm 和 2mm 的第二层砂岩

片的厚度差异引起第 3 个脉冲峰的峰位由 401.33ps 延迟到 411.18ps，产生了 9.85ps 的偏移，同时脉冲峰的强度也发生了一定程度的衰减。图 6 – 28（b）是 1mm 和 2mm 的第二层砂岩片的厚度差异引起第 3 个脉冲峰的峰位由 401.27ps 延迟到 419.18ps，产生了 17.95ps 的偏移。其余各分层病害的脉冲峰位数据见表 6 – 5，各模型的 THz 波谱第 1 个脉冲峰位基本重合，第 2 个脉冲峰的位置随着分层病害第一层砂岩片厚度的增加而延迟。第 3 个脉冲峰的位置随着分层病害第一层砂岩片和第二层砂岩片厚度和的增加而增加，特别是第二层砂岩片的影响相对更大一些，如表 6 – 5 中模型 1.0 – 1.5 – 2.0 与模型 1.5 – 1.0 – 1.0 对应图 6 – 28（a）中黑色方块谱线和图 6 – 28（b）中黑色方块谱线，虽然第一层和第二层的厚度和相同，但是后者的峰位比前者峰位的延迟少了 0.06ps。同样地，表 6 – 5 中模型 1.0 – 2.0 – 2.0 与模型 2.0 – 1.0 – 1.0 对应图 6 – 28（a）中红色圆点谱线和图 6 – 28（d）中黑色方块谱线，虽然第一层和第二层的厚度和相同，但是后者的峰位比前者峰位的延迟少了 4.63ps；表 6 – 5 中模型 2.0 – 2.0 – 1.5 与模型 2.5 – 1.5 – 1.0 对应图 6 – 28（c）中红色圆点谱线和图 6 – 28（e）中红色圆点谱线，虽然第一层和第二层的厚度和相同，但是后者的峰位比前者峰位的延迟少了 1.30ps。还有，表 6 – 5 中模型 1.5 – 2.0 – 1.0 与模型 2.5 – 1.0 – 2.0 对应图 6 – 28（b）中红色圆点谱线和图 6 – 28（f）中黑色方块谱线，虽然第一层和第二层的厚度和相同，但是后者的峰位比前者峰位的延迟少了 4.32ps。总之，分层病害模型中的中间层，即第二层砂岩片的厚度（d2）不仅决定了第 2 个脉冲峰的峰位，也影响第 3 个脉冲峰的位置，同时各脉冲峰的强度随着 d2 的增大逐渐减小。

表 6 – 5　分层病害模型的 THz 波谱脉冲峰位统计表

分层病害模型（mm）	第 1 个脉冲峰（ps）	第 2 个脉冲峰（ps）	第 3 个脉冲峰（ps）
1.0 – 1.5 – 2.0	363.26	378.27	401.33
1.0 – 2.0 – 2.0	363.24	378.47	411.18
1.5 – 1.0 – 1.0	363.22	386.22	401.27
1.5 – 2.0 – 1.0	363.22	386.26	419.18
2.0 – 1.0 – 1.5	363.18	391.58	406.85
2.0 – 2.0 – 1.5	363.22	391.56	424.25

续表

分层病害模型（mm）	第 1 个脉冲峰（ps）	第 2 个脉冲峰（ps）	第 3 个脉冲峰（ps）
2.0－1.0－1.0	363.20	391.56	406.55
2.0－2.0－1.0	363.22	391.54	424.19
2.5－1.0－1.0	363.34	399.93	414.90
2.5－1.5－1.0	363.36	399.93	422.95
2.5－2.0－1.0	363.36	399.79	432.39
2.5－2.5－1.0	363.34	399.79	437.02
2.5－1.0－2.0	363.36	399.89	414.86
2.5－1.5－2.0	363.44	400.11	423.50
2.5－2.0－2.2	363.36	399.71	432.59
2.5－2.5－2.0	363.30	399.37	436.88

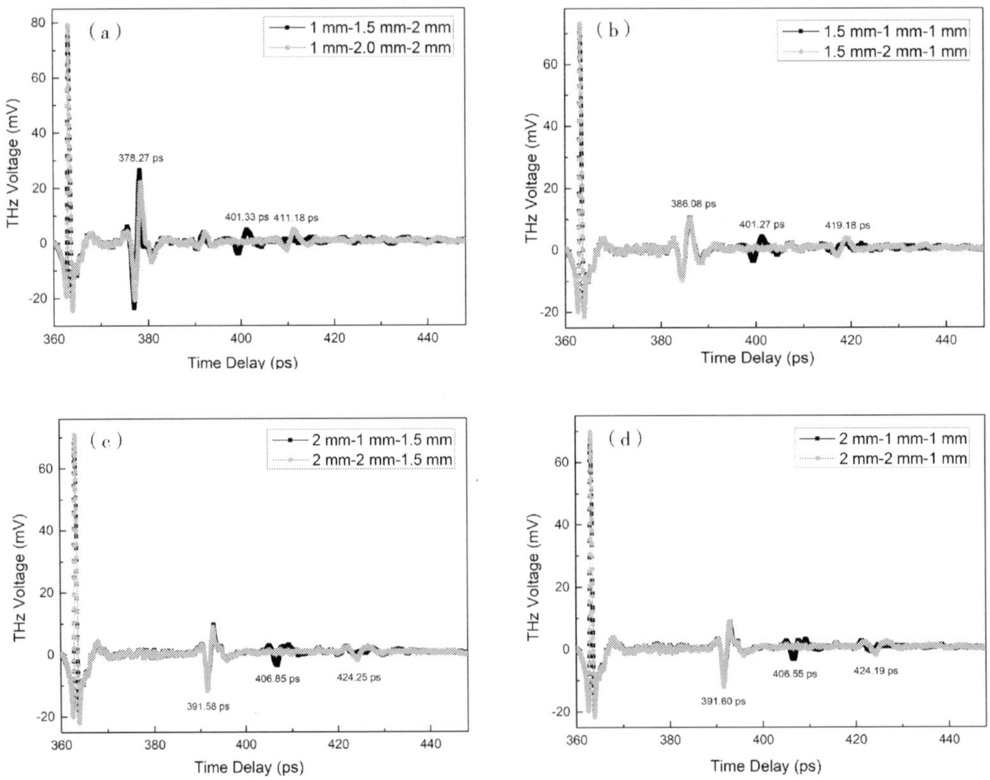

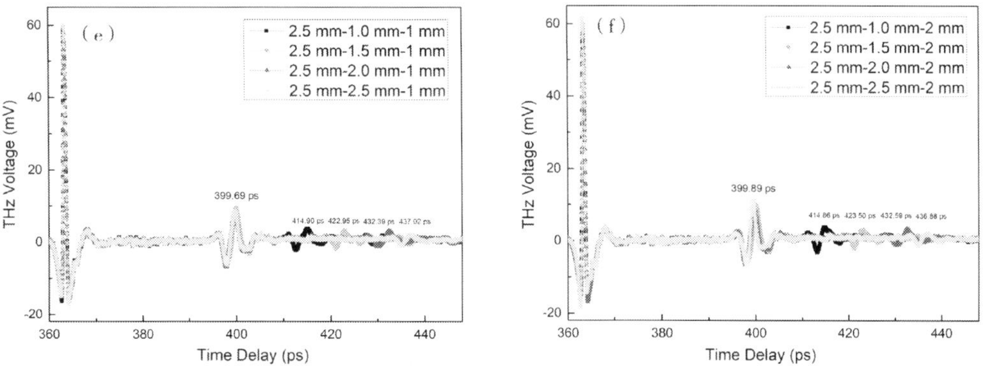

图 6－28　d2 不同的分层病害模型 THz 光谱对比图

图 6－29 为 4 组第一层砂岩片厚度（d1）不同，第二层砂岩片厚度（d2）和第三层砂岩片厚度（d3）相同的不同的云冈石窟分层病害模型的 THz 光谱对比图。由于第一层砂岩片厚度不同，所以直接影响到第 2 个脉冲峰的峰位，如图 6－29（a）分别为 1mm 和 2.5mm 的第一层砂岩片的厚度差异引起第 2 个脉冲峰的峰位由 378.27ps 延迟到 400.11ps，产生了 21.84ps 的偏移，同时脉冲峰的强度也发生了明显的衰减。而第 1 脉冲峰几乎相同，同样源于第一层砂岩片的材质一样；由于第一和二层砂岩片的厚度和较大，所以第 3 个脉冲峰衰减的很大，强度急剧下降，此外较厚的第二层砂岩片后表面也极易产生反射峰，导致第 3 个脉冲峰的规律不明显。图 6－29（b）为第一层砂岩片厚度分别为 1mm 和 2.5mm，第二层和第三层厚度均为 2mm 的分层模型，与图 6－29（a）相比，仅第二层厚度不同，第 1 和第 2 脉冲峰也基本相同，只是强度有所降低，故源于第二层厚度的增加。

图 6－29（c）和图 6－29（d）也反映了类似的规律，前者，第一层厚度分别为 1.5mm、1.5mm、2.5mm 对应第 2 脉冲峰为 386.22ps、392.94ps、399.93ps；后者的第一层厚度分别为 1mm、1.5mm、2.5mm 对应第 2 脉冲峰为 378.51ps、386.26ps、399.69ps。同样地，第 1 个脉冲峰几乎相同，第 3 个脉冲峰强度衰减较大，且峰位无明显规律。

此外，对不同层数的分层病害也进行了研究，如图 6－30 为一个三层与两个四层分层病害的对比图。由图可见，层数的增加对其 THz 波形的影响不大，特别是前三个脉冲峰主要取决于前三层砂岩片的厚度，而增加的第四层砂岩片所影响的第 4 个脉冲因为已经被多次反射、散射、吸收，强度已经降到很小，因而其规律已经变得极不明显，特别是前三层较厚的时候，在此波段便没有很大的研究意义了。若要对其进行深入研究，就需要使用低频波段了。

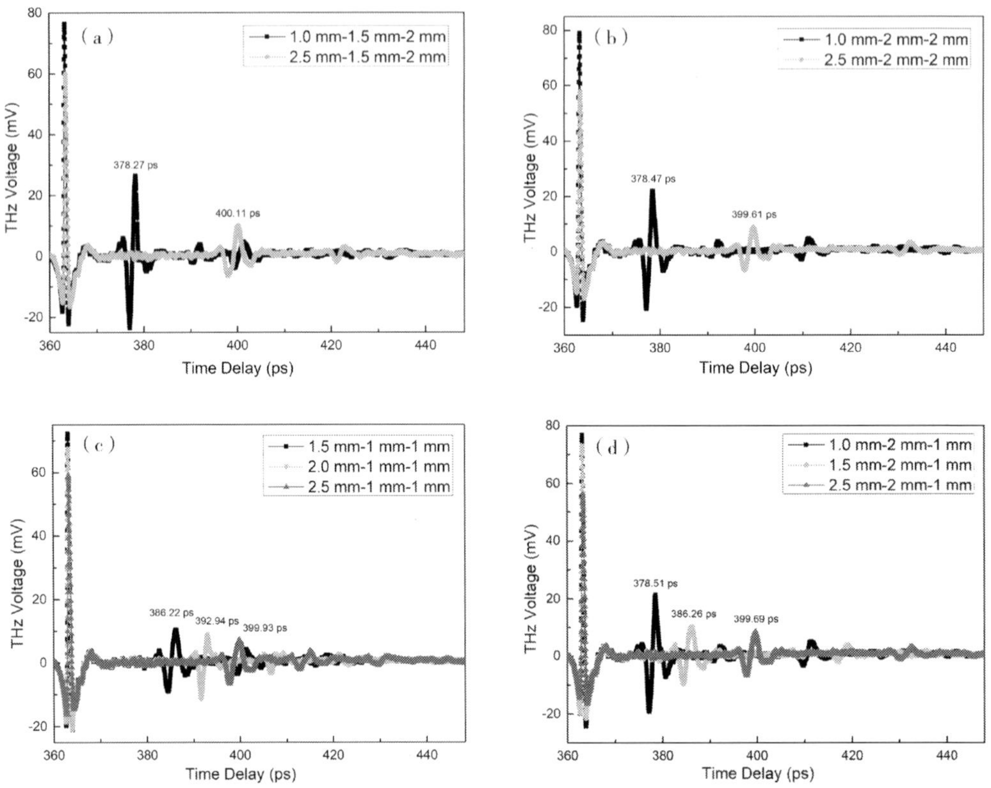

图 6－29　d1 不同的分层病害模型 THz 光谱对比图

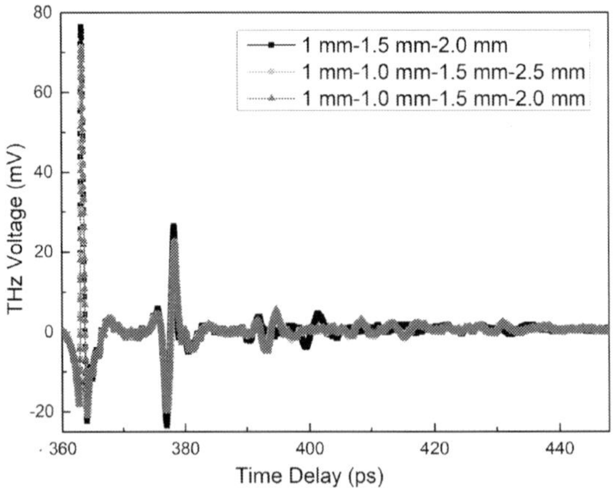

图 6－30　不同层数的分层病害模型 THz 光谱对比图

（4）小结

基于对典型露天石质文物云冈石窟的分层病害的调研，制备了分层病害模型，利用 THz-TDS 无损检测技术对其进行 THz 光谱测量后分析实验数据，探究了分层病害的劣化程度即结构参数与其 THz 光谱间的关系：分层病害模型中的第一层材料性质决定第 1 个脉冲峰的强度和第 2 个脉冲峰的峰位和强度；分层病害模型中的第二层砂岩片厚度不仅决定了第 2 个脉冲峰的峰位，也影响第 3 个脉冲峰的位置，同时各脉冲峰的强度随着 d2 的增大逐渐减小；分层病害模型中的第三层砂岩片厚度不仅决定了第 3 个脉冲峰的峰位，也影响第 4 个脉冲峰的位置，同时各脉冲峰的强度也随着 d3 的增大逐渐减小。此外，当分层病害模型的层数太多时，后面的脉冲峰被多次衰减后，强度剧烈降低，使得在此波段的规律性无法明确展示。因而，根据所测分层病害的 THz 光谱可以获得分层病害的劣化程度，获得精确的分层层数和各层厚度，进而为文物的修缮提供可靠参考数据。

6.3 云冈石窟病害的 SVM 预测模型

传统的统计模式识别方法一般都是在样本数目足够多的前提下进行分析的，其实现方法也是在满足了样本数趋向无穷大时才有理论上的保证。然而在大多数实际应用中，样本数据通常是有限的，这些基于海量数据的传统方法就不适用了。基于支持向量（Support Vector）的统计学习理论则是一种专门针对小样本的统计理论，为研究有限样本情况下的统计模式识别建立了一个良好的理论框架，并发展了一种新的模式识别方法——支持向量机（Support Vectormachine，SVM），它能够很好地解决小样本的学习问题。

SVM 是由 AT&T Bell 实验室的 Vapnik 和 Corinna Cortes 于 1995 年提出的，以统计学习理论（Statistical Learning Theory，SLT）为基础，建立在 VC 维（Vapnik-Chervonenkis Dimension）、结构风险最小化（Structural Riskminimization，SRM）和核函数（Kernel）原理基础上的一种创新性的机器学习方法。此算法分为支持向量分类（SVC）和支持向量回归（SVR）两类。SVR 适用于小样本具有较好的推广能力和非线性处理能力，尤其在处理高维数据时，有效地解决了“维数灾难”问题，可融合先验知识，而且通过核函数可与小波变换等先进算法相结合。它避免了人工神经网络等方法的训练速度慢、网络结构难确定、泛化能力差、容易过拟合或欠学习以及局部极小等问题，SVM 已被广泛应用于非线性系统辨识、预测预报、建模与控制等领域。

SVM 是建立在统计学和最小风险基础上的一种应用最优超平面来进行非线性数据之间的拟合，能很好地达到模型回归的一种机器学习语言。相较于传统的通过特征选择或特征变换将原始输入空间降低维数的思路完全不同，SVM 是将输入空间升高维度，在高维空间中以实现将问题变得线性可分或接近线性可分，而且升高维数只是改变了内积运算，并没有随维数的增加而增大算法的复杂性。此外，在高维空间中 SVM 的推广能力不受维数的影响。具体实现方法是，通过非线性映射将输入向量映射到一个高维的希尔伯特（Hilbert）特征空间，接着选择合适的核函数在该空间中构造一个最优决策超平面（图 6－31），该方法避免了去显式地计算非线性映射，并克服由于高维特征空间所带来的计算困难。SVM 的分类函数形式上同神经网络的分类函数类似，其输出也是若干个中间层节点的线性组合，但是每一个中间节点对应的是输入样本与一个 SV 的内积（图 6－32），由于最终的判别函数中只包含 SV 的内积与求和运算，所以进行识别时的计算复杂度仅决定于 SV 的个数，而与特征空间的维数无关。

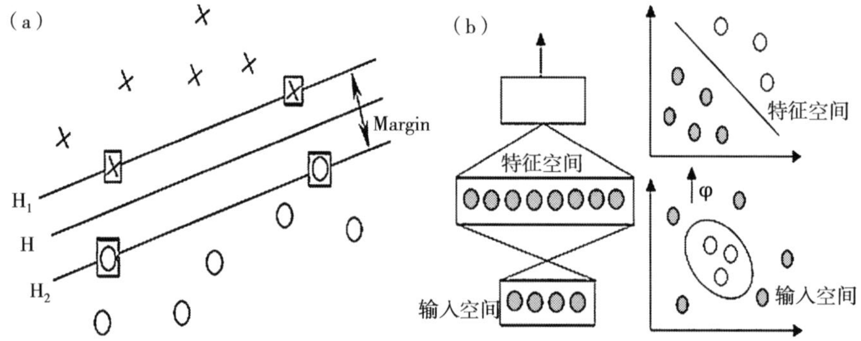

图 6－31　最优平面

（a）最优分类平面示意图　（b）输入空间非线性地映射到特征空间

其算法过程如下：

设含有 L 个线性可分样本的训练集 $\{(x_i, y_i), i = 1, 2, \cdots, L, x_i \in R^d, y_i \in \{+1, -1\}\}$，$x_i$ 为输入空间的特征向量，y_i是类别标记。当 $y_i = 1$ 时，x_i属于第一类；当 $y_i = -1$ 时，x_i属于第二类。则存在分类超平面：

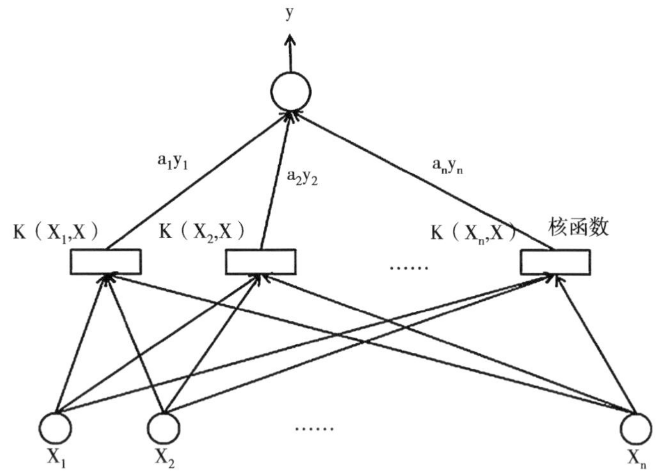

图 6－32　SVM 分类示意图

$$\omega \cdot x + b = 0 \tag{4}$$

使得所有样本均满足：

$$Y[\omega \cdot x + b] - 1 \geqslant 0,(i = 1,2,\cdots n) \tag{5}$$

定义分类间隔为距离超平面最近的样本到超平面的距离之和，则分类间隔为 $\frac{2}{\|\omega\|}$，要使分类间隔最大也即等价于 $\|\omega\|^2$ 最小。满足不等式（5）且使 $\|\omega\|^2$ 最小的分类面，就称为超平面。

当训练样本集非线性可分时，可通过一个转换函数将训练数据映射到一个高维的线性可分空间。此时分类超平面可表示为：

$$\omega \cdot \varphi(x) + b = 0 \tag{6}$$

则最优分类超平面为：

$$\text{Minimize } \varnothing(\omega,b,\xi) = \frac{1}{2}\|\omega\|^2 + C\sum_{i=1}^{L}\xi_i \tag{7}$$

使得所有样本均满足：

$$y_i[\omega \cdot \varphi(x_i) + b] \geqslant 1 - \xi_i\ ,\ \mathrm{i}=1,\ 2,\ \cdots \mathrm{L} \tag{8}$$

上述问题通过 Lagrange 方法求解，得到最终的分类判别函数：

$$f(x) = \mathrm{sgn}\{\sum_{i=1}^{L} a_i^* y_i K(x_i,x) + b^*\} \tag{9}$$

其中 $K(x_i,x) = \varphi(x_i) \cdot \varphi(x)$ 为核函数。核函数的构造是 SVM 的关键问题。常

用核函数有线性核函数：$K(x_i,x) = x_i \cdot x$，多项式核函数：$K(x_i,x) = (x_i \cdot x + 1)^d$ 和径向基（RBF）核函数：$K(x_i,x) = \exp(-\gamma \|x_i - x\|^2)$，其中 RBF 是光谱预测中用得最多、最成功的核函数。RBF 核函数不但能够解决非线性问题而且参数较少，计算范围也较小，本文建模时就选择这一核函数。

确定了核函数后，所要设定的 3 个参数分别是惩罚系数 c、不敏感参数 ε 和径向基系数 γ。其中惩罚参数 c 控制着经验风险，一般都取一个较大的数用来降低误差，以取得对训练样本较好的拟合。参数 ε 控制着误差的边界，而参数 γ 则控制着 SVM 对输入量变化的敏感程度。三个参数的有效取值范围分别是：$c(2^{-10}-2^{15})$，$\varepsilon(2^{-10}-2^{15})$，$\gamma(2^{-10}-2^{15})$。通常使用网格搜索法寻找较好的一组参数值，首先初步设定大的搜索范围，再减小搜索范围，减小步长，直到找出最优的参数组合。而判断参数的好坏需要根据 SVM 分类模型的预测率指标，交叉验证（Cross Validation，CV）可以有效避免过学习和欠学习的发生，并且提高模型的推广能力。交叉验证法通常情况下是用来验证回归方法的回归性能，目前国际上通用的主要有以下三类：Hold－Outmethod、K－fold Cross Validation（K－CV）和 Leave－One－Out Cross Validation（LOO－CV）。我们选用 LOO－CV 也即留一法对模型进行验证，所谓留一法就是有 n 个样本，留一个样本作为预测样本，其他样本作为训练样本，重复此过程，直到每个样本都作为训练样本 n－1 次，作为预测样本 1 次。这样就会得到 n 个回归模型，每一个模型都会得到一个回归的精度，最后得到 n 个模型的平均数作为模型的性能指标。此方法相对于前两种方法有两个优点，一个是每个样本都会作为训练集存在，这样也就更符合原始的样本分布，相对来说，结果也更加可靠；第二是这种实验具有很好的可移植性，随机性比较少。但是 LOO－CV 模型也具有一个严重缺点，就是计算的成本太高，如果有 N 个样本，就需要 N 个模型，当样本数量较大的时候，实际操作起来就非常的困难，只能通过提高模型的收敛速度或者实行并行运算来解决。不过，基于光谱数据建模时，已提前进行了特征段光谱的选择，不会出现数据量太大的情况。本研究所用的 SVM 回归预测软件是基于 Chih－Chung Chang 和林智仁（Chih－Jen Lin）提供的网络共享软件 libsvm，结合实际 THz 频段光谱特征自主编写的《山西大同大学 SVM 数据处理系统 V1.0.0》。

6.3.1 空鼓病害的SVM预测模型

(1) SVM-HDPM的建立

最小二乘支持向量机（LS-SVM）使用最小二乘线性系统代替传统SVM的二次规划方法作为损失函数，因此比传统SVM更简单。损失函数可以用拉格朗日法求解，得到分类判别函数为：

$$f(x) = \sum_{i=1}^{l} a_i K(x_i, x_j) + b \tag{10}$$

式中 a_i为拉格朗日系数，b 为分类阈值，$K(x_i, x_j)$ 为核函数。核函数的构造是SVM的关键步骤。线性核函数 $K(x, x_i) = x^T x_i$ ，多项式核函数 $K(x, x_i) = (\gamma x^T x_i + r)^p, \gamma > 0$ ，径向基核函数 $K(x, x_i) = \exp(-\gamma \| x_i - x \|)\hat{}2\ (-\gamma \| x_i - x \|\hat{}2)$ 是常见的核函数。因此，分别利用上述三个核函数建立三种空鼓病害SVM预测模型。通过留一交叉验证（LOOCV）方法确定最优模型参数，获得最优预测结果。最优模型参数包括抑制经验风险的惩罚系数（c），控制误差边界的不敏感参数（ε），以及控制SVM对输入变量变化敏感性的径向基系数（γ）。

从图6-15和图6-16可以看出，空鼓样品第三个THz脉冲信号的波谷与厚度d_2近似呈线性相关关系。因此，可以将空鼓样品时域信号中第三个反射脉冲的延迟时间和d_2设置为支持向量机预测模型分析的向量。为了构建具有任意d_2厚度的SVM-HDPM，选取了不同厚度的40个空鼓样品的THz时域信号。从样品时域信号中提取反射波波谷的时间延迟值与d_2共同作为特征值，形成特征向量，然后将特征向量转换为SVM^{light}样本格式。接着从总数据集中随机选取30组特征向量数据作为训练样本，采用留一法寻得空鼓SVM模型的最佳参数。留一法的过程是这样的：用这30个数据集中的29个作为训练集，剩下的1个作为测试集，然后循环通过下一个作为测试集，剩下的29个作为训练集，以此类推。这样就可以利用LS-SVM来构建SVM-HDPM。剩下的10组特征向量数据作为测试样本，验证所建立SVM-HDPM的可靠性[12]。

为了定量比较三种预测模型的差异，选择了主要的建模和评价参数，包括c、ε、γ和均方差（MSE）。三种预测模型的相关参数如表6-6所示。可以发现，使用线性核函数的SVM-HDPM的MSE最低，仅为3.303 E-4，这表明在三种模型中，SVM-HDPM的预测精度最高。优于之前MSE=0.998的传统曲线拟合方法。因此，具有线性核函数的SVM-HDPM在预测空鼓厚度方面是最准确的。RBF核函数的SVM-HDPM的预测精度排名第二，多项式核函数的SVM-HDPM的预测精度最低。因此，可以认为线性核函数是最适合建立空鼓病害预测模型的方法。在实际应用中，向SVM-HDPM输入时间延迟值就可以预测d_2的值，延迟时间是空鼓样品的THz时域信号中第三个脉冲对应的数据。显然，SVM-HDPM能为文物的及时修复和维护提供有效的参考数据。

表6-6 使用不同核函数的三种SVM模型相关参数

Function type	Linear	Polynomial	Radial basis function
c	1.25E-1	9.766E-4	1.28E2
γ	1	1.953E-3	9.766E-4
ε	3.906E-3	7.813E-3	1.563E-2
MSE	3.303E-4	9.361E-4	4.503E-4

（2）SVM-HDPM的应用

实际中砂岩类露天石质文物空鼓病害的前表面石片厚度很少能精确等于2mm。因此，为了满足现场测试的需要，数据预处理是保证数据质量和可靠性的必要步骤。以厚度为1.5mm的石片为例，在我们的模型中，第二个反射脉冲是由空鼓病害前面石片的后表面反射产生的，即第二次反射脉冲的时间延迟可以表征石片的厚度（d_1）。因此，THz信号可以是两个空鼓病害前表面厚度差与THz时域信号中第二个反射脉冲时间差（Δt）的函数，如图6-33所示。小图光谱是大图THz光谱对应的范围，利用局部加权回归方法对其进行去噪和平滑处理。而空鼓病害第三个反射脉冲的时间延迟可以设置为提取后的输入值增加Δt，转换为SVM^{light}样本格式。将该值输入到SVM-HDPM中，通过SVM-HDPM的输出值可以得到预测的空鼓病害的厚度。具体流程示意图如图6-34所示。由图6-34可以看出，对5个固定d_1=1.5mm的d_2空鼓病害样品进行了THz-TDS测试，用SVM-HDPM预测的d_2理论值与实验值吻合较好。更重要的是，数据处理后的结果可以得到4.46E-4的MSE值，这表明SVM_HDPM在非常复杂的应用情况下具有良好的适用性和较高的精度。此外，无论是空鼓病害的前表面厚度，还是空鼓的厚度如何变化，利用 SVM-HDPM 都可以准确预测其厚度值，并可以广泛应用于类似的其他石质文物病害检测。

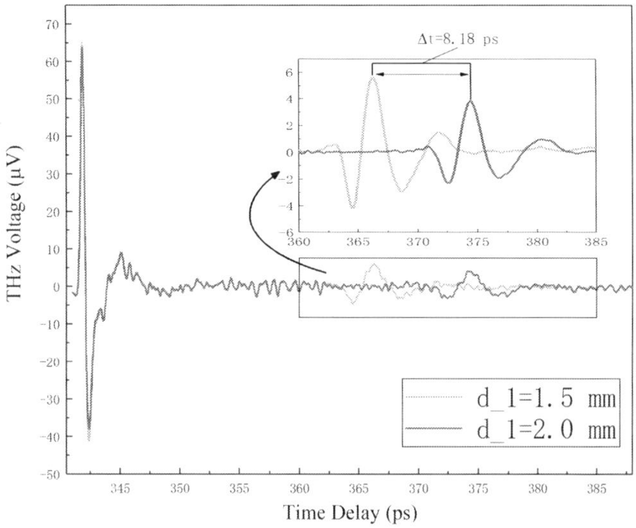

图 6-33　两种不同石片厚度（d_1）1.5mm 和 2mm 空鼓病害样品的 THz 时域信号

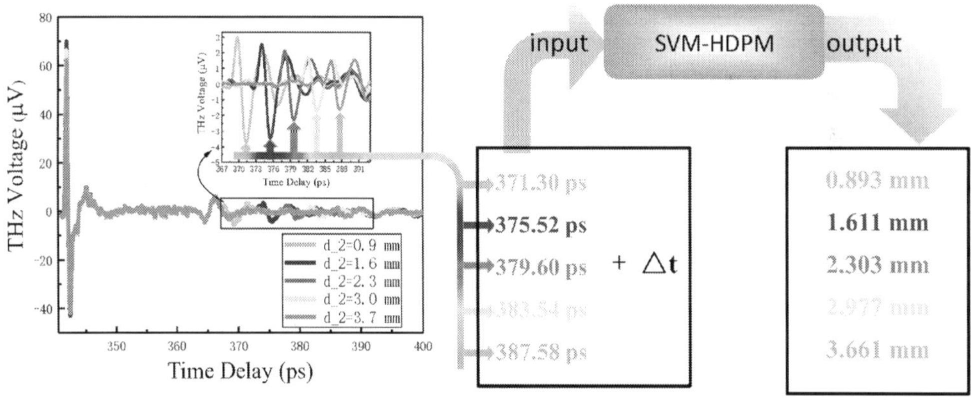

图 6-34　应用 SVM-HDPM 预测不同厚度空鼓病害流程图

6.3.2　裂隙病害的 SVM 预测模型

（1）样本数据集的准备

THz 波谱具有高灵敏性的优点，所以对被测物的微小差异可以做到精确识别，而每一个不同深度和宽度的裂隙都有其独一无二的 THz 波谱，所以提取出每类裂隙 THz 光谱的特定信息，作为该类裂隙的特征数据，进行整理后作为一组样本数据可用于不同劣化程度裂隙预测模型的建立。

用支持向量回归机进行建模训练和检验时，各个输入特征量之间可能存在多个数量级差别，因此有必要对输入特征量进行归一化。归一化是指将属性数据按比例缩放，使之落入一个小的特定区域，如［0，1］或［-1，1］范围内，归一化可以有效防止具有较大值域的初始值属性与具有较小值域的初始值属性相比，权重差距过大。我们采用最小—最大规范化方法：将输入特征量归一化到［0，1］的范围。归一化公式为：

$$x_s = \left| \frac{x - x_{\min}}{x_{\max} - x_{\min}} \right| \tag{11}$$

此外，无论是建模程序（建立 SVM 学习机模型）还是预报程序（应用 SVM 做预报），都需要对数据格式进行转换。数据格式要满足一定要求才能调入 CMS-VM 系统中运行。为了与国际通行的软件兼容，我们采用了与 SVM^{Light} 相同的数据文件格式。

用于建立分类模型的训练建模的样本数据格式为：

类别 因子序号：因子值 因子序号：因子值 因子序号：因子值……

用于建立回归模型的数据格式与分类建模的数据格式雷同，只是第一列变为预测对象值：

预测对象值 因子序号：因子值 因子序号：因子值……

根据前面对裂隙模型 THz 光谱的分析可知，不同劣化程度裂隙的 THz 光谱主要差异在于第 2 个脉冲峰，所以将图 6-23 和图 6-24 中裂隙 THz 光谱对应第 2 个脉冲峰区间 THz 时域谱的数据值作为输入量，并把其所对应的裂隙深度值和宽度值作为输出量，结合两者共同构成一个总的数据集。然后将所有数据分成两组，一组数据集用来建立回归模型，并使用 LOO-CV 法来寻参；另一组未参加建模训练的数据集用来检验预测结果，最后用相对误差等数值来评价模型预测结果的精度。并利用公式 11 分别对各样品对应数据进行归一化处理后，再分别变换成 SVM^{Light} 数据文件格式。

（2）裂隙回归模型的建立

裂隙病害的回归预测模型建立，主要分三个步骤：

①通过样本训练寻参。dos 环境下，在命令行键入 C:\Python24\python. exe c:\libsvm－3. 23\python\gridregression. py －svmtrain c:\libsvm－3. 23\windows\svm－train. exe －gnuplot c:\gnuplot\bin\pgnuplot. exe －log2c －10，10，1 －log2ε －10，10，1 －log2γ －10，10，1 －v 2 －s 3 －t 2 c:\libsvm－3. 23\python\训练样本 . txt > c:\result\训练样本 . txt

经过训练寻出最优的 c、ε、γ 参数值分别为 87. 302、9. 8E－4、1. 64E－3，用于下一步的建模。其中 c 表示惩罚系数、ε 表示不敏感参数、γ 表示径向基系数。

②利用样本建模。同样在 dos 环境下，在命令行键入 C:\libsvm－3. 23\windows\svm－train －s 3 －t 2 －c 87. 302 －ε 9. 8E－4 －γ 1. 64E－3 训练样本 . txt

其中，"－s" 为 SVM 类型的设置，本模型选择回归预测类，"－t" 为 SVM 核函数的设置，本模型选择径向基核函数（RBF），而 "－c"、"－ε"、"－γ" 这三个参数分别代入第一步骤所得的最优参数值。这时在 windows 中会生成一个名为 "训练样本 . txt. model" 的预测模型文件，用于下一步的回归预测。

③利用模型预测裂隙劣化程度。在 dos 窗口中，键入命令 C:\libsvm－3. 23\windows > c:\libsvm－3. 23\windows\svm－predict 检测样本 . txt 训练样本 . txt. model result. txt

经过运行预测程序，便得出最终的预测结果，即一个名称为 "model result. txt" 的文件，里面显示对应检测样本的预测结果。

此外，在运行上述三个步骤进行预测模型建立和应用中，应注意以下三个注意事项：

①在选取波峰时，要注意选取与裂隙变量相对应的波峰数据段，因为这些波峰具有一定的延时连续性，如果出现延时差别异常的波峰，应慎重考虑截取范围是否合理，并重新进行多次测量核实后再使用该条数据。

②整理训练样本数据时，要注意数据的保存格式要符合 LIBSVM 的要求，否则 LIBSVM 软件不能正常运行会出现 Local work quit. 错误。

③在建模和预测的过程中，要将训练文件和预测文件分别正确放入对应的 Python 和 Windows 文件夹下，否则会出现 cann't open this file 的错误。

（3）预测模型的评价标准

当新的预测模型提出后，一般为验证其可行性需要进行检验，主要分为两种检验方法：①模型内部检验，指用建模所用样品的 THz 光谱进行 SVM 回归预测裂隙劣化程度，与已知的建模样本中 THz 技术测定值进行比较；②模型外部检验，指输入 THz 光谱数据到此模型来预测裂隙样品（非建模用样品）的劣化程度，再与样品的实际劣化程度进行比较。无论是哪种检验方法，都需要将对样本的预测值与实际测定值进行比较，并用一个能标度两个数值偏移量的参数来定量评价模型的可靠性。这个参数也即评价标准常用的有：相关系数、标准偏差、平均差异值、预测误差的平方和，均方根误差。本研究结合实际需求选用相对误差（relative error，RE）来评价模型的预测精度，其定义如下：

（1）相对误差（RE）

$$\mathrm{RE} = \left|\frac{y_i - y_i^{pre}}{y_i}\right| \times 100\% \tag{12}$$

（2）均方误差（MSE）

$$\mathrm{MSE} = \frac{1}{N}\sum_{i=1}^{N}(y_i - y_i^{pre})^2 \tag{13}$$

其中，y_i 表示第 i 个样品的真实值，y_i^{pre} 表示第 i 个样品的预测值。

（4）预测模型的验证

使用已经建立好的回归模型，将预测数据输入模型中，经运算后得到的预测结果如表 6－7 预测值和真实值间的对比情况。其相对误差最大值为 3.21367%，说明该回归预测模型的可靠性。此外，根据公式（13）计算了均方差 MSE 的值为 1.8E－4，也说明了该模型不仅预测结果与实际数值符合得很好，而且鲁棒性好、预测结果稳定。

表 6－7　预测结果与真实值的对比表

裂隙宽度（mm）	裂隙深度（mm）	预测值（mm）	差值（mm）	相对误差（%）
1	1	1.01535	0.01535	1.535
	2	2.00104	0.00104	0.052
	2.5	2.49108	0.00892	0.3568
	3	3.08820	0.0882	2.94
	3.5	3.50019	1.9E－4	0.00543
	4.5	4.4011	0.0989	2.19778

续表

裂隙宽度（mm）	裂隙深度（mm）	预测值（mm）	差值（mm）	相对误差（%）
2	1	1.01426	0.01426	1.426
	2	2.00213	0.00213	0.1065
	2.5	2.49642	0.00358	0.1432
	3	3.09641	0.09641	3.21367
	3.5	3.49527	0.00473	0.13514
	4.5	4.4516	0.0484	1.07556
3	1	1.01223	0.01223	1.223
	2	2.03824	0.03824	1.912
	2.5	2.49466	0.00534	0.2136
	3	2.96823	0.03177	1.059
	3.5	3.50216	0.00216	0.06171
	4.5	4.40365	0.09635	2.14111

6.3.3 小结

本研究利用 THz-TDS 1008 系统，分别对不同劣化程度的空鼓病害和裂隙病害模型进行了检测和表征。具体地，首先通过对露天石质文物常见病害检测需求的具体研究，针对性制定 THz 无损检测方案，接着进行病害模型的实验检测和研究，进一步优化完善系统后，最终实现 THz 无损检测技术对露天石质文物病害的检测和性能的有效表征。结果表明，该技术确实可以实现对露天石质文物病害的非接触、高灵敏度、无损检测。与其他传统的接触和入侵式检测方法相比，基于 THz-TDS 的方法具有非接触、无损、结构简单、操作快速、稳定性高、可重复性好等优点。特别是结合了 SVM 的病害预测模型不仅为石质文物的无损检测提供了一种新的方法，而且具有良好的实际应用前景和发展前景。相信本研究成果可以为开发高性能的文物无损检测技术提供一定的理论和实验指导。

参考文献

[1] 杨成全，孟田华*，石少坚，卢玉和，赵国忠．云冈石窟内外石雕风化差异

的光谱研究［J］．内蒙古大学学报，2013，44（6）：572－577.

［2］Tianhua Meng，RuiQing Du，Zheng Hou，Jin Yang，Guozhong Zhao. THz spectra－based SVM predictionmodel for Yungang Grottoes sample［J］．Journal of Archaeological Science，2015，55（03）：280－285.

［3］孟田华．云冈石窟风化的综合分析研究［D］．中国地质大学（北京），2014.

［4］Tianhua Meng，ChengQuan Yang，YuHe Lu，GuoZhong Zhao. Spectroscopy study of Yungang Grottoes weatheredmaterial in terahertz range. Proc. SPIE，2011，8195，81951C

［5］卢玉和，孟田华＊，杨成全，石云龙．应用太赫兹技术对云冈石窟不同岩石样品的分析．测试技术学报，2011，25（6）：536－539.

［6］Tianhua Meng，Yuhe Lu，Guozhong Zhao，Chengquan Yang，JianguangRen，Yunlong Shi. A synthetic approach to weathering degree classification of stone relics case study of the Yungang Grottoes. Heritage Science，2018，6（1）：7.

［7］Tianhua Meng，Yuhe Lu，JianguangRen，Wenyu Li，Meiyun Wang，Yunlong Shi，Guozhong Zhao. Nondestructive testing of deterioration for Yungang Grottoes based on THz－TDS. UCMMT，2018，26.（Hangzhou，China，2018.9.5－2018.9.7）

［8］Feng Ju，Meng Tianhua＊，Lu Yuhe，Ren Jianguang，Zhao Guozhong，Liu，Hongmei，Yang Jin，Huang Rong. Nondestructive Testing of Hollowing Deterioration of the Yungang Grottoes Based on THz－TDS. Electronics 2020，9（4）：625.

［9］Yuhe Lu，Tianhua Meng＊，Rong Huang，Wenyu Li，Meiyun Wang，Guozhong Zhao. Experimental Study on THz Nondestructive Testing of Hollowing Deterioration for Stone Relics. UCMMT，2020，74.（Tianjin，China，2020.8.29－2020.9.1）

［10］孟田华，卢玉和，任建光，刘红梅，黄荣，王浩航．具有预测功能的云冈石窟空鼓病害太赫兹无损检测研究［J］．云冈研究，2021，1（02）：87－93.

［11］Tianhua Meng，Xiaowei Fan，Rong Huang，Yuhe Lu，Hongmei Liu，Guozhong Zhao，Weidong Hu＊，Meiyun Wang. Study on the stone relics disease based on terahertz and infrared technology. 46th International Conference on Infrared，Millimeter and Terahertz Waves（IRMMW－THz），2021，pp. 1－2，2021.（Chengdu, China, 2021 -8 -29 至 2021 -9 -3)

[12] Tianhua Meng, Rong Huang, Yuhe Lu, Hongmei Liu * , Jianguang Ren, Guozhong Zhao, Weidong Hu. Highly sensitive Terahertz non - destructive testing technology for stone relics deterioration prediction using SVM - basedmachine learningmodels. Heritage Science, 2021, 9 (24): 9.

7 总 结

绝大多数露天石质文物正在经历着渐进或偶发的劣化过程，它们正在缓慢而无情地消失。如果我们要做些什么来减少或防止它们的流失，就必须首先能够描述所涉及的石质的特征。需要能够准确描述其风化，测量其劣化程度、严重性和速度，进而了解劣化的原因和机制。只有这样，才有希望掌握特定石质文物在特定环境中的状况和变化趋势。

文物保护科学是集自然科学、工程技术和人文社会科学等多领域知识的交叉学科，知识体系涵括丰富，理论与实践紧密相融。实践中，既需要运用科技手段有效地保护好文物材质本体，也需要运用人文知识阐释文物蕴含的文化信息。文物保护科学家通常是充当研究人员和修缮施工者之间的桥梁，以及在许多不同的相关人员之间扮演桥梁的角色。

对于露天石质文物病害的检测没有一种技术是足够的，因为露天文物的病害有许多不同的形式，而各种检测技术也有各自的限制。例如检测光谱射线类技术只可以观察到浅层病害，它们仅适合于高精度的浅层病害检测和评估，低频段的雷达等技术虽然可以探测露天石质文物较深的病害，但其分辨率又无法保证，此外，露天石质文物病害的种类和劣化程度也在时刻的变化中。所以有效的露天石质文物病害检测需要满足以下几个方面：

首先，对确定露天石质文物的研究要保证其长期持续性和广泛性，不能随着某个项目的结束而终止。例如对云冈石窟病害的检测，所幸云冈研究院已经设置了专门的病害监测中心。

第二，基于露天石质文物病害种类的多样性和变化性，所用病害监测仪器当对应配置多样性，实时或定时获取各种病害状态的精确数据。

第三，对文物病害的修复和养护工程也需要提供实时的监测，以便量化评价修复性能效果和病害劣化趋势。

对露天石质文物的无损检测尽管遇到了很多问题，但值得庆幸的是已经有更多具有广泛能力的研究人员和一些大学加入这一领域。对于未来，人们可以预见两个方向的发展。第一个是保护领域的主流化，这一研究领域将成为改造政策和过程更大背景下的一个方面。第二个方向是保护领域的专业化，重点是露天石质文物的可持续管理和预防性保护。